なぜ「やる気」は長続きしないのか

心理学が教える感情と成功の意外な関係

デイヴィッド・デステノ
住友 進［訳］

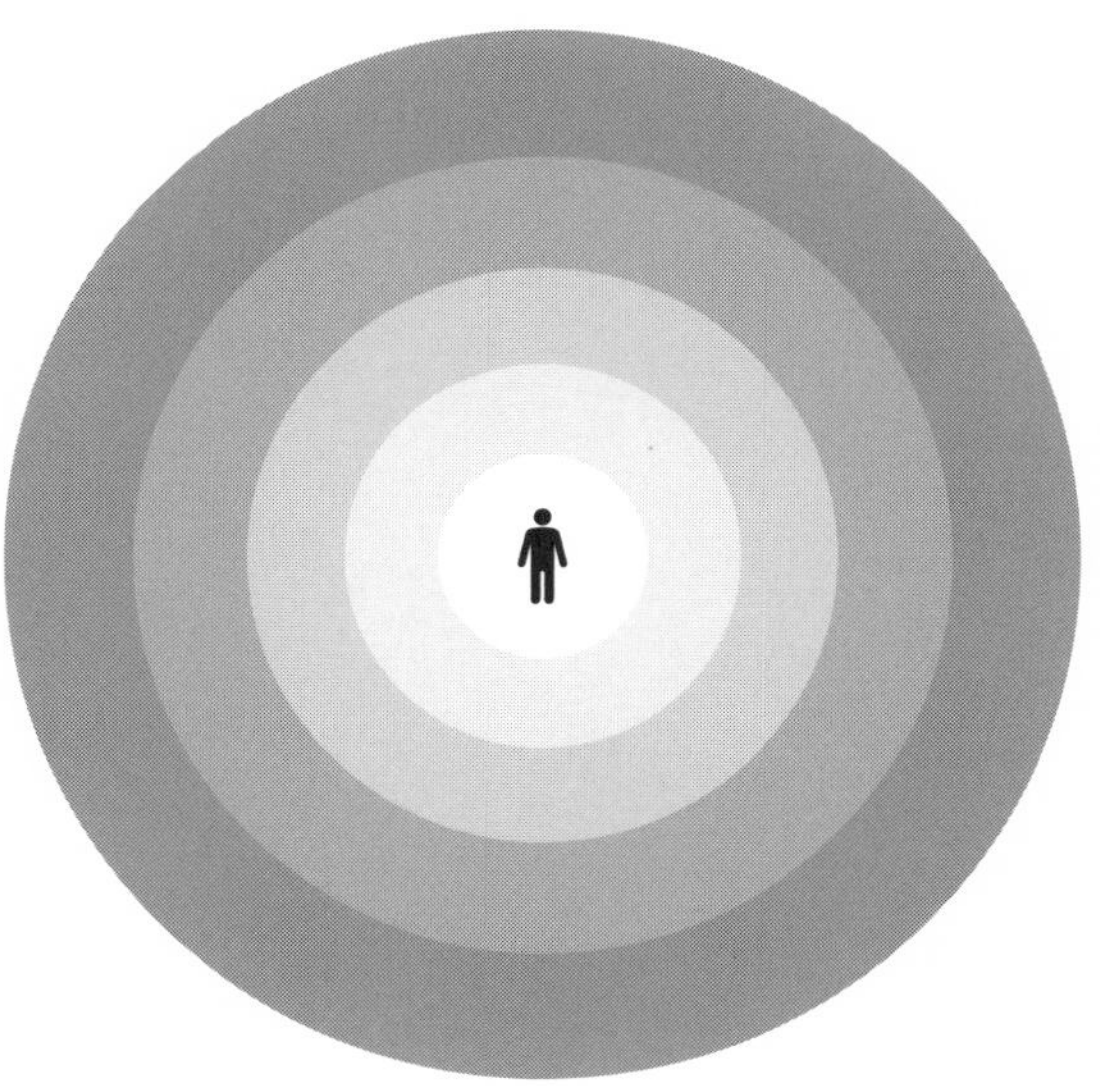

Emotional Success

The Power of Gratitude, Compassion, and Pride

白揚社

私の家族たちへ

なぜ「やる気」は長続きしないのか　目次

第4章　思いやりが内面の力や平和を築く　114

第5章　誇りと忍耐　157

III 広がっていく感情の力

・〔　〕は訳者による補足を示す。

はじめに　自制心と成功の関係

「ぼく、クッキーほしい……でもぼく我慢しなくちゃ」。過去四〇年のあいだに、自分が子供であったたか、または子供といっしょに暮らしたことがある人ならほとんどが、このセリフの最初の部分を耳にして、おそらく青い、毛むくじゃらの、すこしたどたどしい話し方をする、憎めない食いしん坊のマペットの姿を思い浮かべることだろう。クッキーモンスター〔アメリカの教育番組「セサミストリート」の登場キャラクター〕だ。しかし、このセリフの後半部分を初めて聞いたとき、私は耳を疑った。その名前からわかるように、クッキーモンスターは本来、「欲しいものはすぐに手に入れる者」の代名詞である。たしかに、時代の要請に合わせて、多少は調整が加えられることもあった。例えば、世間で子供の食生活が問題にされると、クッキーモンスターの好きな甘いものには、クッキーだけでなく果物も含まれることになった。学校で食物アレルギーの危険性が問題視されたときには、彼はクッキーにナッツが入っていないことをしっかりと確認していた。しかし、一つの特徴は一貫して変わらなかった。それは衝動的な性格である。クッキーモンスターは欲しいものがあると「すぐに」それを手に入れようとしてきた。ところが二〇一三年、「セサミストリート」の第四四シーズンが始まると、この特徴は変わった。「でもぼく我慢しなくちゃ」という一言が、クッキーモンスターの決まり文句に加えられ、新しい世代の幼児教育の一部となったのである。

このような変化が生まれたのは、私たちの社会がつねに成功に取りつかれるようになった証拠だ。仕事、資産管理、健康増進、そして不可能に思える夢への挑戦など、目標が何であれ、それを成し遂げようとするには、自制心が鍵となることが数十年の研究の成果から明らかになった。つまり、将来、より多くの報酬を手に入れるためには、欲しいものをすぐに手に入れて満足したいという衝動に抵抗する能力が決め手になるということだ。

『意志力の科学』、『成功する子　失敗する子』、『やり抜く力』といったベストセラー書はすべて、根気や忍耐力を養うことがいかに人生にすばらしい影響を及ぼすかについての知見を並べている。さらには書籍に負けじと、アトランティックからピープルまでさまざまな雑誌で、自制心の効用やそれを養うための方法を扱った記事が定期的に特集されている。

私は、このように自制心を強調したり、未来を重んじたりすることを批判するつもりはまったくない。むしろ、必要なことだと考えている。また、自制心を身につけるとプラスになるという考え方自体は目新しいものではなく、何世紀も前から寓話や論文などで大いに称賛されているのを確認できる。しかしいま、何が新しくなったのかといえば、この考えが哲学と神学の領域を脱し、実験に基づいて裏付けられるようになったことなのである。自制心が利益になることはもはや議論の余地がなくなった。その成果は数字の上からも示されている。そしてこのように数量化できるということは、理論的には数値を最大限にまで大きくできるということだ。ところが、ここにおける難問は方法――つまり、どうすれば最大化できるかにある。いったい自制心はどうすれば高められるのだろう?

この点について私たちはずっと間違っていたのではないだろうか。私が恐れているのはまさにこのことなのである。ほぼ半世紀にもわたり、私たちは科学に基づいて、未来の目標を達成するための戦略を開発してきた。ところが目の前の欲求を我慢する能力は、一九六〇年代と比べてさほど高くなったわけではない。それどころか、平均すると人々は我慢がきかなくなり、すぐに快楽を得ようとする欲望はかえって高くなっている。(1) 個人としても社会全体としても、人間は予期せぬ事態や老後の生活などに備えて貯蓄するより、衝動買いや便利さのためにお金を浪費してしまっている。大切なスキルを学び、磨くことに重点を置かずに、スマホのゲームやソーシャルメディアの方に気を逸らせている。私たちは甘いものを食べてたちまちウェストを太くし、目の前の快楽のために将来の健康をひどく損ねている。より大きな視点から見ると、いまは多少費用がかかったとしても、クリーンで再利用可能なエネルギーを使うことで未来に懸念される大きな問題を避けるという選択に、多くの人が抵抗を示している。ようするに、私たちは未来についての計画に熱心ではなく、将来訪れる恐れのある状況にあまり関心を払っていないのである。いま取り上げたような我慢の足りない、近視眼的な選択の裏には、さまざまな事情があるのは間違いがない。しかし、すべてに共通する理由として、目の前の快楽を優先する傾向がますます強まりつつあることが挙げられる。

たいていの人は、日々の簡単な目標に向かっているときでさえ、その時間の約二割は集中できないでいる。(2) 忙しかったり、疲れたり、ストレスがたまったりすることで、注意力がさらに散漫になれば、集中できない時間はますます増える。これはつまり、私たちが一生懸命に働いたり、バランスのよい食事をとったり、貯金をしたり、テストや業績評価のための準備をしようとしたりするとき、ほぼ五回に一回は、目先のもっと面白いほかのことに気をとられて失敗してしまうということだ。ましてや、決断が重要な目的、つまり自分にとって本当に大切な目的とかかわっているときには、成功率はさらに低くなってしまう。年の初めに誓いを立てても、一年間それを貫き通せる人間は全体の八パーセントにすぎない。誓いを立てた一週間後には二五パーセントの人間がそれを破っている。こうして、たいていの場合、私たちは目標を守れないと感じ、目の前の欲求に負けてしまった自分に腹を立て、さらに悪いことに、自暴自棄になってしまい、怠けたり、浪費をしたり、大食いしたりして結局、自分をさらに傷つけてしまう。

この事実からは、興味深くはあるがやっかいな疑問が生まれる。欲求を先送りにしたり未来を大切にする態度がこれほど重要であり、さらには数十年にわたってその実現の助けになる科学に裏付けられた戦略が利用されてきたというなら、ほとんどの人が相変わらずうまくいっていないのはなぜだろう？　衝動を抑えきれずに困難に陥ったとしても、それを乗り越える手段が人の心に備わっているはずではないのか。人間の心身は種の繁栄を後押しする特徴を維持しており、結局、それこそが人間が進化し、発展してきた証だからである。だとすれば、人類が誕生して以来、相も変わらず自制心がつねに必要とされているのは、人間の心の発達にぽっかりと穴があいているせいか、あるいは私たちの取り組みが間違っていたせいなのだろう。そして十年間にわたって人間が決断を下す方法を研究してきた科学者としての立場から、私はその答えが後者にあると断言できる。

人間の心が成功するのに不可欠な道具を備えているのは間違いないが、私たちはこの道具を無視しているのだ。人間は相変わらず、目先の欲求を抑え、集中力や忍耐力を養成するにあたって、大きな問題を抱えている。その原因は自制心の働きに対する考え方に欠陥があるせいだ。簡単にいえば、私たちは全体の半分しか真実を見ていないのである。成功のための戦略を選ばなくてはならない場合、人間は認知的戦略——つまり理性、熟慮、意志の力を特徴とする禁欲的な取り組み方を好む傾向がある。先ほど触れたベストセラー書を読んだり、一般向けの雑誌をぱらぱらめくったり、あるいは学術論文にじっくり目を通してみると、あなたはその根底に同じメッセージが流れているのに気づくだろう。すなわち、合理性が感情に勝る、という考えだ。われわれは試練や誘惑に対処するにあたって、心理学者が「実行機能（エグゼクティブ・ファンクション）」と呼ぶ、記憶、注意、感覚などの「下位」プロセスを管理し、制御する精神の領域を使うよう命じられる。ここで「エグゼクティブ」という言葉が使われているのは偶然ではない。心のこの領域は、会社でいえば上司にあたり、心のほかの部分が従うことになっている命令を与えているからだ。実行機能は人間に、計画を立てたり、推論したり、意志の力を利用させたりすることで、集中を持続させ、犠牲を受け入れ、長期的願望の実現の妨げとなりうる感情的な反応を無視したり、抑えたりしている。そして、このような認知的戦略——つまり、感情とは対極にある理性と分析に基づく戦略が、成功にとって必要な忍耐力を維持していると一般に信じられている。

しかし、この与えられた道具一式は、役に立つ場合はあるものの、つねにそれが有効であるとは限らないし、ましてや仕事をするための最高の道具ともいえない。意志の力のような認知力を活用する手段だけを頼りにしてしまうと、やがて困った事態を招くことになる、と私は考えている。ときには有効であったとしても、結局、非効率で壊れやすい道具だからだ。さらに困ったことに、認知的戦略は、ある環境のもとでは人間にとってかえって害になってしまう恐れもある。長い目で見れば、この戦略を利用していると、結局、失敗へとつながりやすく、心身の健康を損なう確率を高めてしまうのである。

誤った選択

何世紀にもわたって、哲学者、心理学者そして世間一般の人も、どのような決断を下そうか判断する際には、次の二つを競わせていた。「認知」――建前としては合理的かつ論理的で、人を導く役割を果たすと思われている心のメカニズム――と、「感情」――不合理で、気まぐれな要素とみなされ、招いてもいないのに姿を現すように思えるもの――である。そしてほとんどの場合、人間は感情を非難して、認識を称賛する傾向にあった。

しかし、理性は善で、感情は悪といった一面的な考えは、現実を反映しているとはいえず、誤った選択につながりかねない。これからの章で見ていくように、心には感情も含まれているし、たいていの場合、感情は私たちを救ってくれる。心理学の用語でいえば、感情には「適応性」があり、目標の邪魔をするのではなく、達成に役立つ決断を、ときにはさりげなく、ときには強引に導いてくれる。人間の意思決定の仕組みが非常に複雑であることを忘れていると、この本質的な事実を見失ってしまいがちだ。人間の心はしばしば、現在の目標に意識を集中しながら、未来の目標にもたえず目配りをするというような、競合する目標を切り盛りしなくてはならない状況に直面する。大多数の心理学者は、感情が進化してこのような適応性を身につけるようになったと考えている。これが真実であるとするなら、感情は当然のことながら、計画に沿うことで未来にかかる費用や、そこから生まれる利益をきちんと分析しながら、目の前の欲望や願望にも適切に対応しているに違いない。ところがどういうわけか自制心がテーマになると、感情に関する研究のほとんどは、怒り、性欲、欲望といった短期的な目的と関連する感情ばかりに目を向けてしまうのである。

心理学者のあいだでさえ、自制心、勤勉さ、根気などを養う手段ということになると、一般に広まっているのは、結局、「認知機能は善で、感情は悪」といった非常に単純な考えだ。チョコレートケーキをおかわりしたり、給料を衝動買いに使ったり、仕事をさぼって映画を見に行ったりといった行為を我慢するのにもっとも有効な方法は、心のなかのエグゼクティブ（実行機能）が認知手段の軍隊を整列させて、感情から生まれてくる欲望を克服することだと大多数の人は思い込んでいる。その結果、専門家も友人たちも、理性を働かせて、貯金をしたり、スポーツジムで体を動かしたりすることこそに価値があると私たちに助言する。自分や子供がクッキー缶のなかに手を突っ込まないようにするため、それ以外のことに気を逸らすテクニックを使うように助言したり、必要ならば、意志の力によって計画を忠実に実行するようにいってくるのだ。

残念ながら、このような戦略を多用したり、厳密にやりすぎたりしてしまうと、失敗することが多くなる。例えば、誘惑に負けないようにするため、頻繁に意志の力や実行機能を使っていると、その効果は徐々に薄れていく。同様に、すぐに手に入れたいという欲求から気を逸らすことに基づいた戦略を利用しても、欲しいものが目の前にちらついてくればくるほど、誘惑に立ち向かうのは困難となる。こうした状況こそが、まさに自制心がもっとも必要とされるときであるはずなのは、なんとも皮肉である。一方、私たちが困難な目標を達成するために、感情を利用するよう助言されることはまったくない。これは不幸であるばかりか、悲劇とさえいえるだろう。なぜなら感情は自制心を維持するための非常に有効な道具になりうるからだ。全体としていえば、一般に目標を実現するために勧められている認知ツールよりも、感情は扱いやすく、しかも強固な手段なのである。

たしかに、感情は人を誤った方向に導く可能性がある。困難な課題に立ち向かうとき、私たちの誰もが快楽の方向に目を向けたくなるものだ。気が滅入ると無力感に襲われ、一時しのぎの解決策やうしろめたい楽しみに熱中してしまうこともある。他人にも自分にとってもよくないことであると知りながら、人に怒ってみたり、言葉で攻撃したくなったりする。しかし、一部の感情によってこのような誘惑に駆られることがあるからといって、すべての感情を悪だと思い込むのは、大きな間違いである。もし感情がつねに決断を誤った方向に導くものだとするなら、進化の過程でとうの昔にゴミ箱のなかに捨てられていたはずである。

実際には感情は、優れた決断を下すためのもっとも強力で有効なメカニズムの一部である。そしてこのシステムは人間が発達させた最初のメカニズムでもある。感情的反応は、人間が未来の計画を立てるための認知能力――すなわち人間の脳の前頭葉に存在している能力――を人類が獲得する、はるか前から存在していた。たしかに最初の段階では、人間は、食物を仲間と分けあうよりも独り占めしたいというような短期的願望からもたらされる困難と向き合っていた。しかしのちに、感情が「偶然の産物ではない（つまり、目標を達成する助けになるものである）」と自覚することが成功につながることを理解した。ただ、そのためには、適切な感情を呼び起こして、目下の試練を克服する英知を身につける必要がある。

　長期的な成功に関していえば、そこで必要となる正しい感情として、次のものが挙げられる。すなわち、感謝（gratitude）、思いやり（compassion）、誇り（pride）である。このような感情は、幸福、悲しさ、怒り、恐怖などの単純な感情とは違って、社会生活と本質的に結びついていて、社会をうまく機能させるための鍵になる。ようするに社会生活においては、よりすばらしい未来を手に入れるために、いまこの瞬間、進んで犠牲を受け入れる心構えをつねに持っておく必要があるのである。もともと人類が自制心を発達させたのは、なにも試験のために勉強したり、老後に備えて貯金をしたり、健康のためにスポーツクラブに通ったりするためではない。人類の進化の歴史のほとんどで、こうしたことは重要ではないか、あるいは存在すらしていなかった。生命を維持し、繁栄していくために重要だったのは、強い社会的な絆——困った人を支えることを奨励する一方で、将来自分が困ったときには助けてもらえることが十分にわかっているような人間関係を築くことだった。そして、このような関係を築き上げ、維持していくためには、道徳的な振る舞いが必要とされた。公平で、正直で、寛大で、勤勉で、誠実に人に対処するということだ。ようするに道徳性とは、それ自体が適応力の証なのである。つまり、身勝手な欲望を抑えることができ、それゆえ手を組んでも安全な人物であるといえる、よい性格の持ち主だと認められることだ。そして、あとで取り上げるが、こうした評価を受けられるような振る舞いを促してくれるのが、まさしく感謝、思いやり、誇りといった感情なのである。

この三つの感情のいずれかを心から感じたもっとも最近の出来事について考えてもらいたい。おそらく、あなたはその瞬間には、一時的にある種の犠牲を受け入れなくてはならなかっただろう。私の場合、感謝の念に駆られて、恩に報いたり借りを返したりするためにかなりの時間を使った。友人のために長椅子を移動するのを手伝ったり、お土産を渡したり、思いのほか時間をかけたものである。そのような行為はすべて、自分にとって大切な友人に、それまで自分のためにしてもらったことに感謝しているのをしっかりとわかってもらうために行ったものだった。これによって、互いの絆は途切れることなく、将来も続いていくのである。思いやりも同じだ。この感情は、他人にかけた労力が、自分が困った事態に陥ったときには親切な行為として必ず戻ってくることを保証する、利他的な行為を促してくれる。思いやりを抱くことで、多くの人は困っている人に経済的に援助したり、時間を割いて手助けをしたり、心の支えになってあげたりしようとする。誇りも同じく、将来に利益を得るために、いまを捧げるような方向に私たちを誘導してくれる。私の学生の一人は、毎朝五時に起きて、凍てつくコロンビア川でボートを漕ぐ練習ができたのは、自分がチームの一員だという誇りがあったからにほかならない、と語っていた。私はこの言葉を忘れることはないだろう。こうした感情は私たちを、短期的な報酬や富を犠牲にしても、未来にもたらされるもっと大きな報酬を獲得する方向に向かわせることで、社会生活の潤滑油になっている。ようするに、私たちに自制心を与えてくれるのである。

類似点を持つこれらの感情——社会的な成功を促すために未来を尊重する方向に働く感情は、学問、職業、経済、健康など人生のあらゆる分野における成功追求のために取り入れることができる。こうした感情は、人間関係をよくするために短期的犠牲を払うよう促すのと同じように、希望や夢を実現するのに重要な役割を果たす、ある人物との関係も良好にしてくれる。その人物とはつまり、未来の自分のことだ。あとで見ていく通り、理性や意志の力だけを頼りにするよりもこの三つの感情を養う方が、自分の願望や目標を、より効果的に、苦労のすくない形で追求できる。

「やり抜く力」の恐ろしい副作用

目標達成のために、本質的なもろさを持つ認知戦略に頼ることは、成功の確率を下げるだけでなく、さらに目立たない形で、私たちに害を及ぼす恐れがある。私が巻き添え被害と呼んでいるこの損害には、大まかにいって二つの種類がある。一つはストレスを中心としたものだ。認知のテクニックの大半は元来、矯正的な手段であるがゆえに、快楽への根源的な欲求に対して、それを起こさないように予防するのではなく、無視したり抑圧しようとする方法をとる。そのため、通常、かなりの努力を必要とする。目標を追求している最中に、自分自身と格闘しているような気分に襲われる可能性も高くなる。そして、このように多大な努力と大きなリスクが重なることほど、ストレスをためやすい状況はない。そのため、緊張を感じ、一時的な燃え尽き症候群を起こしかねない。

さらに、こうしたストレスは不快であるだけでなく、学習能力まで妨げてしまうことがわかっている。つまり、認知スキルの使用は、ある意味で二歩進んで一歩後退するようなやり方なのである。しかも、時間が経つにつれて、このようなやり方から生まれるマイナスの影響は、致命的にもなりうる。つまり、健康を損なう恐れがあるのだ。

ここから、二つ目の種類の巻き添え被害が現れてくる。一つ目の損害に比べると、多少、曖昧なものになってしまうが、やっかいであるという点では変わりない。現代社会では多くの人にとって、成功のためにますます専門的な能力が要求されるようになっている。一流のヴァイオリン奏者になりたいなら、長時間練習して技を磨き、ライバルの一歩先を行かなくてはならない。ハーバード大学のメディカル・スクールやイェール大学のロー・スクール、シリコンバレーの有名企業に入りたい場合も、状況はだいたい同じである。競争は熾烈であり、知識や技能を獲得するための努力が不可欠だ。しかし、自分自身をやる気にさせるためにどのような方法を選ぶかによって、世界は大きく変わる。

現在、意欲を起こすのに勧められている方法――つまり実行機能や理性などに頼る方法には、あるテーマが共有されている。それが「合理的反社会性」だ。ようするに、心を社会から隔離された場所に置かれた機械のように扱え、ということだ。この機械を扱うエンジニアはさらなる効率性を追及するため、装置に調整を加える。成功したいなら、もっと一生懸命に、素早く、長い時間、効率的に働きなさいといった具合の考えだ。これはいうならばコンピュータやロボットにあてはまるやり方である。だから、あなたがこのような機械とは違う、さまざまな欲求に誘惑される人間であるなら、欲望を抑えるためにあらゆる手段を講じなければならない。意志の力を用いて、人を迷わせかねない非合理な感情的反応を阻止せよ。それがうまくいかないなら、誘惑から気を逸らし、習慣を形成し、目標の見直しをするといったテクニックを使うべし。だが、人の心はコンピュータではない。そこには社会的存在である主がいる。つまり心は、社会的欲求――認知のメカニズムでは、無視されるかあるいは禁じられている欲求――を持つ肉体の面倒を見るために進化してきたのである。さらに社会的欲求は本質的に成功とも結びついている。あとで見るように、他者とのつながりは、忍耐力を高め、成功を促すばかりでなく、より深い充実感を味わったり、失敗してもめげない回復力を養ったりもするのである。

これまで、やり抜く力という能力――すなわち自制心を働かせて、未来の長期的目標の実現につねに意識を集中しておく能力が、願望の達成と関連づけられてきた。当面の労力をいとわず、長い時間をかけて技術を磨く習慣が身についている人間の方が、目標達成の確率が高い傾向にあるため、これは大いに頷けることだ。しかし、この能力には大きな「但し書き」がついている。やり抜く力は危険と隣り合わせなのアプローチなのである。

やり抜く力の研究のなかでももっとも広く知られている初期の調査結果の一つは、スクリップス全米スペリング大会という、とりわけプレッシャーのかかる状況での研究から生まれた。やり抜く力はそれ自体が明らかに成功に結びつく要素であり、やり抜く力の強い子供の方がこの大会の予選を通過する確率が高かった。しかしそれ以外にも、いくつかの注目すべき調査結果が現れた。例えば、大会が決勝に入って、言語性ＩＱ（知能指数の一種）と年齢の違いという要素が考慮に加えられると、個々の子供同士のやり抜く力の差は実質的に意味を持たなくなったのである。言い換えると、決勝進出者のなかでは、優勝やそれに近い成績を残せるかを左右する要素として、やり抜く力よりも、子供たちの知性とその年齢なりの経験の組み合わせの方が、影響が大きかった、ということだ。つまり、成績優秀者に関していえば、ほかの人より長い時間ドリルを解いて語彙の勉強をしていることがよい結果にはつながらず、むしろ人と触れ合う機会を奪う可能性が高いという事実が示されたのである。[3] 孤独や社会的孤立ほど不幸につながりやすく、健康に悪い要素はない。やり抜く力が大切なことは間違いないが、その力をどのような手段や戦略を使って磨き上げるかが問題なのである。

頑張って勉強をするという目的で、認知手段を厳格に適用したときに起こりうる危険については、心理学者クリストファー・ボイルとその同僚が実施した研究がさらに多くの証拠を提供している。ボイルの研究チームは、失業のような挫折をする恐れのある状況に直面した九〇〇〇人以上の人物を、四年間にわたって調査した。その結果、わかったのは、目標の追求にあたって強い自制心を働かせ、成功のために論理的な分析や意志の力によるセルフコントロールに頼る傾向のある人物ほど、失敗に直面したときに強く苦しむという事実だった。[4] 失業は誰にとっても辛いことだが、自制心だけを頼りに成功を目指していた人たちの幸福度の下がり方は、それ以外の人に比べて一二〇パーセントも大きかった。つまり勤勉な人間は、失敗することは少なくても、いざというときの安全策をきちんと準備していないため、失敗するとより大きな痛手を被ってしまうのである。

このような罠から抜け出すには――つまり、失敗にめげない力を築きながら、成功を実現する可能性を増やすには、ただ、私たちに与えられた感情を使えばいいだけなのだ。あとで見るように、目標の追求に際して、感謝、思いやり、誇りという感情を使えば、人間は忍耐強く、誘惑にも負けないようになり、同時に自制心ややり抜く力も強化できる。さらに、その途中に待ち受ける、失敗、ストレス、孤独の苦しみから自分を守ってくれる社会的な絆をほとんど苦も無く築き上げるのを助けてくれる。

本書の構成

これから本書ではこれら三つの感情の起源とその働きについて説明し、自制心や「立ち直る力(回復力)」との関係、さらには私たちひとりひとりや社会全体の長期的な成功の確率を上げる可能性について検討していく。そのため、私は本書を三つに分けた。第1部「まずは問題を認識しよう」では、問題を提示し、その解決法に関する根本的な誤解を解消していく。第1章では、人間の心が長期的な報酬より短期的な目先の報酬を好んでしまう理由と、このような傾向から生じる問題、そしてある状況において大半の人が目先の誘惑に負けてしまう理由について簡単に説明していく。次の第2章では、目標の実現にあたって、理性、意志の力、実行機能に頼ってしまうことの本質的な弱点を示し、自制心を養う唯一の手段が認知能力であるという誤った考えを正していく。

第2部「感情の道具箱」では、感謝、思いやり、誇りを適切に養い、利用することで、失敗の原因になりがちな享楽や衝動に対するもっとも有効な抵抗力をつけることができることを証明していく。感謝と思いやりは受け身の感情ではなく、そこには静かなパワーがみなぎっている。誇りの感情は意識を未来に向けてくれるため、適切に使えば、害ではなく利益をもたらす。これらの三つの感情を第3章から第5章まで一つずつ順番に見ていくことで、それぞれが私たちの行動を形づくる過程や理由だけでなく、その効果的な利用法も検討していくことにしよう。

第3部「広がっていく感情の力」では、このような感情に基づく戦略の採用が、個人ばかりでなく社会全体をも確実に前進させる様子を説明する。第6章では、感謝、思いやり、誇りの感情がその本来の目的である人間関係をいかに築き上げ、その恩恵を倍増するのかをお見せしよう。このような感情はそれ自体が、やり抜く力や自制心を鍛えてくれるばかりでなく、社会的な関係を通じて、孤独や孤独が持つあらゆる害を心身に及ぼさないようにする役割を果たしている。

第7章では、これらの感情が人のつながりを通じてどのように広がっていくかを示すことで、本書の考えをいまの社会の常識の域にまで押し広げたい。これによって、あなた自身だけでなく周りの人々の成果も増やしていくことができる。ここでの思いがけないメリットは、ほかの人がこの三つ感情を抱きはじめると、あなたにも利益が生まれてくるという事実である。第8章ではさらに視野を広げて、社会規模の視点から考えていく。多くの人からなる集団のなかで、このような感情を利用し、育てることが、未来に投資する意欲を高め、結果として社会自体の回復力の確保に役立つ様子を見ていくことにしよう。

最終章では、本書が提示する新たな知見が従来の成功追求に関する考え方をいかに変えるかを見たあと、三つの感情を利用する戦略をより上手に活用する方法をじっくりと考えていく。私たちは思考を変えることについて、次の二点を認識しておくことが重要である。まず、一つは科学的視点からいって、感謝、思いやり、誇りの感情はそれぞれ別々の美徳ではなく、実際にはほかの多くの美徳を生み出す要素であるという点である。そしてもう一つは、感情はたんに勝手に湧き上がるものではないということだ。私たちは、いつ、どのような感情を感じるかについて、かなりコントロールすることができる。この二つの真実を組み合わせれば、一部の感情を私たちの繁栄に役立てる方法について、まったく新たな知見が生まれる。しかし現時点では、教育者、指導者、経営者、カウンセラーのいずれにおいても、このような見方を採用する専門家はほとんど皆無だ。つまり、自分の目標をもっとも効果的に追及するのに必要なテクニックを身につけている人物は、ほとんどいないのである。いまこそこの状況を変えるときだ。仕事や生活は私たちに難題を投げかけてきて、その多くは乗り越えるのに忍耐、献身、不屈の精神を必要とする。問題に立ち向かおうとするなら、私たちは自分のなかにある武器を総動員しなくてはいけないのである。

I　まずは問題を認識しよう

第1章　なぜ人は未来の価値を低く見積もるのか

「マシュマロをすぐ一個もらう？　それとも我慢してあとで二個もらうことにする？」これはどう考えても、科学に革命を起こす類の質問とは思えない。ところが五十年前、この質問がまさに革命を起こしたのだった。スタンフォード大学ビング保育園〔大学内にある心理学部付属の保育施設〕で心理学者のウォルター・ミシェルは、自制心に関する現在の理解の基礎となり、その結果、人が目標を追求するための方法論を形づくることになった一連の実験を開始した。いわゆるマシュマロテストとして知られることになるこの実験は、行動科学者に以前は不可能と思われてきた予測手段を開発することを可能にした。すなわち、もっとも成功しそうな人物を突き止める方法――教育者にとっても、雇用主にとっても、採用担当者にとっても、計り知れないほど貴重な選別能力――を提供したのである。

マシュマロテストの本質は、誘惑に抵抗する能力を測ることだ。このテストに参加する子供たちは、欲望を刺激されながら、時間によって結果の変わるジレンマの状況に置かれる。子供たちは研究者が目の前のテーブルの上に置いた一つの食べ物（たいていはマシュマロが使われたのでこの実験名になった）をすぐに食べてもいいし、あるいは廊下に出ていった研究者が部屋に戻るまで食べるのを我慢できるなら倍のご褒美——つまり、二つ食べることができる。一見、単純に見えるこの選択だが、じつは最初のごちそうに子供が抵抗できるかどうかは、その日やそのときどきの気分による偶然の選択ではないことがわかっている。この選択は、その後の人生に訪れる数多くの誘惑に子供たちがどのように対処するかを垣間見せてくれる、未来を覗く窓を提供してくれるのである。我慢できた、つまり目の前の欲望に耐えることのできた子供は、結局、数十年後には、二つのマシュマロよりはるかに多くのものを手にすることになったのだ。

ミシェルの研究チームが、長年にわたって子供たちを追跡調査してみると、そこに一貫したパターンが現れた。就学前に誘惑にきちんと抵抗できた子供の方が、誘惑に弱い衝動的な性格の子供よりも成功していたのである。マシュマロをすぐに食べてしまう子供より、学校の成績がよかっただけでなく、SAT〔大学進学適性テスト〕の点数も二〇〇点以上高く、結果として一流大学に入学する割合も高かった[5]。さらに驚くべきは、その成功が学問の領域だけに限らないことだった。強い自制心は、人間関係や健康も良好にすることが示唆されたのである。強い忍耐力を示した就学前児童は、大人になると、付き合いの深い友人を数多く持ち、肥満や、麻薬などの依存症になる確率も低かった。同じく、ミシェルの最初の研究には参加していなかった大人に関するほかの調査でも、強い自制心は、老後の資金が多い、あるいは借金が少ないといった形で、金銭面での安定の基礎になっていることが示されてきた。

ようは、衝動を抑える能力は人生において非常に重要である、ということだ。勉強、練習、貯金、運動、目的の達成。どの分野においても、将来、多くの利益を手に入れるために、いまの満足を進んで犠牲にする心構えがあるかどうかで、結果は大きく変わってくる。しかし、本書の最初で述べた通り、成功と密接に関連する能力であるにもかかわらず、それがうまく使われていないように見えるのは、すこし奇妙に思える。別の言い方をすれば、自制心を働かせて目の前の快楽に抵抗するのが、つねにもっとも正しい選択であるとすれば、その能力を身につけるのはそれほど難しくはなかったはずだ。人は進化の過程でもっと楽にその能力を習得していたはずである。ところが通常、自制心を獲得し、維持していくのは非常に難しい。それを考えると、自制心のこの頼りなさは、奇妙な誤作動か、あるいはたいていの人が考えているよりもより複雑な力学のいずれかの表われに違いない。原因がそのどちらにあるのか解明するためには、精神の働きをもうすこし目を凝らして見てみる必要がある。

アリとキリギリス

決断を下したとしても、すぐに十分な成果を感じられないことが多い。人生とは基本的にそのようにできている。成長する若木や膿のたまった傷と同様に、決断を下してから結果がどうなるのか評価するには、しばしば時間がかかる。ただ、この事実がさほど大きな問題にはならない場合もある。ある決断を下しても、即座に現れる成果と未来に現れる成果のどちらにとってもプラスになるのであれば、ジレンマは起こらない。運動するのが大好きで、体を動かせる時間もたっぷりとあるなら、そこから問題が生まれることはない。トレーニングをしているときに爽快な気分になれるばかりでなく、体力もついていくので、その後の健康状態も改善されていくことだろう。難しいのは、その選択の費用と便益が、長期的に見たときに一貫していない場合である。多くの選択は一時的なトレードオフを突きつける。つまり、その決断がいまもたらす費用や便益と、しばらく時間が経ったあとにもたらす費用や便益が同じではないということだ。何を食べるか、いつどこに投資をするか、自由時間の使い道はどうするか――こうした決断がもたらす利益や損失は、時が経つにつれて大きく変わってくる場合が多い。追加で頼んだ揚げ物は、食べたときにはおいしいかもしれないが、翌週、病院で体重測定をしているときには余計なストレスになるだろう。退職後のための貯金をピカピカに磨かれた新型のＢＭＷのリースに使ってしまえば、人もうらやむ素敵なドライブができたとしても、老後の不安は大きくなってしまう。楽しいジム通いでさえ、そのせいで学校の試験勉強や職場でのプレゼンテーションの準備が犠牲になるようなら、結局、将来に損失をもたらす恐れがある。

こうした、時が経つにつれて違った結果が展開されるような種類の状況は、異時点間選択のジレンマとして知られているが、私たちは実際に毎日、このジレンマを突きつけられている。意識しているかどうかは別にしても、あなたがある活動や目標に向けて労力や資金を投入するたびに、こうしたトレードオフが生じている可能性は極めて高い。ここで問題なのは決断を下す方法である。これからの数時間、プロジェクトに沿って勤勉に働くことにするか、それとも面白そうな映画を見に行くことにするか、あなたはどうやって決めればいいのだろうか？　論理の命じるところでは、ある人物が効用〔満足度を意味する経済学用語〕を最大限にすることに重点を置くとするなら、意思決定の戦略は明らかである。楽しい映画を観ることから生まれる効用と重要なプロジェクトを計画通り完了したことで手に入るであろうボーナスや昇進を比較すれば、答えは簡単なはずだ。ほとんどの場合、後者の長期的利益の方が前者の目先の快楽よりはるかに重要である。いま、一生懸命に働いておけば、数年後にはもっとたくさん映画を観に行けるだろう。収入が増え、気軽に外出ができるようになるはずだからだ。

この例からもおわかりのように、ある決断に努力や支出といった要素が絡む場合、私たちの心はそれぞれの選択肢の比較に集中している。イソップ物語のなかでもとりわけ有名な題材を借りると、私たちはアリになるか、キリギリスになるか決めなくてはならないのである。

この古い寓話の内容を知らないか、あるいは忘れてしまった人のためにいっておくと、この話では、まったく異なる労働観を持つ二つの生き物にとっての楽しみや仕事について語られている。夏の初めにアリとキリギリスは、自分の時間の使い方を決めなくてはならない。勤勉なアリは、暑い夏の日差しのなかで遊びたいという気持ちを抑えて、数カ月先の寒い季節に備え、食べ物を集めて蓄えるためにせっせと働いていた。一方、陽気なキリギリスはアリとは正反対の行動をとり、夏の時間を歌ったり、踊ったりして過ごすのだった。暖かい数カ月のあいだは、遊んでいても食べ物が豊富にあったからだ。ついに冬の寒さが訪れたとき、アリはこの季節を見越して、食料を十分に備えている。キリギリスの方は怠けていたため、アリにその怠惰をひどく非難されたあと、飢え死にしてしまう。

この話は、遊びを犠牲にして一生懸命に働くことが、困難を克服し、成功を確実に手に入れる(少なくとも生き残る)のに必要であることを子供たちに教えるために長い間使われてきた。さらにこの寓話は、自制心に関する力学を理解するための、またとない素材でもある。キリギリスは目の前にある快楽の価値を体現している。一方アリはそれとは正反対の、現在の犠牲をともなう将来の報酬の価値を体現している。ある状況において、もしあなたの心がキリギリスを好むのであれば、そこでの選択は短期的な報酬を重視するものとなる。つまり、外出して映画を観たいという誘惑が、重要な計画に取り組むモチベーションに勝るということだ。それとは逆にアリを好むのであれば、人からの評価や給与という形での未来の報酬を求める気持ちによって、いまは多少の我慢が必要であったとしても、あなたは目の前の仕事に集中することになるだろう。これがお金の話であっても、あるいは何を食べるか、練習をするか、約束を守るかどうかの話であっても、このメタファーはあてはまる。人の心は、目の前の報酬と将来の報酬という異なる価値を、つねに忙しく見積もっているのである。

こうしたやり方は、決断を下すための仕組みとしては、おおむね合理的であるといえそうだ。これから見ていく通り、目先の報酬を重視するのが妥当な場合もしばしばある。もしそうでなければ、人間はそもそも目先の報酬に対する欲求など抱かないだろう。であればあとは、私たちがよい決断を下すのに必要とされるのは、偏りのない公平な心のアルゴリズムだけということになる。すなわちどんな状況においても、どちらの「虫《バグ》」を見習えばいいのかを客観的かつ正確に見極めてくれるアルゴリズムだ。だが、あいにくそのようなアルゴリズムは存在していない。人間の心にはもともとと、いまという瞬間に意識を向けがちな性質があるからだ。ようするに、現在の快楽を求め、未来の報酬の持つ価値をないがしろにしてしまう傾向があるのである。その結果、アリがキリギリスに打ち勝つには、未来の報酬が目先の報酬を大きく上回っていなければならない。さもなければ、仕事をしたり、貯金をしたり、将来の成功の土台をこつこつと築くのとは正反対の、キリギリスのような、食べたり、踊ったりのずぼらな生活を選んでしまうことになる。これは脳の「ソフトウェア」の欠陥《バグ》なのか、それとも特徴なのか？　その答えは、この問い自体というよりも、この問いを投げかけるタイミングによって変わってくる。

逆向きの減価償却

人間はなぜそれほど未来を過小評価したがるのか？　その理由を理解するには、減価償却に関する一般的な考えを見直してみる必要がある。購入したものの多くは買った瞬間から価値が下がっていく。ディーラーの駐車場の外に出たその時点で新車の値段は下がっている。パソコンも数カ月使ってしまえば、価値はかなり失われる。しかし異時点間選択に関していえば、減価償却はいわば逆の作用を果たすのである。まだ所有していないものや報酬の知覚価値〔消費者が製品に対して抱く品質や費用に対する総合的価値〕は、それが手に入るのが未来であればあるほど減少していく。そのため、例えば工場の組み立てラインから出てきたばかりの新車でも、六週間後に乗れるのと、半年後に乗れるのでは、後者の方が価値が低いように思えてしまう。このような現象は、経済学者のあいだでは時間割引（または遅延割引）として以前から知られてきた。そして多くの経済学者、とりわけ二十世紀の経済思考に支配されている学者にとって、この現象は悲しむべき心の誤作動であった。明確な理由もなしに将来の財の価値を過小評価してしまうのは、人間は純粋に合理的な経済的決断を下すことができる（仮にそうでなかったとしても、少なくとも下すべきである）と考えるこうした学者たちには、理不尽に思えていたのである。

このような経済学者の嘆きはさておき、この時間割引は、通常の心の働きとしてよく知られている事実である。ではここで、それがどのように作用しているのか例を挙げてみよう。政府が税を一〇〇ドル還付することにしたと仮定しよう。もちろん、ほとんどの人が喜んで還付金を受け取ることだろう。しかしここで、政府が還付に際して二つの選択肢を提示したとする。無条件ですぐ一〇〇ドルをもらうこともできるし、またはこの一〇〇ドルを一年後に四〇〇パーセントの利益が保証されている債券に投資することもできる。さあ、どうする？　信じられないかもしれないが、それでもなお、大多数の人が一年後の五〇〇ドルよりも目の前の一〇〇ドルを選ぶのである。おそらくこの債券が、これまでの人生でもっとも割のいい投資であるにもかかわらず、だ。

四〇〇パーセントの利益を見逃すのはばかげていると思うかもしれないが、他の多くの実験でも同じようにこの事実が示されてきた。私の実験室からも、すこし証拠を提供しておくことにしよう。われわれはグレーター・ボストン地区の住民を実験室に招いて、ひとりひとり、コンピュータの置いてある小さく仕切られたスペースに入ってもらった。ここで、コンピュータには全部で二七の質問が順に表示され、それに対し被験者は金銭に関する二択のうち好きな方を選ぶようにいわれた。質問はすべて「いますぐにXドルを受け取るのと、Z日後にYドルを受け取るのではどちらがいいですか?」といった形式で尋ねる。選択に真実味を持たせるために、われわれは質問への回答の一つを無作為に選び、その内容を実際に履行することを約束した。例えば、われわれが「いますぐに四一ドルを受け取りますか、それとも二十日後に七五ドルを受け取りますか?」という質問を選んだ場合、お金を即座に支払って欲しいと答えた人には、この実験の終わりに実際に四一ドルを手渡す。報酬を後日、受け取ると答えた人には、二〇日後に七五ドルの小切手を送る、といった具合だ。

その際のXとYあるいはZの数字はランダムではない。まず、Yは必ずXより大きな数値にした。未来の報酬の方が少ないのであれば、すぐにもらえるお金を我慢する理由がないからだ。また、報酬の支払いを待つ期間を変えると同時に、XとYの組み合わせによってその差額も変えていくことで、人が未来の金銭的報酬の価値をどれくらい割り引いているのか計算できるようにした。この価値の下落は「年次割引係数(ADF)」の形をとり、0と1のあいだの数字で示される。これは、お金をいますぐに受け取る場合に対して、同額を一年後に受け取る場合の価値がどれくらいになるかを表したものである。つまり、ある人のADFが0・5の場合、一年後に受け取れる一〇〇ドルには五〇ドルの価値しかないということである。逆にいえば、ADFが0・5ということは、この人は一年後の一〇〇ドルをあきらめて、今日五〇ドルを受け取ることを選ぶだろうという意味だ。

われわれの実験の参加者は、一般の人と同じくかなり気が短かった。平均ADFは0・17、すなわち一〇〇ドルを手に入れるのを一年待たなければならないとするなら、現在の一七ドルの価値にしかならないと感じていたのである。(6) 言い換えると、この実験に参加した人たちは平均して、わずか一七ドル渡すだけで、一年後に一〇〇ドルを受け取るチャンスを即座にふいにするということである。一七ドルがわずか一年後に一〇〇ドルに増えるのは、結局、投資をすれば四〇〇パーセント以上の利益になるのと同じなので、これは金銭面においてかなりせっかちだといえる。その一七ドルが、これから数日間生きていくのに(文字通りの意味であるかはともかくとして)必要である場合を除いては、この選択はほとんど道理に合わない。一年後には、もっとたくさんものを買うことができるのだから、この選択はあまりにも近視眼的すぎるように思えてしまう。

本来なら適応性を備えているはずの脳が、なぜこのように目先のことしか見えないのだろうか? これはよい疑問である。しかしこの問いへの答えが多少複雑なのは、ある状況のもとではこのような割引が頷ける場合もあるからだ。「手中の一羽はやぶのなかの二羽に値する」という古い格言を思い出してもらいたい。客観的にいって、一羽よりも二羽の鳥を食べる方が腹がふくれるのを否定する人は誰もいないはずだ。しかし、一羽が確実に自分のものになる状況と、獲った二羽を袋に入れることができるのかあるいはまったく手に入らないのか不確定な状況を比較した場合、空腹を満たすために利用できる選択肢として、どちらが望ましいのかはあやふやになっていく。このような状況は異時点間選択のジレンマと同じだ。一年後の一〇〇ドルがいま現在の一七ドルより価値があるという事実に異議を唱える者は誰もいないが、一〇〇ドルを待つという選択肢の効用は、この一〇〇ドルが確実に自分の懐に入るかどうかに大きく依存している。銀行が倒産したらどうなるだろう? お金が手に入る前に死んでしまったら? 現在の犠牲が報われるのは、そこから生まれる未来の報酬が確実にもらえる場合に限られるのである。

不安定な世の中で暮らしていると、手に入る確率をにらみながら、報酬を比較検討しなくてはならない。知覚価値は、将来、報酬が確実に獲得できるという保証がない場合には、客観的価値とは同じにはならず、多くの点でギャンブルに似た状況になってしまう。トランプゲームで五〇ドル賭けて、勝ったとしても同じ五〇ドルしか払い戻ししてもらえなかったなら、賭ける人などいるだろうか？　答えは否だ。勝てば六〇ドル払い戻すとしても、おそらく誰も賭ける者はないだろう。しかし、払い戻しが二〇〇ドルの場合はどうだろう？　その場合、賭けに応じる人が出てくるかもしれない。将来、確実に勝てる保証がない場合、その状況に一か八か賭けようとするなら、払い戻される金額が高くなくては割に合わないのである。不確実性が高くなればなるほど、賭ける気を起こさせるためにより大きな賞金が必要となる。

割引に関しても事情は同じだ。勉強したり、貯金したりする努力が報われるかどうか不安であればあるほど、辛抱を必要とする未来の報酬の価値は割り引かれてしまうだろう。最近の調査結果がまさにこの事実を証明している。心理学者のヴラダス・グリスケヴィシウス率いる研究チームは、人々のあいだにおける割引の度合いを調べるための実験を行った。実験ではさまざまな地域出身の参加者が選ばれ、さらにそれぞれの地域では未来がすばらしい価値を提供してくれると住民が信じる度合いが異なっていた。そして、比較をしてみると、興味深いパターンが見つかった。この実験では、異なる社会経済的な生い立ちを持つ人々にわれわれが実施したのと同じように経済的な意思決定を下す作業をやってもらった。すると、貧しい家庭に育った人――つまり、必要を満たしたり、願望を叶えたりするだけのお金が自分の家に十分にあるとは決して思えなかったと自己申告した人は、経済的に安定した環境で過ごした人に比べて、経済状況が苦しくなる可能性を突きつけられると、未来の報酬に対する割引が著しく増加することが明らかになった。[7]さらにこの結果は、現在の個人の財政状態を考慮した場合にも変わることはなかった。すなわち、現在はゆとりのある生活を送っていても、かつて貧しい家庭で育った人は、経済的に安定した家庭で育ち、いまも安定した暮らしをしている人と比べると、未来の利益を割り引く度合いが相変わらず大きかったのである。

これと似たような理屈は、おそらく忍耐と成長マインドセットの関係にもあてはまるだろう。ちなみに成長マインドセットとは、スタンフォード大学の心理学者キャロル・ドゥエックが、努力をすれば知能やそれに関連する能力を高めることができるという考え(成長思考)と、このような特徴は生まれつき決まっているという考え(固定思考)を対比するために使った言葉である。[8]簡単にいってしまえば、知性は生まれつき決められているという信念を抱いているなら、誰も知性を改善するための努力などしないだろう、ということだ。目先の満足を犠牲にして猛勉強するというのは、それによる報酬——例えば、勉強をすれば賢くなれるというような報酬が得られると信じることができてはじめて、合理的な選択肢となるのである。

このような種類の、確率に大きく左右される割引こそ、さきほど私が、心のソフトウェアの特徴かもしれないといった類のものである。犠牲や勤勉さは、大学の医学部に入学したり、いい就職先を見つけたり、ボストン交響楽団にポストを得たり、または運命を好転させたりといった、すばらしい成果に結びつく限りにおいて納得できるものだし、意味をなすものだ。しかしこのような未来の目標は、いくら汗水流して努力したとしても、絶対に実現できると保証されるわけではない。だから、気を抜いたり、楽な道を行こうとする衝動に打ち勝つには、願望が達成された際の報酬が大きくなければならない。本書全体を通して見ていく通り、進化は人間の心を、徳が高くなるようにつくったわけではない。状況に適応できるようにつくったのである。そして適応とは、努力に見合わない目標を追求するよりも、無駄なエネルギーを節約すべきときを知るという意味であることが少なくない。

それでもなお、問題は残る。仮に割引が完璧に適応的であるなら、自制心ややり抜く力を無理に利用する必要などないだろう。人間の心は、困難や誘惑に直面してもそれを辛抱するだけの価値がある場合を正確に見極めるはずであり、損をしないうちに引き下がろうと考えたりはしないはずだ。誰もが、いつ我慢し、いつあきらめたらいいのか気づくことのできる腕利きのギャンブラーになれるはずである。将来、自分にとってマイナスになるようなら、いつまでも賭けにこだわり続けることは絶対にしないだろう。ところが、人生はそのようにはできておらず、前に述べた「バグ」の部分が出てくるのである。ある程度の割引は完全に理にかなってはいるが、人間の心はそれをやりすぎてしまう傾向があるのだ。私たちは未来の利益に対する価値をあまりにも低く見積もってしまい、その結果、自分の成功の可能性を小さくする、自滅的な決断を下してしまう場合が多いのである。

心理的メカニズムは、仕様でもあるが、バグでもありうるというのは、すこし奇妙に思えるだろう。実のところ、割引は設計のずさんな心理的メカニズムというわけではなく、やや時代遅れのメカニズムであるにすぎない。私たちはいま、かつてないほど確実性の高い選択肢が提供される世の中に住んでいる。喫煙や飲酒、あるいは脂肪や糖分の多い食事が将来の健康に悪影響を及ぼすことを、私たちは祖先よりもよく理解している。債券や保険証券への投資によって、将来、資産が増えることをあてにできる。平均すれば、大学の学位を取得することが長い目で見たときに経済的な成功につながるという事実を裏付けるデータも持っている。たしかに、これらは保証されているわけではない。健康のために皿の上のドーナツをブロッコリーに取り替えたとしても、食べたあとに自動車に轢《ひ》かれてしまうかもしれない。せっかく大学を卒業しても、世の中が不景気なせいで、本来稼げるはずの収入が得られないかもしれない。しかしだからといって、確約付きの金融契約や抗生物質を手に入れることのできなかった先祖に比べれば、我慢や忍耐が、社会的地位の上昇や将来の結果につながることはかつてないほど明確である。

しかしあいにく、人間の心のコンピュータは、適切なソフトフェアのアップデートを受けることができなかった。なぜなら、進化がこのような出来事に適応するスピードは、社会がリスクを低下させるペースに比べて、はるかに遅いからである。その結果、私たちは、つねに正しい計算ができるとは限らず、目の前の報酬を重視してしまうことになる。こうして、長期的価値に関する計算はしばしば不正確となり、現在の快楽と報酬を理不尽なほど過大評価し、先ほどの例のように、年に四〇〇パーセントの利益を投げ捨ててしまうのである。もちろん、同じ理屈は金融以外の領域にもあてはまる。いまは楽しくても、将来は損をする恐れのあるすべてのものについて、私たちはまったく同じようにあまりにもびくびくしすぎてしまう傾向がある。

九割の人は楽な道を選ぶ

割引と自制心とは互いに関連のある課題である。しかしそれを話題にするとき人々はこうした問題を他人事だと考えてしまう場合が多い。つまり、他人は簡単に誘惑に負けてしまうが、自分はそれほど堕落していないと思いがちなのである。しかし、実際は、私たちの誰もが楽な道を選んでしまう可能性がかなり高い。ここで必要となるのは、適切な状況をいかにしてつくるか、そしてなぜその状況が適切なのかを知ることだ。

私は心理学者のピアカルロ・ヴァルデソロと協力して、自分の研究室で実験を行ったが、そのときの状況は次のようなものであった。太陽の光がピクニックや遊びに人々を誘うような、暖かい晴れた晩春の朝に、参加者は研究のために実験室に向かっていた。一週間前に実験の参加同意書に署名したときには、これほどうきうきするような天気ではなかった。

実験室に到着した参加者は一人ずつ廊下に案内され、机と椅子とコンピュータがある小さな部屋に入った。各自が席に着くと、研究者から、今日は二つの異なる実験を実施すると告げられる。一つ目は間違い探しで、コンピュータのスクリーン上の絵のなかに映っている特定の物体を見つければいいだけだった。この問題はわずか一五分程度と時間が短く、大半の参加者が楽しいと思えるものだった。しかしもう一つの実験の方は、それほど楽しくはない。四五分間の時間を使って、難しい論理的問題を解かなければならないのである。

さらに、この実験ではそれぞれの作業をする人の数は同じでなければならないと、研究者は説明する。そこで、この実験を公正に、かつ、誰がどちらの問題をやるかについて不当な影響を与えないようにするため、研究者は目新しい方法で参加者の割り振りを行った。参加者の二人に一人を「決断者」に任命したのである。その名が示す通り決断者は、短くて楽しいか、あるいは長くて面倒な二つの作業のうち、どちらかを選んで完成させる責任を負う。それぞれの問題を解く参加者の数は同数でなければならないのだから、決断者の選択によって、あとの半分の参加者がどちらの作業に取り組まねばならないかも自動的に決まることになる。ようするにこの方法だと、それぞれの決断者は自分だけでなく、次に待合室から呼ばれる人物の運命も決めていることになる。決断者がどちらの作業を選ぶかによって、次の参加者が机からしばらく離れられなくなるか、あるいは楽しめるかが決まるからだ。

そして次に、それぞれの参加者にあなたが決断者です、と告げる。どちらの作業に取り組むかを決めるにあたってもっとも公平な方法は、コインを投げることだ。だから、研究者は意思決定の手助けをするために、コイントスと同じ役割を果たす乱数装置を参加者に手渡す。この装置についているボタンを押すと、スクリーン上に緑か赤の円が現れる。緑が出た場合は、短い間違い探しをやればよい。もし赤が出れば、長い論理的問題が待ち構えている。研究者はこの方法をすべて説明し終えると、あとは参加者にこの装置の操作を任せることにする。

一人で部屋に残された参加者は、どうすべきかをじっくりと考える。参加者の知る限りにおいて、この乱数装置を実際に使ったかどうかをほかの人が知るすべはない。操作の説明をしているときに、研究者がそう明言していたからだ。それに実のところ、参加者は研究者と再び顔を合わせることもない。これからやらなければならないのは、目の前にあるコンピュータを操作することだけである。乱数装置を使わずにいきなり間違い探しを始めるキーを押したところで、誰にもばれる心配はない。

大半の人が自分は正しい行動をとる――つまり、自制心を働かせて、乱数装置を使い、その決断を受け入れると考えているだろうと、われわれは予想していた。事実、ヴァルデソロと私が、一〇〇人以上の人に正しい行動だと信じていることについて質問をしてみると、心理学の実験ではめったに巡り合うことのない結果が返ってきた。全員の意見が一致したのである。全員、すなわち実験参加者は一人残らず、面倒な作業をやることになる人を決めるにあたって乱数装置を使わないのは、不正直で、道徳に反することだ、と答えたのだ。そのような不正な行動は、道徳心の欠如と意志の弱さの証明である、と。ところが、仮定の話ではなく、実際の選択肢に向き合うと――つまり、部屋に一人で座り、ズルをしても見つからない状況に置かれると、じつに参加者の九二パーセントが誘惑に負けてしまったのである。[9] 彼らが誘惑に屈するまでの過程はさまざまであった。なぜわかったのかといえば、隠しカメラを使って、気づかれないように参加者の様子を眺めていたからだ。乱数装置をまったく無視してあっさりと自分に間違い探しの作業を割り当てた人もいれば、装置のボタンを一度ではなく、「何度も」押した参加者もいた。最初の数回は、赤い丸が現れるようにひそかにプログラムしておいたのだが、彼らは緑の丸がつくまで、何度も何度もボタンを押しつづけた。これがインチキなのに変わりはないものの、緑の丸が現れたのを見ると、彼らは自分たちの「やり直し」が正当化されたとでもいわんばかりに、気分をよくしているようだった。

当初、インチキをする割合のあまりの高さに私たちは驚き、実験の参加者としてまともではない人たちを選んでしまったのではないかと疑ったほどだった。その点を確認するため、私たちは違う参加者たちを使って実験を何度か繰り返してみた。しかしいずれのグループでも調査結果はおおむね同じだった。平均して、実験参加者の九〇パーセントがインチキをしたのである。[10] たしかに理屈のうえでは、私たちの誰もがきちんと手順に従う自制心を持った一〇パーセントの人間の一人である可能性はあるだろう。しかし、その一人ではない可能性の方がはるかに高いのだ。

ところで、ちゃんとコイントスをしないのは、人間が生まれつき反道徳的であるからというわけではない。この実験で自分勝手に振る舞った人もそのほとんどが、日頃はまじめで正直な人間であることを私は確信している。おそらく勤勉で、公平な人たちだろう。しかし、普段、正直で自制心のある振る舞いをしているからといって、つねにそうするとは限らない。この実験は、人間の心が水面下でつねにどちらの選択肢が得かを計算していることを示している。私たちの質問に対して全員が、自分に簡単な作業を割り振るのは反道徳的な行為であると答えていながら、ほとんどの人はそれを選択してしまった。その理由は、前にも述べたように、人間の心は成果を最大化しようとするからである。この実験のように、長期的に見て自分の評判を傷つける恐れがほとんどなく、即座に短期的利益を持ち逃げできる場合には、心はまさにそれをせよと促すだろう。

こうした誘惑はいくどもいくども目の前に現れる。私たちの誰もがそうした状況を経験しているはずだ。そして、日常的な環境のもとでも、自制心が利かなくなる可能性のある機会はかなり多い。だが、おそらくその場合、インチキをする確率は九〇パーセントにまではならないだろう。実験では、匿名であるために未来の評判に傷がつかないような状況設定が行われていたために、このような高い数字になったのだ。しかし、この調査結果は、全員が心のなかで損得勘定をしていることをはっきりと示している。もう一つ付け加えると、ほとんどの人は、その瞬間は愉快であったにしろ、自身の道徳規範に反する選択に簡単に引き込まれてしまった。言い換えればこの結果は、誰にも説明する必要のない状況では、ほとんどすべての人の自制心が利かなくなってしまうことを示している。実生活でも明らかに似たような状況がある。ある子供は、両親に宿題は終わったといってスマートフォンで遊びたいがために、宿題の手を抜くことによる損得を計っているかもしれない。あるいはあなた自身が、ハードな一日を終えたあとに、ジムに行くこととソファに寝転んでテレビを見ながらリラックスすることのメリットを秤にかけているかもしれない。細かい点は違っていても、つまるところすべては瞬時に行われる、現在に重きを置きがちな計算になる。それは、現在と未来の快楽を比較するための計算であり、「すべきか、すべきではないか」のあいだで揺れる、あまりに日常的で、かつたいていの場合は後悔する結果に終わる、心の綱引きでもある。

この戦いに勝ち、目の前のご褒美を優先させようとする感情を打ち破るには、実行機能の認知メカニズムを利用することがもっとも適切な解決策だと、ほとんどの人が信じている。すなわち、意志の力を使って、目の前の快楽への誘惑を打ち負かせ、と。しかし、実際に長くてうっとうしい作業と短くて面白い作業という選択肢を提供されたとき、人間の心のなかではこのような形で戦いが起きているわけではない。次章で見る通り、この実験では、人生のほかのあらゆる場面と同様に、感情的反応は自制心を妨げるどころか、逆に自制心を高める働きをしていたのである。

実行機能《エグゼクティブ・ファンクション》に頼るのが問題なのは、実際の幹部職員（エクゼクティブ）の場合と同様に、幹部にある種の資質がなければシステムが機能しないからである。成功するためには、ＣＥＯは冷静で頼りがいがあり、ふいに現れる難題にも対処できる疲れ知らずの部下を率いていなければならない。問題はまさにここにある。幹部にあたる実行機能とその部下に相当する認知機能は、すぐに疲れてしまうだけでなく、割り当てられた仕事をつねに実行してくれるとも限らないのである。心の幹部たちは、問題のある行動を正当化することがしばしばあり、自制心がもっとも必要とされるまさにその瞬間に、部下を無防備な状態のまま放置してしまう。では、なぜ私たちはこの幹部たちをクビにしないのだろうか？　簡単にいえば、答えは歴史にある。この幹部たちは長大な推薦書の数々を持っているのだ。

スピノザを追え

一九六〇年代後半から一九七〇年代初めにかけては〔ベトナム戦争の真っただ中であった期間〕、国民の多くが自分たちの持っている感情的側面を再発見しては大騒ぎしていた。しかしその一方で、心理学の研究実験室ではそれとは違う思想が受け入れられていた。この時代、情報科学、人工知能、計算論的モデルの可能性に期待が高まっていた。かつてはB・F・スキナーとその一派である行動学派が提唱する、人間の心はアメとムチに単純に反応する中身の見えない機械装置であるというたとえでもっともよく理解できるとされていたが、まったく新しいメタファーに――つまり、心はコンピュータであるという考えに取ってかわられることになった。心は白紙状態などではなく、そこには複雑なアルゴリズムが搭載されていて、決断と行動は具体的な「プログラム」の結果である、と。フラワーパワーが大学の緑のキャンパスに広がる一方で、ツタに覆われた心理学部の壁の裏側では、脳を情報処理装置とみなす認知革命が大きな人気を博していたのだった。

ただ、コンピュータとの類似は魅力的ではあったものの、それでも当時の研究者たちは、心をコンピュータと同じく、完全に制御できる合理的な装置だと誤解したわけではなかった。彼らにとって驚きだったのは、ときに人間の心が非論理的に思えるような結果を生み出すのがわかったことだ。割引を例にとってみよう。こうした理屈に合わない現象はしばしば、例えば感情のような「原始的な」心の仕組み――つまり、かつて自分たちの祖先が生き残るためには役に立ったが、現代においては、理性や計画の基礎となる高度な心的能力をしばしば妨害するもの――が引き起こすエラーに起因するとされてきた。つまり、多くの学者にとって、感情はほとんど過去の遺物であり、その影響を消すことでオペレーションシステムが最適化されるバグだったのである。

マシュマロテストの研究は、このような流れのなかで開始された。そのため、子供がご褒美を我慢できた理由を解明するにあたって、初期の試みがおもに、感情的反応を克服したり、無視したり、見方を変えたりすることに関する認知的戦略に重点を置いていたのは、特に驚くべきことではない。このとき、子供たちがもっとも多く利用した戦略は、意志の力を使って感情的反応を抑えることだった。しかしこのやり方は難しいうえに、頼りにならない場合が多いことがわかったため、ミシェルのチームはこれ以外の方法も調査した。「気を逸らすこと」はときに有効なようであった。子供たちは、歌を歌ったり、指先や爪先をいじったり、鼻をつまんだりして、ほかのことに意識を集中することで、おやつを食べるのをある程度待つことができた。[11] また、マシュマロを毛羽立った雲のような、あまりおいしくないものだと思い込む、「再評価」という名で知られる戦略にも効果があった。いずれにせよ、どちらの方法でも、子供たちは実行機能を使って、マシュマロの甘くて柔らかい、好ましい特徴から注意を逸していた。将来、喜びが倍になることに気づいた実行機能は、部下に仕事中にフェイスブックを見るのを止めさせる上司のように、その瞬間もっとも欲しかったものから視線（すなわち関心）を逸らしたり、その解釈を変えたりするように命じたのである。

もちろんこのような戦略は、子供だけではなく大人の場合でも有効だ。意志の力が機能しないときに、私たちは買いたいものや食欲をそそる脂肪の多い食べ物、吸いたいタバコから気を逸らすことができる。同じように再評価というテクニックを使うことで、ひとすくいのアイスクリームを、動脈を詰まらせる汚い球だと思い込み、その魅力的な特徴に対する認識を変えることができる。

こうした戦略は極めて合理的に思える。目標を達成するための努力とは、ミシェルの用語を借りれば、まず意思の力を使って、すぐに満足感を手に入れたいという「熱い」欲求を「冷ます」ことなのである。さらに、意志の力が効かなくなった場合には、プランBを用意する。店の窓に購買欲をそそるようなものが置いてあったとしても、そこから目を逸らす。そうすれば、買いたいという気持ちを起こさずに、窓を通り過ぎることができる。一杯のウォッカを、肝臓をダメにする一杯の毒物だと評価しなおせば、アルコールを減らすという約束はきちんと守れる。これは納得のいく自制心の理論である。私たちの誰もが、結局、あとのことを考えると最適とは思えない行動に、瞬間的に興奮、渇望、切望をふくらませすぎてしまうという経験を持っている。そのような状況になったとき、私たちはあとで後悔しないよう、「衝動を冷ます」ため、自分自身をなだめて冷静になろうとすることが多い。それは経験に十分裏打ちされた理論でもある。ミシェルの研究は後世に大きな影響を及ぼし、その後も数多くの調査が実施されることになった。そうした調査のなかでは、先に述べた通り、意志の力とそれに関連する認知戦略が、忍耐、辛抱と結びつけられ、結果として多くの領域における成功とも関連しているとされてきた。

このような自制心の解釈は、神経科学から得られた証拠にも裏付けられている。数多く引用されている例を一つ挙げておこう。ハーバード大学の経済学者、デビッド・レイブソンとその同僚は、実験の参加者たちにすぐにXドルを受け取るか、あとでXドルよりいくぶん多めの金額を受け取ることにするかという異時点間の選択をさせ、その質問を試みる際、参加者たちにＭＲＩのなかに入ってもらった。この実験の目的は、大脳辺縁系と呼ばれる感情的反応に関連する脳の領域と、外側前頭前皮質と呼ばれる推論や実行機能に関連する領域が、経済的な決断を導くにあたってどのように協調しているのかを確認することだった。レイブソンは、支払いは早くても少ない金額を望む一見非合理的で衝動的な選択は大脳辺縁系の活性化と関連し、忍耐と関連する選択は外側前頭前皮質の活性化と関連すると予測していた。そして結論からいえば、これこそまさしくレイブソンが見つけたパターンであった。少ないがすぐにもらえる金額に飛びつこうとする自制心の欠如を反映する選択は、脳内の感情システムが活性化されているときにもっともよく起きているようであった[12]。同様に、長い目で見て大きな支払いを手に入れるのを待つという決断は、冷静で、合理的なシステムの活性が優勢になっているときだった。

これらの調査結果と、実行機能がやり抜く力に及ぼす影響に関する調査結果を合わせて考えてみると、はっきりとした絵が浮かび上がってくるようだ。つまり、感情による反応を抑えるか、あるいは消してしまうことが、結局、異時点間の選択に関する問題を解決する――よりよい決断を下し、人間を忍耐強くして、ひいては成功に導いてくれる、と。この事実を証明する、fMRIの画像さえ存在しているのだ。こうした解釈は、いまでは現代科学の衣裳を身にまとっているが、実際にはなんら新しいものではない。三〇〇年以上も前に、オランダの哲学者バールーフ・スピノザは、現在ではほとんど科学的な定説になっている考えを理解していた。「有益なものに対する願望や判断に際して、［人は］自分の情念の虜となる。それゆえ、未来をはじめ、あらゆることが見えなくなる[13]」

しかし私からすると、この意見はどうにも正しいとは思えないし、それはなにも私だけの見方ではない。数世紀ものあいだ、アダム・スミスからロバート・フランク〔コーネル大学ジョンソンスクールの教授で、ニューヨーク・タイムズの常連コラムニスト〕にいたる一部の経済学者は、特定の道徳的感情が人間を、普段以上に未来を重んじるように動かしている、と主張している。[14] そして、この話題に関する私の見解も、彼らの研究に負うところが大きい。しかしこの見解は、一般にはまだ十分に受け入れられてはいないというのが偽らざる事実だ。その理由の一つとして、私の見解より多くの支持を受けている理論も、まったくの間違いではないということがある。理性が感情的欲求を克服するのに利用できるという理論が実際にまったく根拠のないものだとするなら、とうの昔にこの考えは消えているはずだ。だが、この理論をなんの疑いもなく信じつづけることで、人類は大きな間違いを犯しているのではないかと、私は危惧している。ある予測がときおり真実だったと証明されたからといって、それがつねに正しいとは断言できないからである。すると問題は、それとは逆の事実を示していると思える状況をどう解釈するかにかかってくる。例えばあとで取り上げる、感情が忍耐力を養って、すばらしい成果につながるかもしれないような調査結果が出た場合だ。こうした結果は、たんなる偶然なのか？　それとも最初の見解を大幅に見直す必要があるのだろうか？　その結果が一貫している——つまり、それらがいつ、どのような理由で現れるかを予測できるようなら、答えは間違いなく後者だといえる。であれば、自制心に関していえば「感情は間違いで、実行機能が正しい」という理論は、考えなおさざるをえないと私は考えている。なぜなら、仮にこの理論が正しいのであれば、感情はほぼ確実に目の前の欲望を優先するだろうし、一方で理性的な分析からはその逆の答えが出るはずだからだ。違う言い方をすれば、この理論は、高潔な振る舞いをしなければいけない状況であれば、つねに安心して合理的かつ意識的な心を意志力やそれに関連する戦略に利用することができるという考えを受け入れるということである。だが残念ながら、これは事実と異なる。

一つより二つの心で挑め

感情について研究している心理学者に、人間にはなぜ感情があるのか質問すれば、誰に聞いても同じ答えが返ってくるだろう。感情が存在する理由はただ一つ。次に起きることに影響を及ぼすためだ。感情は心のショートカットのようなもので、まさに直面しようとしている難題を脳が予測し、それに対応するのを助けている。感情は攻撃、逃避、競争などの状況に備えるため、私たちの生理を変化させ、心拍数や呼吸を調節することができる。身の回りのものに対する注意や知覚を変えることで、大切なことに意識を集中できるようにしてくれるのだ。たぶんここでもっとも重要なのは、感情は心というコンピュータに調整を加えることを通して、私たちの決断を左右しうる——つまり、物事の価値や事象が起きる確率に対する判断を変えることができる、という点だろう。どのような状況であろうとも、目的は単純だ。ようするに、世界が私たちに投げかけるあらゆる課題を切り抜ける可能性を高めることである。

アメリカ心理学会のジャーナルである『エモーション』の元編集長だった経験から、私は感情がこの点で役に立つことを示す膨大な数の研究があると断言することができる。例えば嫌悪という感情は、腐った食べ物を食べたり、病気や汚染物に触れたりするのを避けるよう仕向けることで、私たちの健康を守っている。怒りや恐怖も私たちの周囲で起こりうる脅威に対する警戒心を高めてくれる。ある感情が生じると、脳の予測が変化していき、その結果、それ以後の計算が変わっていく。嫌悪感を抱いているときには、自分の目の前に存在するものは、何であれすぐさま避けるべきだと思うようになる。恐れや怒りを感じているなら、自分に近づいてくる人物が危険な存在だという気持ちがふくらんでいく。

ここで重要なのは、知覚や決断を役立てるにあたって、それらが客観的に正確である必要はないということである。怒っているとき、あなたは次に出会う見知らぬ人物から攻撃されるかもしれないと感じるかもしれない。その感覚には根拠がなかったとしても、ときには役に立つ可能性がある。次のように考えてみよう。その見知らぬ人物が実際に危険な存在であるなら、この予測はすぐにあなたの役に立つし、たとえ危険な存在でなかったとしても、その人物の攻撃に備えていたことはやはり一定の役割を果たしているかもしれない。つまり進化論の世界では、間違うことは死ぬよりはましなのである。たしかになかには高くつく間違いもある。しかしそうした感情を、適切な状況で、かつほどよい強さで感じる経験を積んだ場合には、感情は平均すれば、より適切な意思決定をできるようしてくれるという事実は認めざるをえないだろう。感情が強すぎ（または弱すぎ）たり、あるいは場違いな感情がたびたび起こったりするのであれば、それは問題である。さらにそれがあまりに頻繁であれば、それは病気である。しかしほとんどの場合、感情は課題をうまく切り抜けるのを助ける役割を果たしてくれる。

自制心に関していえば、時間が一つの要素となるので、状況はさらに複雑になる。そのときには最善だと思われていた決断でも、将来必ずしももっとも満足できる選択であるとは限らない。というより、そうでないことの方が多いくらいだ。いま、約束を破れば、わずらわしい義務を免れて楽になるかもしれないが、そのために人間関係が損なわれて、そこからもたらされるあらゆる利益が失われることになるかもしれない。何かに誘惑されているとき、あなたはおそらく、短期的なご褒美の喜びに偏った感情的反応である「欲望」を感じているはずだ。しかしだからといって、欲望を抑える可能性のある別の感情を感じたり、戦略的に呼び出して使うことができないというわけではない。人間は複雑な感情を持つ生き物だ。異なる感情同士を戦わせることもできるし、実際にそのような経験を何度もしているのである。

互いに対立しあう感情が同時に起きたり、目まぐるしく入れ替わるという体験は、いってみれば、矛盾する選択肢のなかから熟慮のうえで分析して選択をするのと同じ理由で理にかなっている。私たちはいかなる状況においても、目の前の快楽と未来の報酬、どちらの選択がいいのか決断を下さなくてはいけない。感情が状況に適応するにあたって役に立つことや、ときには短期的報酬よりも長期的報酬を選ぶ必要があるという前提を受け入れるのであれば、目の前の利益より未来の利益を重んじる方向に心を向けるような類の感情が存在するというのは十分にありえるように思える。忍耐、協調、そして無私の行動全般は、人類が数千年ものあいだ生き延びていくために必要だった。

このような要素が生まれたのは、われわれが未来の計画を論理的に組み立てるための洞察力を発達させたのと同時ではない。つまり、未来のことを想像し、推測するための認知技術を所有するはるか前から、このような感情が決断を導いていた可能性が極めて高いということだ。だとすれば、割引と戦う――つまり、心の天秤の秤を「アリ」の方に向けなおすように働く感情が存在しているはずなのである。

異時点間の選択をするとき、人間は一つではなく、二つの心を使っている。一つは、意識の外で働くことの多い、直観的、感情的なメカニズムに動かされている心であり、もう一つは、意識的な思考によって動く、主観的にはより馴染みの深い心である。結果として、時間が経つにつれて異なる結果が生まれる選択を突きつけられたときには、必ずこの二つの心が動きはじめることになる。

退職後の生活に備えての貯金と、上司との対決を例に挙げてみよう。意識的なレベル――つまり人が洞察力を持っていて、ある程度、自分でコントロールできると信じている部分では、はっきりした比較検討が行われている。「たしかに今月の年金の掛け金をバカンスに使ってしまえば楽しいだろうし、上司にここから出ていけといえたらきっと気分が晴れるだろう」が、この二つの選択で味わうことのできる快楽は、そのときには満足を得られても、おそらくあっという間にその喜びが消えてしまうことを私たちは知っている。だから行動を（あるいは行動しないことを）決意する前に与えられた時間で、人はどちらの行動が結果に見合うのか、客観的に比較しようとする。

そしておそらくあなたは気づいていないだろうが、心の感情的側面も、水面下ではこれと同じ選択肢を比較検討している。ただ、どちらの選択がよいのかを決定するにあたっては、あなたはさらに違った要素の影響を受けることになる。それはあなたが何を感じているか、だ。それがおもに、欲望、寂しさ、怒りといった人を短期的な関心に向けることが知られている感情なら、衝動的行動を抑えられないだろう。欲望が前面に押し出され、飛行機の切符を買うことになるか、自分の本音を上司に伝えることになる。しかし、欲望が起きたときに、あなたの心が感謝、思いやり、誇りといった感情を感じていれば、それとは逆の方向に突き動かされていくだろう。次の三つの章で見ていく通り、こうした感情は私たちの目を長期的な方向に向けてくれる。つまり、現在よりも未来の利益を重んじるよう、頭のなかにある価値付けの計算式を書き換えるのである。(15)

こうした隠喩上の心が二つ存在していることは、それによって身動きがとれなくなるとまではいかなくとも、何か無駄なことのように思えるかもしれない(英語で「二つの心」といえば、優柔不断を意味することを思い出してほしい)。しかしこの無駄は、実際には意思決定のシステム全体を安定させてくれる類のものなのである。もちろん、脳は一つしかないが、一度に複数の経路を使って処理を行う能力を持っている。すなわち、人間の決断は、感情的要素と非感情的要素に同時に影響されうるし、実際にそうなっている場合が非常に多いということだ。このようなメカニズム——「二つの心」のやり取りが、最終的に人間の認識や、それに基づいてどのように行動するかを決定しているのである。このような理由から、一つよりも二つの心を持っていた方がよいと考えるのは、大いに納得のいくことである。

第6章で論じるように、自制心の問題は社会的動物すべてに関連している。その結果、私たち霊長類の先祖は、しばしば身勝手な行動をともなう自己のための短期的利益と、将来、他のメンバーにより多くの分け前も与えることになる集団を助けるための自己犠牲のあいだのバランスをとるメカニズムを備える必要があった。そのため、人類の祖先の心は、分かち合い、協力、勤勉を奨励する感情に基づくメカニズムを持つようになった。進化する過程で人間の脳がますます複雑になっていくと同時に、進化に適応するための非感情的な手段も複雑さを増していった。人は、さらに自己の存在に自覚的になり、シミュレーションを通じて心のなかで「時間旅行」を行うことで未来の計画を立てる能力を身につけた。そして、感情を基盤とする古いシステムから生まれる無意識の直観的な反応を、調節できるようになった。こうして、私たち現代人は、選択を比較検討して、互いに主張を伝えあう二つのシステムを所有することとなった。それぞれのシステムは、優れた成果を確実にするため、もう一方を監視する役割を果たしている。双方が合意すれば、行動の選択は明瞭で揺るぎないものとなる。意見が食い違ったときは、対立が表面化する。この場合、成功はどちらのシステムを信頼するかにかかってくる。そして、あとで説明する通り、心の認知的能力をつねに信頼するのは、必ずしもよい選択とはいえないのである。

理性に騙される

前章で取り上げたインチキに関する私の実験——ほとんどの人が他人を犠牲にして、自分は不正に楽な道を選んでしまう実験では、自制心がいかに簡単に機能しなくなるかがわかる。大多数の人は、罰を逃れることができると確信した場合、自分の道徳規範に逆らってでも、短期的な利益を得る道を選んでしまう。この実験について説明した際にすでに触れたことだが、多くの人は自分の思いとは裏腹に、実行機能による理性やそれに関連する行動に頼ることで自分が下した選択を正当化するだろうと、ヴァルデソロと私は予想していた。この予想が正しいかどうか判断するための第一歩は、ほかの人間がインチキをしているとき、参加者がその利己的な選択をいったいどのように見ているのか確認することだった。

それを確かめるため、私たちは同じ実験をもう一度行った。ただし今度は、参加者にほかの人間がインチキするのを目撃させた（ここでインチキをするのは参加者を装った仕掛け人である）。この仕掛け人がパソコンを使った架空のコイントス装置（乱数装置）を利用しようかどうか決めようとしているとき、実験の参加者たちは仕切られた部屋に座って、その模様を隠しカメラを通じて見ている。そのあいだ、参加者たちはこの実験の「関係者」であると信じ込んでいるが、本当の実験は彼らを対象として行われている。仕掛け人が乱数装置を無視して、楽しい作業を自分に割り当てたあと、実験参加者は仕掛け人の行動に対する評価を記録した。ちなみに最初の実験——すなわち参加者が自分自身で作業の割り当てをした実験のあと、コンピュータから参加者に対して「あなたはどれくらい公平に振る舞いましたか？」という簡単な質問が行われている。そして、この二回目の実験では質問をすこし変えて、「その人物（すなわち、仕掛け人）はどれくらい公平に振る舞っていましたか？」と質問してみた。われわれがそこで見たのは、まさに偽善そのものだった。自分がとった明らかに利己的行動について評価したとき、彼らはそうした行動をそれなりに公正であると判断していた。つまり自分たちは非の打ちどころがないほど立派だとはいえないが、とった行動は許容範囲内であると評価をしていたのである。ほかの人がまったく自分と同じような形で自制心を失っているのを見たときには、それを明らかに非道徳的だと断じたにもかかわらずだ。どちらの場合も、誘惑に負けて安易な解決策をとったという行為は同じだ。唯一の違いは、誰がインチキしたかにすぎない。

　つまり、大半の人は、自分にとってほとんどマイナスにならない場合には利己的な行動をとるだけでなく、自分と同じ勝手な振る舞いをした人間に対しては躊躇なく非難するだろうということだ。すこしいい方を変えれば、ほとんどの人は自制心を働かせて道徳規範をきちんと守ることができないうえに、さらにおそらくもっとも驚くべきは、自分のやった不正行為は容認するのである。誘惑に負けただけでなく、あとから自分のとった行動にはきちんとした理由があると信じ込んでしまうのだ。こうした現象は、自分の誤りから学ぶという点に関していえば、まさに諸悪の根源になりうるのが想像できるはずだ。

　こうしたはっきりとした調査結果が出たにもかかわらず、それでもわれわれは、決断を下すときに理性と感情が果たす役割を正確に特定することはできなかった。たいていの場合、このようなふらちな行為は感情のせいにされがちだ。感情によって、その場の楽しさを最大化する方向に誘導され、理性とそれに関連する認知機能は意志の力を用いてそれを抑え込もうとしたが、失敗したのだ、と。しかしヴァルデソロと私は別の疑念を抱いた。そして幸いにも、どちらの見解が正しいのかを調べる方法も存在していた。

われわれは三回目の実験を実施したが、その際、新たに重要な調節を加えた。感情と意識的な理性のどちらが決断に影響を及ぼすのか判断するための非常に簡単な方法があることがわかったのである。それには認知的負荷をどんどんかけていけばよい。つまりそれは、物事について考えたり推論したりするための心のなかにある仮想的空間であるワーキングメモリを、ゴミで一杯にしてしまうということである。理屈は単純だ。あなたの認知作業に割り当てられている領域の容量が一杯になってしまったなら、実行機能と理性を使うための力は弱まってしまう。そうなれば、心のより自動的な反応をコントロールすることはおろか、それについて考えるのに必要な手段さえ失ってしまうだろう。その結果、直観と感情に頼った決断を下さざるをえなくなる。

そこで今回は、参加者に対して、彼ら自身やあるいは「インチキをした」参加者（仕掛け人）がどれくらい公平に振る舞っていたか質問する際に、心の容量を他のことで占領することにした。まず最初に、目の前のコンピュータの画面から消えたばかりの一連の乱数を記憶させておくことで、参加者にかなり大きな認知的負荷を与えた。そのあとで、自分の、あるいは仕掛け人の行動について意見を聞いてみたのである。参加者は記憶のメモリのなかに数字を留めておかなければならないので、インチキについてそれほどまともに考えることはできない。その結果、おおむね偽りのない率直な反応を口に出すことになった。彼らの回答は、感情が安易な道をとらせた結果ではないことを明らかに指し示していた。むしろそれとは反対に、感情は自制を促す方向に作用していたのである。(16) 認知的に負荷をかけられている状況で、公正に振る舞ったかあるいは自分勝手な振る舞いをしてしまったかを判断しなくてはいけないとき、参加者たちは他人の行動に向けたのと同様の非難を、自分の身勝手な行動にも向けていたのである。彼らは自分が誘惑に負けたことに気づいて、罪悪感に駆られ、それを素直に認めたのだ。

しかし、自分の好きに操作できる装置を渡されたときには、分別のある意識的な心が働いた形跡はなかった。現実世界の多くのCEOたちと同様、心の幹部は目の前の状況を分析して、もっとも適応的な行動、つまりインチキすることを命じたのである。この実験の参加者はみな、自分がインチキをしたことは誰にもバレないと信じ込んでいたのを思い出してほしい。つまり、すぐに目の前の満足を選んだからといって、長い目で見ても自分の評判が傷つくことはないと思っていたわけだ。しかし実際には、インチキをする決意をするには、感情的な反応を抑える必要があったのである。彼らはもっと高潔な行動を促してくれる罪の意識を抑え込まなければならなかった。目の前の快楽をあきらめるという犠牲を払っても、高潔な行動はたいていの場合、人からの称賛や評判という長期的利益につながる。結局、大半の人間にとって、誰かが自制心を発揮するのを見ることと、その人を信頼できる人物だとみなすことは密接に結びついているのである[17]。

ハーバード大学の心理学者であるジョシュア・グリーンが実施した実験は、(思考や行動を司る)認知制御に関連する脳中枢こそが、しばしば不誠実な行動の原因となっていることを示しており、まさに前述の点が正しいことを証明している。グリーンは、ヴァルデソロと私が使ったのと類似した実験設定を用いて、MRIスキャナーで参加者の脳の画像を撮影しながら、コイントスの予測の正確さを報告させた。実験の参加者は、自分たちが未来に対する予測の正確さを測る実験に参加していると思い込まされていた。予測に意欲を燃やしてもらうため、正確に予測すればより多くお金を受け取ることができる、とも説明された。しかし、実験の設計には一つ仕掛けがされていた。参加者はある場合には予測（すなわち、コインの裏表）を報告したあとに、実際のコイントスを行って、その結果を見る。しかしそれ以外のときには、予測はするが、コインをはじき終わるまで自分がどちらを予測していたか報告する必要はない。もうおわかりだろうが、二つ目の条件下では嘘をつくことができる。参加者は自分の心のなかにある予測を変えて（そもそも予測をしていればの話だが）正答率を高め、より多くのお金を稼ぐこともできるのである。そしてわれわれが実施した実験と同じように、この実験でも参加者は嘘をついたとしてもそれを報告する義務はほぼないと判断できる状況だった。そして結果としてグリーンは、不正をした人たちは（統計的にありえない九〇パーセントちかい正答を出したため、彼らを見分けるのは簡単だった）、前頭葉の領域が活性化していることを発見した。ここはまさに、認知制御を司り、自動的、感情的な反応を抑えるにあたっての基礎となる部位である[18]。

この例では、自制心を維持するにあたって認知プロセスに頼ることの、本質的な、しかししばしば見逃されがちな弱点がよくわかる。事実、幼い子供が早い段階で認知技術を発達させてしまうと、ほしいものを手に入れるために嘘をつきやすくなることが、実験で明らかになっている。トロント大学の心理学者シャオ・パン・ディンとその同僚は、一度も嘘をついたことのない三歳の幼児に、自分や他人の気持ちを推測する手段を教えた。つまり研究者たちは、特定の状況において、自分の考えや行動について何がほかの人にバレてしまう可能性があり、何が知られずにすむのかについて、子供たちがこれまでよりも理解できるよう手助けをしたのである。同じ三歳児でも、このような推測の方法を教えられた子供は、教えてもらえなかった子供より、当てっこのゲームをするときに実験の実施者に嘘をつく回数が多かった[19]。ようするに、推測力やそれと関連する認知スキルが向上することで子供は巧みに規則を破り、自分の勝利に役立てたのである。

つまり実行機能は、目の前の満足に傾きがちな感情的な欲求を抑え込むこともできるが、一方で、すぐに欲求を満足させることに対する自分なりの理由もつくりだせるのである。「rational（合理的な）」と「rationale（正当化）」は、一文字しか違わないとよくいわれるが、いまの例はまさにそれだ。私の研究において、認知プロセスは、感情的な衝動を退けて、自制心を発揮させてくれるが、その一方では問題のある行動をとったために生じた良心の呵責《かしやく》を言い訳を使って取り除いてもいたのである。忘れないでほしいのは、参加者は認知的な負荷がかけられていないときには、規則に従わなくても構わないと思っていたことだ。彼らは、実行機能の影響が取り除かれてはじめて、自身のルール違反に気づき、それを認めたのである。

実験で心の幹部たちが行った仕事は明白だ。なぜ乱数装置を使わないことが許容されるのかを説明するために、作り話や言い訳に力を注いだのである。参加者になぜ作業の割り振りでインチキをしたのか尋ねると、次のような答えが返ってくる。「まあ、普段はこんことはしないけど、今日はとても疲れていたのでしょうがなかった」、「予定に遅れるのではないかと不安だった。だから仕方がなかった」。私のお気に入りは「次の番の人が、難しい問題が好きそうなエンジニアタイプの人だと思ったから」だ。たしかに、乱数装置を使わないという選択は労力という観点からすれば適切であるといえるだろう。しかし、それに先立つ調査でわれわれは、実験の前には参加者全員が、自分自身に簡単な仕事を割り当てるのは道徳に反すると考えていたのを確認している。ところがそれにもかかわらず、大多数の人は罪の意識を感じながら、誘惑に負けて安易な道を選んでしまったのだった。

そして、ここで自己欺瞞《ぎまん》が起きる。自分を道徳心のある人間だと信じつづけるためには、心は自制を失ってしまった過去の失敗を隠さなければならない。それゆえ、「正当化」が行われる。失敗してしまったときに、意識がその失敗を正当化する唯一の理由は、自分が正しいことをなす人間であるということをこれからも信じられるようにするための幻想をつくりだすためだ。自分が貯金をしたり、食事を制限したり、一生懸命働いたりすることができると信じるためには、そうしたことができなかった場合に、その失敗には正当な理由——つまり、目の前のご褒美を手に入れたいという欲望とは無関係の理由があるのだと、信じなければならない。これを信じなければ、大変なことになる。というのは今後、自分が誘惑に負けて現在の努力を無駄にしてしまうのではないかと疑ったりしていたら、なぜいまわざわざ犠牲を払ったり、我慢できたりするというのか。ここでのこうした欺瞞は、ある意味では目的にかなっている。自分は普段は道徳に従った振る舞いをしていると心を偽ることで、やや無理やりではあるものの、いまは罪に溺れていても将来は高潔に振る舞う可能性を高められるかもしれない、ということだ。しかしこれは確実とはいえないし、むしろ、それとは正反対の結果になってしまう場合もままある。

理性は客観的ではないため、当初、心理学者のあいだで非常に人気の高かった「心＝コンピュータ」というたとえも、あまり適切とはいえない。私たちは自分の欲求を満足させるため、頻繁に理屈を捻じ曲げ、その瞬間の自分の行動を正当化する。実際、心理学者のソニア・サチデーヴァによる研究が、人は自分が道徳に対してもっとも誠実だと感じているときにこそ、もっとも身勝手な振る舞いをしがちだということを明らかにしている。その理由は、そう考えることで、自分はわがままに振る舞うに値する人間だと思うからだ[20]。私たちが何食わぬ顔であまり褒められたものではない行動をとってしまうのは、普段の自分はとても善良な人間であり、一度くらいの小さなわがままによって、自分の美徳が傷つくことはない、と考えているからにほかならない。この理屈を勉強や浪費、食生活にもあてはめていけば、すぐに問題に突き当たってしまうのは必至だ。私たちの心は、誘惑に従うことを正しい行動であると、進んで信じようとする。これまでに取り上げた実験の参加者と同じように、罰を受けなくてすむと考えている状況では、とくにそれはあてはまる。したがって、自分の失敗をごまかすことはたまにであれば役に立つこともあるだろうが、いつもこのようなごまかしを認めてしまえば、困難に耐えて頑張る必要のある目標を達成することはできなくなってしまいかねない。

理性にも偏りがあり、認知も感情と同様、一時的な欲求の影響を受けやすい。それを認めることだ。そうすれば、どんな場合でも実行機能こそが、自制心を保ち、成功を追求するための最高の手段であるという考え方が、いかに愚かな思い込みであるか気づくことができる。認知のメカニズムにはたしかに自制心を高める力がある。だが、本当に望んだときにしか、そうはしてくれない。このメカニズムは往々にして、道徳的な行動をとら**ない**ことこそが、現実には正しい選択であると私たちを納得させてしまう。

目減りしていく報酬

意志の力によって自制心を高めることに成功した場合でも、その効果はある要因によって制限される。それは時間である。繰り返し使うことで意志の力が衰えるというのは、一見、直観に反するように思えるかもしれない。結局のところ、問題解決や記憶のような多くの認知能力は、練習によって向上させることができるからだ。ところが、意志の力は違う。使うには多大な労力が必要であり、場合によってはまったく逆の結果を生みかねない。あいだを置かずに使いつづければ、それだけ失敗の可能性は高まる。これは一部の人が主張するように、意志の力が枯渇の恐れがある有限のリソースだからではない。実行機能を特定の作業に振り向けることには、時間とともに増加する固有のコストがあるからだ。[21]

心のエネルギーを難しい作業に集中させていると、他のことに割ける力は減ってしまう。あなたの心は、掲げている目標がはたしてそれだけの労力に値するものなのかどうかたえず検討しているため、手っ取り早く利益を得られる仕事と比べて、報酬がはるか先の遠い未来にある仕事はよりしんどく感じる。通常、未来にもらえる報酬が極めて高くない限り──そもそもこうした条件自体が割引という欠陥によって邪魔されてしまうのだが──、時間が経つにつれて、未来の目標に向かって努力することがますます面倒に感じられるようになる。そして時が進むごとに、意志の力が効かなくなる可能性も高くなっていく。こうしたパターンが一般的に現れることは、多くの実験で確認されている。[22] この一般的な現象を理解してもらうために、おそらくそのもっとも有名であろう例を見ておくことにしよう。ラディッシュ実験である。

名前からだけでも、このテストがマシュマロテストに多少ひねりを加えたものであると思った人もいるかもしれない。そして、それはそれほど見当違いではない。この実験はフロリダ大学の心理学者ロイ・バウマイスターにより設計された。バウマイスターは、自制心が利かなくなる原因の多くは、意志の力を使えないからではなく、使いすぎのせいではないかと予想していた。あなたはおそらく、早起きしてジムに行くのを苦にしなかった。職場で会議中に上司から怒られたときも、なんとか我慢することができた。家に戻ってからも、自分が受ける予定の試験に備えて、頑張って勉強した。ところが、冷蔵庫のそばを通り過ぎようとすると、一パイントのアイスクリームがあなたを誘う声がする。そして、アイスをスプーンで三回すくったとき、突然、止められなくなっていることに気づく。いってみれば、このような状況だ。

この予想が正しいかを調査するため、バウマイスターの研究チームは参加者を実験室に招き、知能に関するテストという名目で実験を実施した。部屋に通された参加者はテーブルの近くに座るが、その上には焼き立てのクッキーがのった皿と、数個のチョコレート、それにボール一杯のラディッシュが置いてある。研究者はそれらの食べ物を前に、もうすこしで実験の準備が整うと説明し、一部の人にはスイーツを、それ以外の人にはラディッシュを食べてもらうことになると告げる。全員がお腹を空かせた状態になるよう——とくに、お菓子を食べたくなるように仕向けるため、参加者たちは実験室に来る前の数時間はものを食べないよう、あらかじめ指示されている。そのあと、研究者は部屋を出て、参加者がこれからどうするのかを観察するため、隠しカメラで次に何が起きるのかを見守った。

幸運にも「おやつ」のグループに入った人たちは、うれしそうにクッキーやチョコレートを味見した。一方ラディシュのグループは、ミシェルのマシュマロテストで成功した子供たちのように、うらやましそうにおやつを眺めつつも、指示された通り、食べたい欲求に耐えていた。クッキーの匂いを嗅いだあとにラディッシュをかじった参加者もいたものの、うれしそうな様子はまったくなかった。数分後に研究者が戻ってきて、参加者を別の部屋に案内するが、そこで参加者はいきなり、難解なパズルを解くよう命じられる（しかもこのパズルはじつは絶対に解けないようになっている）。実際にはバウマイスターの興味は、参加者の成績ではなく、参加者の忍耐力にあった。

クッキーを食べるように指示された参加者は、この解けないパズルに、平均で約二〇分間取り組んだ。しかしこの前に、意志の力を使っておやつを食べるのを我慢した参加者は、その半分の時間も経たないうちにパズルを解くのをあきらめてしまった。[23] ちなみにカロリーの摂取によって自制心が保たれるという考え方は科学的に否定されているため、この結果は血糖値の急上昇によるものではない。また、クッキーを食べたことで気分が変わったからだとも思えなかった。むしろこの調査結果は、誘惑に矢継ぎ早にさらされると意志の力の持つ効果が減退することを示す、数多くの結果の一つだといえるだろう。行動経済学者のダン・アリエリーが実施したこれと似たような調査では、作業を続けるために意志の力を用いるという行為と、目の前の利益を得るために倫理にもとる行動をとる可能性の上昇に相関があることが示された。[24] ただし、大半の科学的主張がそうであるように、この意志の力の効果の減退が、あらゆるタイプの困難な作業（例えば、肉体労働など）にあてはまるのかについては、議論の余地があるのに留意しておくことが重要だ。しかし、長きにわたる忍耐が必要で、かつパフォーマンスを長期間維持しなければならない作業に関していえば、意識を集中し、目標に向かって進んでいくための意志の力は、時間とともに間違いなく減退していくと、われわれは確信している。成功に向けて行動するたびに、自制心を働かせるための精神的な努力は徐々につづけられなくなり、そのあとでは実行機能を続けて使うのが難しく、失敗の可能性が高まる。ようするに、ふだん多くの人たちが、プレッシャーのかかる状況下で努力を続けるために頼っているシステムは、復元力があるようにはまったく思えないものなのだ。

風のなかのロウソク

ミネソタ大学カールソン経営大学院のマーケティング部教授で、自制心研究の第一人者であるキャスリーン・ボッシュは、自制心とやり抜く力を極めて高いレベルで備えていると思われる人々の習慣をくわしく調査した。普段の環境における行動を数週間観察した結果、ボッシュは驚くべき発見をした。日常的に誘惑に抵抗することにもっとも成功しているように思える人物は、意志の力や実行機能が私たちより優れているのではなく、そもそも最初の段階で誘惑をうまく避けているのだった。[25]つまり、クレジット・カードを家に置いておけば、カジノでそれほどギャンブルにお金を使うことはできない、ということだ。

私がいままでに触れたような、意志の力以外の手段を用いる戦略が開発されたのは、まさに意志の力に本質的な限界があるためだ。意志の力でうまくいかないなら？　その場合には、自分の欲しいものから目を逸らしなさい。ドーナツをお菓子ではなく、血管を締め付ける脂ぎった輪だと考えてみなさい。自分が、老後のために貯めた資金を余分なお金に使おうとしていることに気づいたら？　それなら、解約すると高い手数料がかかる預金口座にお金を預けておきなさい。

このようなテクニックはすべて、自制心は風のなかで揺らぐロウソクの火のようにもろいという前提に基づいている。意志の力だけでは、長期的目標を達成するのに必要なだけ欲望を先延ばしにできるという保証にはならない。自制心はおそらくそれがもっとも必要とされる瞬間に機能しなくなるだろう。度重なる誘惑は自制心を弱めるが、日常生活におけるその他の多くの要素についても同じことがいえる。まず、ストレスは意志の力を阻害するし、例えば白いシャツを着るか青いシャツを着るかといった当たり障りのない選択を下すといったありふれた行動でさえ、同じような影響を及ぼす可能性がある。そのため、人々は自制心の炎を誘惑の風から守るためにほかの認知戦略を使おうとする。ただ、これには、ロウソクの炎をこのような風から守れたとしても、繰り返し利用していくといずれにせよロウソクは燃え尽きてしまうという弱点がある。

さらにここにはもう一つ見逃されがちな問題がある。それは、自制心の炎を燃やしつづけようとすることで、たとえそれが成功したとしても、予想もつかない結果が（しばしば悪い結果）がもたらされる、ということだ。スタンフォード大学の心理学者ジェームス・グロスが実施した実験では、実行機能を利用して感情や欲望を抑えると、記憶力が悪くなってしまうという結果が出た[26]。仕事や練習に懸命に取り組んでいるときに、自分の快楽に対する欲求や困難なことに対するフラストレーションを押し殺していると、新たな誘惑に直面したときの意志の力が減退するばかりでなく、現在集中していること自体が（それが何であれ）学びづらくなってしまう。新しい事実を系統だてて覚えたり、古い事実を思い出したりする能力が損なわれてしまうのである。あなたの脳は感情を抑え込んでいるとき、それ以外のことはあまりうまくできなくなる。だから、意志の力を使えば机に座って意識を集中することはできるかもしれないが、成果はそれほど挙がらない可能性がある。

意志の力、再評価、気分転換といった認知的戦略はときには役に立つこともあるが、最善の方法とはいえない。現段階では、自制心はまず何かを禁ずることに基づいて組み立てられている。つまりこの戦略は、一時的な快楽への欲求を抑制しようとするメカニズムに頼ったものだ。しかし、いままで見てきたように、このような抑制機構はあまり頼りにはならない。使いすぎると意志の力はくじけ、成功に向けて行動するたびに失敗する可能性が増えるという、下降スパイラルに入り込んでしまう。疲れているのか？　ストレスか？　それとも決めなければいけないことが多すぎるせいか？　あなたは突然、すべてがうまくいかなくなっていることに気づくのだ。

認知のメカニズムを使えば一時的な欲求を抑えることはできるかもしれないが、ストレスは増えてしまうし、かなりの努力が必要となる。つまり、精神ばかりか、肉体にも多くの負担をかける可能性があるということだ。

実際に新しい研究からも、この自制心を用いる方法が、潜在的にかなり有害になりうることが明らかになっている。ノースウェスタン大学の心理学者グレゴリー・ミラーは、次のような発見をした。経済的に恵まれない環境で育った若者に見られる、実行機能に基づいた高いレベルの自制心は、社会的地位の向上や優れた社会的成果の達成と関連していた。しかし、その一方で老化が早まり、そのために病気の発症とも関連していることがわかったのである[27]。さて、ここで重要なのは、比較的恵まれた環境で育てられた若者には、このような現象は認められなかったことだ。これは、政府支援への依存や、大学レベルの教育の欠如などの要素と結びつけられることの多い家庭の子供だけに顕著な現象だったのである。しかし、彼らこそまさに、自制心がもっとも重要だと思われる立場にいる子供たちだ。つまり、彼らは自分の家族以上の成功を成し遂げるために、やり抜く力を使わなければならないのである。ただ、このやり抜く力を用いた方法は彼らの役には立ったが、多大な犠牲もともなうことになった。困難な環境で暮らすことによるストレスではなく、自制心を認知によって律したことに関するストレスによって、このような子供は成功したとしても、思っていたほどには努力の成果を長く享受できないということが、この実験で明らかになった。さらにこの点が正しいことを証明するため、DNA分析を行ったところ、同じように劣悪な環境に育ったとしても、成功を達成するために実行機能にあまり頼らなかった子供に比べて、認知的戦略を使ってやり抜く力を培った子供の方が老化が著しいことが証明された。

幸い、この問題には解決のための手段が存在している。意志の力や実行機能を使って、イソップ童話で知られるキリギリスを押しつぶさないこと。そして、初めからアリ（すなわち未来）を好きになれるように、最初の選択肢の評価を変えてみることだ。もしあなたがこうしたすばらしい手段を使いこなせるなら、実行機能に頼って四苦八苦しながら自制心を引き出す必要はなくなる。逆に、芯の通ったくじけない態度が、無理なく自然に出てくるだろう。

ただ、理にかなっているように思えるこの手段を機能させる方法を見つけるのに、科学者は苦労してきた。考えられる方法の一つは習慣に関連したものだ。心理学的にいえば、習慣とは無意識の行動であり、環境のなかの一つまたは複数の具体的なきっかけによって起こる反応である。逆にいえば、それは意識したり、自覚的に行うような類のものではない。特定の瞬間や状況に置かれれば、あなたはひとりでに、それを実行するのである。家に入るとき、私は靴を脱ぐ。電車に乗ったときには、車掌が列車の通路を歩いてくる前に、定期券を取り出して見えやすいようにしておく。このような行為をするのに頭は使わない。ここが重要なポイントだ。習慣にはなんの苦労も必要ないのである。

そして、どんなものに対しても訓練すれば習慣は身につけられる。自制心もその例外ではない。習慣と成功の関係に関する広範囲にわたる調査のなかで、心理学者のアンジェラ・ダックワースとブライアン・ガーラは、多くの分野において、強固な習慣が、自制心と高い成果のつながりを形成していることを発見した。例えば、優れた勉強習慣（この研究では、決められた時間に決められた場所で規則正しく勉強することと定義された）は、宿題を終わらせられるのかあるいは勉強を怠けて遊ぶのを我慢できるかという点から見て、自制心の高さと優れた学業成績が関連していることを説明できる。習慣は健康の領域でも役に立っていた。ダックワースとガーラは、決まった時間に食事をし、睡眠をとるといった習慣が、（例えば、夜更かしをしたくなったり、夜中におやつを食べたくなったりといった）誘惑に立ち向かうとき、自制心を高めることがわかった。[28]

ただ、習慣にはある程度効果はあるものの、自制心を高めるための認知的戦略につきものの限界をすべて埋め合わせるにはいたらない。習慣はある意味で無意識のうちに行われるものなので、身につけるのはわりと簡単ではあるが、あまりに個別具体的なのである。よい勉強の習慣を身につけたからといって、食生活、運動、投資などの能力が改善されるわけではない。つまり、新しい課題が出てくるたびにそれに対処するための習慣を身につける必要があり、また、普段の課題のある側面が変化したときにも、古い習慣を見直す必要があるということだ（例えば、大学の寮で勉強する方法と、自宅の寝室で勉強する方法の違いなど）。ようするに習慣は、ストレスなく目の前の欲望を先延ばしにする役には立つが、その利用範囲は非常に限られているのである。したがって、もっと広い意味で忍耐力を培うために本当に必要なのは、誘惑が私たちに及ぼす力を最初から抑えてくれる、より一般的で簡単に適用できる戦略だ。

ボトムアップの成功

自制心を鍛えるためのもっとも堅実な手段があるとすれば、そこでは自分が大切にしていることや望んでいることを変える努力は必要ないだろう。その方法は意識することもなく、自発的に起こるもののはずだ。感情を手段として使うことの強みがここにある。前に指摘したように、感情は一つの目的のために存在している。それは決断と行動を、状況に適応できるよう効果的に誘導することである。感情は意識的な誘導や努力を必要とせず、無意識のうちにものの見方を変えてくれる。ただし、これまでの、認知のメカニズムが自制心を鍛える最高の手段だという幻想を捨て去るだけでなく、それと同じくらい単純化された代替案――つまり、感情に身を任せれば、たとえそれがどんな感情であれ答えを得ることができる、という考えにも陥らないようにしなければならない。まず、以前の理屈が間違っていたのは、善と悪をそれぞれ、認知と感情に一対一で対応させていた点にある。自分たちの戦略を改善していこうとするなら、このあやまちを繰り返してはならない。一部の感情は目先の欲望を先延ばしにするのに役立つことがわかっているが、そうでない感情もあることに気づかなければならない。つまりここでのコツは、目の前の課題に対する手段として、適切な感情を選ぶことである。

こうした課題に対処するため、人間の心にはいわゆる感情の道具箱が備えられるようになった。この箱のなかには、心を現在よりも未来の方を重んじるように仕向けてくれる三つの感情が入っている。この三つの感情を活用する戦略には、理性、習慣、意志の力を利用する戦略より有利な点がある。つまり、(A) 繰り返し使っても力が衰えることがない、(B) 目の前にある報酬を得ようとしてコントロールを失うことがない、(C) 同時に人生の別の領域でもよい決断ができるようになる、の三つである。例えば、あとで取り上げる通り、誇りによってやり抜く気持ちが燃えていれば、私たちは自然と未来の報酬を目の前の利益より重視するようになる。それは将来に得られるものが、音楽の技能であろうと、学問の成功であろうと、職場での昇進であろうと変わらない。さらにこの恩恵は、新しい習慣を身につける場合よりもはるかに対象範囲が広い。勉強のために一つ習慣をつくり、お金を貯めるためにまた別の習慣をつくるといったように個別に努力していく必要はない。むしろ、特定の感情を心のなかに呼び起こすことで、広く長期的な利益を志向する姿勢が生まれ、その効果が他の多くの領域にも同時に広がっていく。これと同じく、ある出来事で感謝や思いやりの気持ちを抱いたなら、それ以外の状況でも選択によい影響が及んでいく。

ここでもっとも重要なのは、こうした感情は、絶対にあなたを誤った方向に向かわせることがないということだ。この三つの感情は一つの目的のために存在している。それは、ポジティブな社会的行動への意欲を起こすことだ。これらの感情は実行機能を基礎にしていないため、正当化や先入観には影響されない。その場の欲求を満たすためにいじりまわされることもない。感謝、思いやり、誇りの感情を胸に抱くとき、人は必ず自分の価値観を一つの方向に向ける。それは未来だ。だから最終的にこれらの感情は信頼できるのである。こうした感情は理屈とは違って、後悔をともなう自己満足やご都合主義に自分を誘いこみ、長期的な目標を妨げたりするようなことはない。

II

感情の道具箱

第3章

感謝は過去ではなく、未来のもの

感謝の気持ちは、将来の計画を立てるにあたっても何の助けにもならない感情のように思えるかもしれない。後悔の念は別にしたとしても、感謝ほど過去に重点が置かれた、受動的な性質の感情はないように思えるからだ。実際、感謝の気持ちを抱く理由を尋ねてみれば、ほとんどの人は、以前になんらかの方法で、自分一人ではできなかった（あるいはできそうもなかった）ものを手に入れたり目標を達成したりするのを、誰かに助けてもらったときの話をするだろう。たしかに感謝には、過去の行動に対してお礼をいったり、自分の願望をつねに一人で叶えられるとは限らないことを認めたりといった側面がある。しかし、本当の目的はじつはそれとはまったく別なところにある。心理学の観点からいえば、感謝は過去ではなく、未来に関することなのだ。あとで見ていくように、ほかの人と協力する気持ちになっているとき、感謝は人の価値観を変えてしまう。感謝することによって、人間はこれから起こる出来事をよい方向に持っていこうとして、その瞬間、頑張ろうという気持ちにさせてくれる。これは受け身ではなく、極めて積極的な状態である。こうして、ほかのすべての感情と同様、感謝の気持ちは次に何をすべきかの決断に影響を及ぼす。

恩送り

「やれやれ。じゃあ、何かお返しをしなきゃ」まさにこの言葉が、感謝をしているのか、借りができたと感じているのかの違いだ。贈り物をもらったり親切にしてもらったりしたとき、心が感謝の気持ちで満たされることもあるが、一方で責任を感じて気が重くなることもある。贈り物や好意の価値をどのように評価するかが、その決め手となる。ここでいう価値は、お金や社会的地位などに基づくものではなく、もっと柔軟で親しみのある「通貨」――すなわち、「気づかい」に基づいて測られている。私は、数百ドルの価値のあるものをもらったときよりも、娘が何時間もかけてつくってくれた絵や手縫いのぬいぐるみの方により感謝の気持ちを感じたという経験がある。これと同様に、上司が助手に五分間でつくらせたコピー&ペーストの推薦状をもらったときよりも、忙しいスケジュールの合間を縫って恩師が忠告してくれたときの方が、感謝の念は強い。感謝の経験に共通しているのは、自分の欲しかったものが他人の犠牲によって手に入ることである。娘たちが贈り物をつくるために使った画材はたったの数ペニーだが、そのために捧げてくれた時間と労力は八歳の娘にとっては大変なものだ。自分自身の用事を差し置いて心配事の相談にのってくれた恩師の時間は、仰々しい承認印の押された推薦状よりも私にとっては大切なのである。

自分のために人が力を注いでくれたと感じたとき、人間は感謝の心を抱き、将来、自分もその人のために何かしてあげたいという気持ちが湧いてくる。社会学者のゲオルク・ジンメルがこの点をもっともよく把握したのは、彼が感謝と人類共通の倫理に関する記憶を結びつけたときだったかもしれない。つまり、感謝の念は誰かが自分のために何かをしてくれたことを忘れられなくするのである。自分への「出資」に対してあなたが返そうとするものが、お金であれ時間であれ労力であれ、感謝の念は、長期的に見て有益な人間関係を築き、維持していけるように、自分の目の前の利得をさりげなく避けたり、退けたりしようとする。こんな風に考えてもらいたい。感謝を示そうとしないと、あなたのためにわざわざ何かをしてくれた人は侮辱されたと受け取りかねない。そして、侮辱が重なれば、人間関係は破綻する。だから、本音では感謝していなかったとしても、「ありがとう」といったり、感謝の態度を示すという社会規範が存在するのである。ただ、感謝の真の価値は、表現としてのそれにのみに存在するわけではない。感謝には行動を形づくる力があるのだ。

ここが、感謝の持つ自制心を高める力を研究するにあたっての、申し分のない（そして必要不可欠な）出発点である。感謝の気持ちは、ほかの人と付き合う際に、自分勝手な誘惑に打ち勝つのに役立つ。それと同時に方向をすこし変えることで、長期的成功の達成にあたってもっとも重要となる人物、つまり未来の自分と協力する助けにもなる。そして基本的には、未来の自分を助けるために一時的な快楽を犠牲にすることこそ、やり抜く力やそれに関連する概念の本質なのである。

そのため、私がいま述べているように、感謝が自制心を通して行動を促すなら、簡単な予測を立てることができる。感謝の気持ちを抱いたなら、人はたとえ楽しい作業でなかったとしても他人を助けるためにより多くの労力を割くはずだ。これが協力の本質であり、当然、そこには異時点間選択の要素が含まれている。この見方に従えば、一日じゅうビーチで過ごしたくても、友人のために愚痴もいわずに新しいアパートに家具を運ぶ手助けをしてあげるのは、かつて相手が自分のために払ってくれた同様の犠牲に対して、感謝の念を抱いているからなのである。相手の援助を思い出すことで抱く感謝は、太陽と波が与えてくれる一時的快楽よりも、長きにわたる友情を大切にすることを容易にする。しかし、感謝という感情が、怠けたいという欲求やお返しをやめたいという気持ちを抑える方向に作用していることを証明するには、実際に感謝の念を抱いている人たちに対して実験を行う必要がある。そして必要なときに必要な場所で、人々に感謝の念を感じさせるように仕向けるためには、多少の創造力が必要となる。

実際に感謝の気持ちが人にどのような影響を及ぼすのか知りたくても、それを直接尋ねるわけにはいかない。心理学者のダニエル・ギルバートとティモシー・ウィルソンが実施した十年以上にもわたる研究から、人は未来に想定される状況において自分がどのような感情を抱くのかを正確に予測するのが苦手なだけでなく、その感情が自分の決断にどのように影響を及ぼすかについての予測はさらに不得意であることがわかっている。そのため、感謝の念を抱いているとしたらあなたは何をしますか、という質問は科学的に見て意味がない。ある感情が決断にどのように影響するかを知るには、その瞬間にその感情を本当に感じてもらい、次に時間、金銭などのコストやメリットが実際に発生する状況になったときにどんな振る舞いをするかを確認する必要がある。しかし、いま述べたように、そこではしばしば一つの問題が発生する。つまり、研究室に閉じ込めた状態で、どうすれば人々に感謝の念を感じさせることができるのだろうか、ということだ。

これは、われわれにとっても悩みの種となった。協力者であるモニカ・バートレットとともに私がまず思いついたのは、おそらくもっともシンプルなアイディアかもしれない。贈り物を渡すことである。だが、あいにくこの案はすぐに頓挫した。もらってうれしいうえに、われわれがそれを用意するのに苦労したと誰もが思うような贈り物を一つに絞るのはほぼ不可能だったからだ。実際、私たちが考えているほど、スターバックスやiTunesの一五ドル分のギフトカードを心から欲しいと思っている人はいないのだ。そういうわけで結局、われわれは実験室でよく利用する方法、つまり、状況設定を使うことになった。インチキの観察をするために、われわれが以前使用した、短期間の楽しい作業か、長くて難しい作業かのいずれかをやらなくてはいけないと伝える方法に改良を加え、今回は一度に二人の人間に部屋に入ってもらうことにした。そのうち一人は本当の実験の参加者で、もう一人が研究のために雇った仕掛け人だ。二つの作業について話を聞いてもらったあと、仕掛け人はわずらわしい作業を自ら選び、完了させる。そうすれば参加者が、その行為に感謝するはずだと考えたからだ。ところがそうはならなかった。実際には、参加者たちはたんに運がよかったと感じただけだったのである。

結局このような状況で、参加者に感謝を抱かせるには、まずは参加者を問題に巻き込み、困った状態に陥らせなくてはならないことにわれわれは気づいた。つまり、その問題を自分のものと感じさせる必要があるのである。そうなってはじめて、彼らが失望した状態にいるとき、その苦境から助け出すためにすぐに駆けつけてあげることで、ようやく参加者から感謝の気持ちを引き出すことができるようになる。そして、この三度目の実験は見事に功を奏した。われわれは実験の参加者を他人の手を借りなければどうにもならないような苦境――いや、正確には苦境とまではいえないかもしれないが、控えめにいっても失敗の瀬戸際――に陥れるという作戦を考え出したのである。

多少独創的なコンピュータ・プログラムと演出を駆使して、われわれは実験室に同時に二人の人物を入れ、隣り合わせの小さく区切られたスペースに座ってもらった。二人のうち一人は実際の参加者で、もう一人は仕掛け人である。次に、長いうえに退屈になるよう特別に仕組んだ、コンピュータ制御の作業をやってもらった。そして作業の終わりには、参加者の作業の得点がコンピュータのモニターに表示され、それをわれわれが記録するものと思わせておいた。ここでの仕掛けは、参加者には知らされていないが、最終得点を計算するまさにその瞬間にコンピュータが故障するようになっていることである。故障の瞬間、参加者は必ず不満の声をもらしたり、悪態をついたりしたため、彼らが苦しんでいることは明らかだった。さらにここで、われわれは参加者に向かって、残念ながらこの面倒な作業をすべてやり直さなくてはならないと告げる――ほとんどの場合、不平や悪態をさらに大きくさせる宣言である。

参加者は自分が困った状況に置かれているのを感じていた。あと二〇分は手間のかかる退屈な作業を強いられるのである。ここでわれわれは、参加者が感謝するよう仕向ける。そのためには、これからやらざるを得ないと思っている嫌な仕事を避ける助けになってくれる人物が必要となるが、幸いにも隣の仕切りにはまさにそうした人物（仕掛け人）が座っている。自分のコンピュータには技術的な問題がなかったので、立ち上がってその場を立ち去ろうとする瞬間、その人物は立ち止まり、本当の参加者を見て、次のように話しかける。「あら、これは大変ですね。私のコンピュータには故障はなかったのに。なぜあなたのはこうなってしまったんでしょうね。うーん」仕掛け人は腕時計を眺めて「急いで学内の仕事に駆けつけなくてはならないのだけど、故障の原因がわかるかどうか、見てみましょう。コンピュータはけっこう得意なんです」という。そして、仕掛け人はコードとキーボードをいじり出すが、その間にコンピュータを修復するためのカウントダウンを開始するキーを参加者に知られないようひそかに叩く。コンピュータがもとに戻ったとき、参加者の顔には感謝の表情が浮かんでいるのが普通である。そして、それを裏付けるためにその後に参加者の感情を測定したところ、ほっとした気分の参加者はほぼ例外なく、とてもありがたく感じたと報告した。

感謝の気持ちでいっぱいの参加者は、実験が終わったと思い、実験室を出て建物の出口に向かう。しかし出口に着く前に、数分前にコンピュータを直すのを助けてくれた人物（仕掛け人）と必ず出会うようにしておいた。そしてこのときは自分が担当するクラスのプロジェクトに使うデータを集めている振りをしている仕掛け人は、近づいてくる参加者に、もしよかったら助けてもらえないかと頼む。仕掛け人はかなりの数の心理テストを誰かにやってもらわなければならないのだ。参加者が承諾した場合、仕掛け人は、テストは退屈なものだが、なるべく多くの時間を使って回答してもらえればそれだけ私は助かるといいながら、参加者を部屋に案内して座らせ、作業をさせる。テストが終わったら、参加者がやることは解答用紙をフォルダーのなかに置くだけだ。

実験の進め方が複雑であるという点は別にして、この実験で私たちが使ったのは、ごく一般的でわかりやすい仕組みである。ある人物が実験の参加者を窮地から救い出す手助け――つまり、感謝の念を抱かせる親切な行為を行うが、今度は逆に、自分が助けを乞う立場になる。しかし、参加者がこの人を助けるには、難しい仕事を完成させるための忍耐が必要とされる。そして今回も重要になるのは、参加者が仕掛け人を助けるために作業をしているとき、その努力はその場では誰にも見られていないということである。あとになれば、どれくらいテストに回答したのか明らかになるとはいえ、参加者のそばに座って監視をしたり、あるいは励ますような眼差しを注いだりする人は誰もいない。どれくらい心理テストを解くかは、すべて参加者の判断に任せられていた。

感謝の念を抱いた人が仕掛け人を助けるために働いた時間と、普段の感情状態の人(すなわち、同じ実験をしたが、コンピュータに故障がなかった人)のそれを比べてみると、大きな違いが現れた。感謝の念を抱いた人は、自分の恩人を助けるためにより努力をし、普通の人よりも三〇パーセント以上も長く、テストに時間を費やしたのである。ようするに、感謝の気持ちは辛抱強さと用量依存的に直接、関連していた。それは、以前人に助けてもらったという経験が、人をより熱心に働かせるというだけではない。むしろ、その援助に対して感じた感謝の量が決め手だったのである。ようするに、感謝の念が深ければ深いほど、お返しの作業に対する熱意と時間も増えていった、ということだ。[29]

ただ、この調査結果は励みになったが、それでもわれわれは不安を拭いきれなかった。なぜなら、参加者が仕掛け人を助けたのは、感謝を感じたためではなく、相手に借りがあると思っただけである可能性もあるからだ。これが、感謝の念なのか、あるいは大きな借りがあるという常識的な感覚なのかを見分けるため、われわれは再度、実験を行ったが、そこで一つ簡単な変更を加えた。今回、建物を離れる際に参加者に助けを求めるのは、直前に実験室で参加者を助けた人物ではなく、まったくの他人(これも当然、仕掛け人の一人)ということにしたのである。われわれの予想通り、結果には同じパターンが現れた。建物を離れるとき感謝の念を抱いていた人は、見ず知らずの人にも援助を与える可能性が高かったばかりでなく、援助に割く時間も、とくになんの感情も抱いていなかった人より、かなり長かったのである。この結果から、誰かを助けるためにより多くの労力を使うのは、借りを返すためではなかったことが明らかになった。なぜなら今回の実験では、参加者はこの見ず知らずの人からなんの恩も受けておらず、顔すら見たことがなかったのだから。

最初の実験のときと同様、援助に注いだ努力の根底にある自制心もまた、用量依存的であった。見知らぬ人を助ける作業で辛抱した時間の長さは、その人から援助を求められたときに、彼らが感じていた（と報告した）感謝の度合いに直接関係していた。実験室にいた仕掛け人の行動から利益を得たものの、見知らぬ人から援助を請われたときには、なんらかの理由であまり感謝の気持ちを感じていなかった参加者は、それほど長い時間、人を助けることはなかった。つまり、感謝の念が薄い場合、時間と労力を捧げる意欲も薄れてしまったということである。

総合すれば、これらの実験結果は、少なくとも自制心に関する現在の理解においては、多少、注目に値するものだったといえるだろう。人間は、感情を無視したり抑えたりするのではなく、味わうことで、ほかの人のために熱心に働く気持ちになることが示された。感謝の念が深くなればなるほど、人をより助けるようになる。言い換えれば、他人を助けるために、時間や労力に関して小さな犠牲を進んで受け入れるようになるのである。普通の状況――つまり、感謝とその後の援助が、以前、自分を助けてくれた人に向けられた状況では、こうした力学も十分に納得がいく。しかし、感謝という感情はそれとは関係なく、ただ感じるだけで、そのたびに私たちの未来を志向する気持ち——すなわち誰かを助けようという気持ちを強くしてくれるのである。ここまでくれば、感謝は実際には、過去の借りを返すというよりも、これから誰かに親切にしようということであるのが、簡単に理解できるだろう。生物学的にいっても、私たちが恩に報いようとするのは、人に借りがあるからではない。ある人物ともう会うつもりがない場合、もっとも適応的な選択は、その人を騙すことだ。そうすれば相手を出し抜くことができる。しかしその人物とこれからもつきあう場合には（これは私たちの祖先が生きた環境ではよく起こることだった）、将来の影、すなわち将来の不確実性に対処しなくてはならない。それはつまり、他人との関係から生まれる利益を引き続き得るために、公平に振る舞うことを意味する。

ペンシルベニア大学ウォートン校教授のアダム・グラントほど、成功するにあたって重要な役割を果たす要素に光を当てた人物はまずいないだろう。与える人と受け取る人——つまり人を助けるための時間と努力を喜んで捧げる人と、他人の援助から利益は得るが恩返しをしようとしない人についての有名な分析のなかで、グラントは想像しうる成功の指標のほとんどすべてにおいて、長い目で見ると与える人が断然優位に立つことを示した[30]。たしかにほとんどの場合、これは度が過ぎると問題になる可能性がある。繰り返し、無条件に与えると、他人に付け込まれる人間になってしまうかもしれない。しかしこのような極端な場合を除けば、寛大さはあなたの評価を高め、確実に将来、恩返しをしてもらえるようにしてくれる。感謝の大きなメリットの一つはこれが、人に進んで何かを与える心構えをとるためのもっとも素早い、簡単な方法であることだろう。この方法は意志の力に頼らないうえに、自分にとって都合のよい動機や理由付けにも屈しない。そして、この手段をとるとき、私たちの心や行動の焦点は、これから待ち受ける未来に向けられる。

大人版マシュマロテスト

ここまで私は、他人に何かを与えるときに、感謝の心がいかに自制心を高めうるかを示してきた。こうした行動は、たしかにある程度、自制心を必要とするように思える。だが、ここにはすこし違った要素がある。いま取り上げた例では、人は、自分自身ではなく他人が成功するのを助けるために自制心を利用していた。ただ、さきほど述べた通り、人を助けることは、ひいては自分を助けることでもある。これは間違いのない事実だ。また、あまり知られていないが、感謝はさらに別の形で自分自身にメリットをもたらしている。それは、感謝の気持ちが未来の自分を直接的に助けているということだ。

どのような場合でも、仲間とうまく協力していくには、インチキをしたい、怠けたいといった目の前の誘惑に抵抗する能力が必要となる。遊ぶかわりにテストの勉強をしたり、お金を使わずに貯金したり、キャンディーのかわりにブロッコリーを食べたりしているとき、あなたは実際には、未来の自分の幸せを確保しようとしているのだ。こうすることで、大学に行ける確率が高くなり、お金が足りなくなったり、癌にかかったりする確率も低くなるだろう。しかしこの行動はコストもともなう。つまり、現在の自分が、目の前にある満足の一部をあきらめなくてはならない。時間をずらした取引にはつきものだが、あとで利益を受け取るには、前もって何かを放棄する必要があるのだ。

現在の自分と未来の自分との協力関係の問題を解決するにあたって、もっとも一般的な方法は、理性と意志の力をあてにすることである。しかしこのやり方がつねにうまくいくとは限らない。バレないと思っている状況なら、ほとんどの人が他人を騙すのをいとわないのと同じく（私の実験では通常、九〇パーセントの人がそうであったことを思い出してもらいたい）、それは未来の自分にもあてはまる。実際、絶対に顔を合わすことのない人物――すなわち未来の自分――に対しては、来週、再び顔を合わせる可能性のある人物よりも、自分勝手に振る舞ってしまいやすい。では、お金を使ったり、パーティーで楽しんだりして、ともかく気ままに振る舞っているいまのあなたを、未来のあなたは許してくれるのだろうか？　残念なことに、その答えは「イエス」である可能性が高い。これまでに見てきた例からわかる通り、ほとんどの人は自分の罪を正当化する傾向がある。

この問題を解決するために本当に必要なのは、実行機能以上に信頼できる道具だ。見てきた通り、感謝の気持ちを抱くと、「誰か」を助けるために進んで自分を犠牲にしようという気持ちになる。つまり、未来の持つ可能性を尊重する方向を向くようたえず促してくれる役割を果たすのだ。そこで私の研究チームでは、感謝の気持ちは、未来の自分との協力も、さほど苦労しなくても促進してくれるのではないかと考えた。これが間違いでなければ、かの有名な二つ目のマシュマロを待っているあいだでも、感謝の気持ちは自制を促してくれるだろう。

この考えを検証するため、われわれは、ミシェルの子供を対象とした自制心の調査と同じようにして、感謝の気持ちが大人の自制心に及ぼす影響の調査を開始した。しかし、一つ小さな問題があった。たいていの大人はマシュマロをそれほど欲しがらないことだ。しかし、現金なら嫌いな人はほとんどいない。そこでわれわれは自制心を測定するために、経済学者がよく使う、現金をベースにした手法を利用することにした。すなわち、いま少ない金額を受け取るか、それともあとでもっと多くの金額を受け取るかの選択である。覚えている方もいるだろうが、第1章で私は、ほとんどの人が現在の価値を過大評価していることを示すにあたって、この手法をどう使ったかを説明した。人々が、実際の金融業界であればかつてないほどの高利率であるにもかかわらず、一年後の一〇〇ドルを捨てて、いまの一七ドルを選んだ、あの実験である。

感謝の気持ちが忍耐力を高めるのかを確かめるため、われわれは再びこの実験を行ったが、今回は、二種類の異なる人物を使った。それは幸福な人と感謝する人である。幸福という要素を加えた理由は、感謝について発見したメリットが、じつはたんにその人の気分がよかったからにすぎないということがないようにするためだ。結局のところ、幸福と感謝はどちらもポジティブな状態である。感謝という感情のなかに何か特別な要素が存在しているとするなら、その自制心を高める能力が、ほかの喜びの感情を反映したものではないことを証明しなくてはならない。そしてわれわれは、実験室以外の場所で参加者の感謝を引き出す方法（つまり、前に取り上げた仕掛け人を使うやり方以外の方法）を見つけるのにも興味があったため、今回はもっと単純な戦略に頼ることにした。お金に関する選択肢を提示する前に、人生で感謝の気持ちを抱いた出来事を振り返るか、大声で（すなわち幸せに）笑うかの、いずれかをやってもらったのである。

結果は目を見張るものだった。普段通りの精神状態に近い人は、例によって性急な選択をする傾向を示したが、感謝の念を抱いている人は際立って未来志向であった。普通であれば、将来の一〇〇ドルをあきらめていまの一七ドルを選ぶところを、感謝の念を抱いている人たちを同じ性急な選択に誘導するには三一ドル必要だった[31]。では幸せな気分でいる人はどうだろう？　幸福な人の性急さの度合いは、普段通りの気持ちの人とほぼ同じで、一〇〇ドルを手にするのに一年待つより、いま一八ドル受け取ることを進んで選択していた。この調査結果がほかのどの調査結果よりも明確にしていると考えられることは、自制心の問題を取り扱う際に個々の感情の影響を分けて考えることの重要性だ。ただ気分がいいだけでは忍耐力は強くはならないし、ただ昔の感情を呼び起こすだけでは、欲望を遠ざけることにはならなかった。これは、感謝を含むタイプの感情――つまり人間同士の絆を築き、維持することを重視する感情に、特有の現象だったのである。

この発見自体と同じくらい重要なのは、ここから人間の決断のある側面が垣間見えることだ。感謝の心を培うことが人生における自制心を高めると主張するなら、感謝が日常の経験のなかで、一時的な快楽への誘惑を抑えられるかどうかを確認しておくことも重要である。

この問題を検討するために、われわれはモバイル端末を使って、多数の参加者に対し、一回につき三週間の調査を延べ一年間にわたって実施した。ただ、われわれとは違い、参加者にとって、これは極めて簡単な仕事だった。この研究で参加者がやらなければならないのは、数種類の異なる感情を一日にどのくらいの頻度、どのくらいの深さで抱いたかを、毎日の終わりに報告することだけだ。三週間の報告のあと、人の性急さを測るのにいつも使っている、金銭の好みに関する質問に答えてもらった。するとデータからは、われわれが予測した通りの結果が現れた。日常生活で抱く感謝の気持ちの大きさの違いが、自制心と強く関連していたのである。感謝がどれくらい重要なのかについておおまかに説明すると、三週間のあいだ、平均的な人と比べて約三三パーセント感謝の気持ちの度合いが高かった人は、平均的な人と比べて三三パーセント感謝の気持ちの度合いが低かった人たちと比べて、お金に対して倍の自制心を示した（年間割引係数に直すと前者が〇・三三であるのに対して、後者は〇・二一だった[32]）。

総合するとこの調査結果は、感謝の念を抱くことは、将来により多くの報酬を獲得するために、待ったり、辛抱したりする気持ちを増やすことにほかならないという、明確な証拠を与えてくれたのである。もちろん、感謝の念を抱いたからといって、自制心の問題が完全に解決されたわけではない。割引の影響が完全に消えたわけではないだろうし、また、消えると予想すべきでもない。しかし、過去の出来事を思い出して感謝の念を喚起しただけで、年間割引係数をこれほど増やすことができたのは、非常に意義深い現象だった。これを次のように考えてみよう。快適な老後を送るために年収のうちどれくらいを残せばいいか、ファイナンシャル・プランナーに尋ねたとするなら、おそらく年収の約一五パーセントという答えが返ってくるだろう。そして、われわれの実験では、感謝の気持ちを思い浮かべるだけでほとんどの人が、目の前の報酬との比較において、未来の報酬の評価を一四パーセント上昇させることがわかった。べつに私はいま、人々の預金する額が、自制心だけで決まるといっているわけではない。この問題には多くの経済的変数が絡んでいるからだ。ただ、ここで私がいいたいのは、可処分所得のなかから――それが誰の、どの程度の額であるかはおいておいたとしても——貯金をわずかでも増やそうという気持ちにさせてくれる要素は、将来的には大きく幸福に影響してくるだろう、ということだ。

また、ここで同じくらい重要なのは、意志の力などの認知テクニックとは違って、感謝にはそれほど労力が必要ないように思えることである。実験の参加者たちに、決断を下すにあたって苦労している様子は見えなかった。このような観察は、トロント大学の心理学者マイケル・インズリットによる最近の調査結果とも見事に一致している。彼の研究では、実行機能や矛盾の監視（コンフリクトモニタリング）を調節しても、感謝は機能しないことが示されている。[33] ようするに、現在の欲求を抑えたり、他のことに気を逸らしたりするために意志の力やそれに関連する認識テクニックを強化しても、感謝の念は生まれない。そのかわりそれとは違うやり方で実際に感謝を抱いた場合には、未来の目標をより魅力的に見せ、それによって未来を重んずる決断を簡単に下せるようにしてくれるのである。

消費、献身、競争

感謝の気持ちが実際に自制心の問題を解決するのに役立つのなら、それはかなり大きな意味を持つ。例えば高校生を例にとれば、いつも感謝している学生の方が、すばらしい社会生活を送り、ＧＰＡ（成績評価値）も高く、きちんとしたお金の使い方を身につけられるだろう。お金を貯めたり、いい成績を収めたり、しっかりした人間関係を築くといったあらゆることが、数年先の利益につながる忍耐と犠牲から生まれてくるからだ。

では、すこしのあいだ、ある大都市郊外の裕福な住宅地に暮らす高校生を想像してもらいたい。どのようなイメージが浮かんでくるだろうか？　私の場合、彼らは「衝動的で」「ストレスを感じていて」「物欲が強く」「立場に敏感で」「成績を気にしている」のではないかと推測する。大学への進学や、職探しなどへの心配が、十代の子供の多くを不安にさせていたとしても驚くにはあたらない。それと同じく、このような不安を駆り立てる要素の一つが、多くの若者のなかでここ数十年間衰えることなく高まりつづけている物質主義であることにもなんら驚きはない[34]。もちろん、高校生の成績がひとりひとり違っているのと同じように、ストレスの度合い、お金の使い方、周囲からの支援といった点でも人によってさまざまだ。普段抱いている感謝の気持ちの度合いもそれぞれ異なる。

私がここまでに提示した見解に沿ったものとして、カリフォルニア大学バークレー校の心理学者ジェフリー・フロウの研究がある。フロウは、ロングアイランドにある大規模な高校において、一部の学生がほかの学生よりよい成績を収めている理由を確かめるため、いまここで挙げてきた要素との関連を調べることにした。一〇〇〇人以上の学生を対象に、ＧＰＡ、感謝の気持ちの度合い、憂鬱の度合い、物欲の強さ、生活満足度、集中力、周囲に溶け込んでいるかどうかに関するデータを収集したのである。そして、感謝の気持ちが自制心を高めるか否かという、まさにここで疑問となった点にフロウは突き当たった[35]。社交的な側面では、感謝の気持ちを抱くことは、十代の学生にとって、人との絆の強さや生活面での高い満足度を強く指し示す要因であった。日頃から、感謝の気持ちをより多く味わっている学生は、深い人間関係を持ち、友人や家族と過ごす時間を楽しみ、周囲の人に支えられていると感じることも多かった。また、気分が落ち込んだり、他人をうらやんだりすることも少なかった。

学業での成果においても事情はおおむね同じであった。日常生活で感謝することが多ければ、成績が上がるだけでなく、学問的な目標を追求する喜びを味わうことも増えていた。このような種類の喜びは、自制心とは関係がないように思われるかもしれないが、じつは両者は密接に関係している。目先の快楽よりも未来の目標を重視すればするほど、一般的にいって、人は目標に向けて努力するのを楽しむのである。頭のなかの計算が、現在の犠牲にはそれだけの価値があるという答えをつねに示しているため、目標をあきらめようという衝動には駆られない。その結果として、目的に向かうための努力を、そもそも犠牲とは感じない場合もある。ちなみに、フロウの研究は本質的に相関関係を調べたものであり、感謝の気持ちの強さと優れた成績の関連は示すものの、一方が他方を引き起こしているとは証明できない。だが、この点に関してわれわれがこれまでに見てきたその他の証拠に基づくと、おそらく感謝が学業の成果を高める要因だろうと私は考えている。自分に起きていることを意識するかどうかは別にして、未来に焦点をあてることが、長期的目標に向かって熱意を燃やしつづける役に立ち、ほかのことに関心を逸らす誘惑を取り去って、成功を築き上げるのである。

継続的な努力や献身が必要となる職業に従事するすべての人は、感謝という感情から恩恵を受けることができる。その好例が、医療の世界から生まれている。医師――とりわけ若い医師は、つねにオーバーワークである。複雑な診察や診断でスケジュールが一杯であることを考えると、これはかなり大きな問題であるといえる。長い一日や辛い一週間が終わる頃になると、患者の抱えている問題に対して最適な診断を下すために時間と精神的な労力を注ぐよりも、さっさと決断を下したいという誘惑に駆られる可能性があるからだ。しかしそんなことをしてしまえば、長期的に見て診断医としての評判を傷つける恐れがあるだけでなく、不幸にも患者を危険にさらすことにもなるだろう。

コーネル大学の心理学者アリス・イセンは、感謝の念によって気分がよくなることで、燃え尽きてしまった医師が、患者の問題に対する診断を適当にすませてしまおうという誘惑を取り除けるのではないか、と考えていた。イセンが設定した実験は次のようなものだった。まずは架空の患者の病歴、身体検査の結果、さらに普段、初期診断を下すのに使われる典型的な検査結果の情報をまとめたフォルダーを医師に手渡す。次に、患者の病気の診断をさせるのだが、ここで医師が患者のファイルを読む直前に、一部の医師にはプレゼントとして袋いっぱいのキャンディーをあげる（実験が終わるまで味見はできない）。それ以外の医師には医学の実践に関する人道的な宣言を一通り読んでもらう。前者は、穏やかな感謝の気持ちを喚起することを、後者は患者を大切にするための規範を強化することを狙ったものだ。次に現れた事態は、感情は自制心をつねに妨げるという立場をとるのだとすれば、完全にその予想を裏切るものであった。患者を大切に扱うことの重要性を再認識させた医師よりも、親切な行動に接して感謝の気持ちを抱いた医者の方が、正確な診断を下す確率が高くなったばかりでなく、フォルダーの中身を読んで適切に情報を収集し、それを正確に処理するためにより多くの時間を使ったのだった[36]。ようするに、感謝の気持ちを抱いた医者はより熱心に仕事をし、よい成果を挙げた。しかもその理由は、多少感情に変化があっただけなのである。

さらに自制心は、より熱心に働き、優れた仕事をすることだけに関連しているわけではなく、賢い消費行動についても一役買っている。私の実験で見た通り、感謝の念は人を金銭についても辛抱強くさせる。実験室の外における選択でも、この考えは裏付けられている。十代の若者を対象にしたフロウの研究では、感謝の気持ちをより頻繁に感じている人は、買い物で浪費しない傾向にあり、衝動買いも少なかった。興味深いことに、感謝のメリットはこれだけでは終わらない。感謝の気持ちを抱きやすい十代の若者たちは、あまり感謝を感じない若者たちに比べて、高価な買い物によって幸福を手に入れようとする度合いが少なかったのである。習慣的に感謝している人にとって、幸福は、より多くの贅沢によって願望を満たすことからではなく、長期的な目標を追求することから生まれていた。事実、コーネル大学の心理学者トーマス・ギルオービックによる最近の研究は、感謝の念を抱くことと物欲の減少の関連を強く主張している。消費者向けウェブサイト（例えば、TripAdvisorやYelp、Amazon、CNETなど）から無作為に抽出された一二〇〇以上のコメントを調査した結果、ギルオービックのチームは、具体的な物としての商品を買った場合よりも、ほかの人と共有される経験（情報）を買った場合の方が、感謝の気持ちが述べられている場合が多いことを発見した[37]。

感謝は健康にいい

感謝と自制心の結びつきを考えれば、仕事や金銭面についてと同じく、健康に対するメリットがあったとしても別段、驚くにはあたらない。なぜなら健康に関する決断の多くが、本質的に異時点間のものだからである。いま、タバコを吸うのは気分のいいことかもしれないが、その結果どうなるかは疑う余地はない。ジャンクフードを食べたり、運動するかわりにテレビを見たりするのも同じだ。しかし、健康を損なう恐れのある誘惑に抵抗しなくてはならないときに、感謝が私たちの心を後押ししてくれる可能性を裏付ける事実が明らかになりつつある。例えば、感謝の気持ちの高まりは、タバコやアルコールを控えることと関連している[38]。さらに感謝は、健康を改善するために体にいい食事をとったり、運動したりする意欲も起こしてくれる[39]。

健康面における感謝の最大のメリットは、おそらく努力を要しないことだろう。すでにおわかりの通り、自制心を養うための従来の手段は、精神と同様に肉体にもかなりの負担をかける恐れがある。仮に効果があったとしても、ストレスの原因になってしまうのだ。しかし、感謝を使えば、より害のすくない決断を下せるようになるのと同時に、感謝自体が心身を癒やし、支えてくれるのである。

この、体の回復力向上に関する好例を、カリフォルニア大学サンフランシスコ医科大学教授、ウェンディー・メンデスの研究に見ることができる。ストレスに対する生理学的反応の研究で知られるメンデスは、感謝によってストレスが心臓血管系に及ぼすマイナスの影響は軽減されるのか、もしそうだとすれば、それがどのように起こるのかについての検証を試みた。その結果を見つけ出すため、メンデスは、参加者にストレスを加える手段として、広く使用されている科学的戦略であるトリーア社会ストレステストを採用した。基本的にこのテストでは参加者を、不安を誘発する可能性の高い、しかしよくありがちな状況に置く。それはつまり人前で話すことである。実験の参加者は一つずつ、大勢の審査員たちの面前に立たされ、スピーチをする。準備する時間はたった数分しかない。参加者がスピーチをしているあいだ、審査員たち（実際には仕掛け人）は熱心に話を聞いてはいるが、無表情のまま座っている。演説しているあいだ、審査員から、言葉でも仕草でもまったく反応がないことを、ほとんどの人は否定のサインと受け取る。無表情の顔は、退屈、意見の相違、またはそれ以上に悪いことを暗示する。そのため、トリーアテストを受けたほとんどの人はかなりのストレスを感じる。このテストのあとでは、不安やそれに類するマイナスの感情を抱いたという自己報告が多くなるうえに、心臓活動が活発になり、血圧が上昇し、血中のストレスホルモン（コルチゾールとＡＣＴＨ）の量も増えることが知られている。

トリーアテストのような状況下で、心が折れてしまうのか、あるいは耐えきれるのかを決定するのは自制心である。スピーチを続けながらそれに対するフィードバックにうまく対処するには、参加者は集中力を維持しながら、内容に間違いがあれば訂正し、同時に、情熱的にかつ流れるように話す必要がある。メンデスのチームが抱いた疑問は、「日頃から感謝の念を抱いている人は、トリーアテストで我慢を強いられているあいだ、身体的な消耗がほかの人よりも少ないのだろうか」というものだった。メンデスは、参加者に小型のセンサーを装着させ、愛想のない審査員たちの前に立っているあいだの血圧を測った。すると、日頃感じている感謝の気持ちの度合いとストレスに対する反応には、直接の相関があるという結果が浮かび上がった。日常生活のなかでより頻繁に感謝を感じている人の血圧は、ストレスフルな状況に対する反応が少なかった。ようするにこうした状況に対処するために余分な力を使っても、彼らは心臓血管系にあまり負担をかけずにすんだのである。感謝することが多いと、休息時（すなわち、審査員と会う前）の血圧も低かった。このような調査結果は、日常生活全般にわたって、感謝を感じる頻度が高い人は一般に血圧が低い傾向があるだけでなく、ストレスのかかる状況でも血圧の上がり具合が緩やか——ようするに心臓血管系への負担も小さいことを示している。

メンデスのチームは、感謝の念が強いことが、善玉コレステロールの増加と悪玉コレステロールの低下とも関連している証拠も発見したが、おそらくこの成果は運動や食事といったライフスタイルにおける選択との組み合わせによる結果だろう。進んでウェイトトレーニングに励んだり、油ものを食べないように気をつけたりするほど、脂質に関する数値は改善されるだろうからだ。病気の進行に関するもう一つの重要な指標である炎症のバイオマーカーも、感謝と相関があった。日頃から感謝を感じることが多いほど、炎症が少ないことが証明され、ここでもこの感情にストレスを軽減する効果があることが明らかとなった。

感謝が健康にもたらす恩恵は、精神の領域にまで広がっている。平均より感謝することの多い人は、不安や憂鬱が少なく、前向きな気持ちでいることが多かった。こうした恩恵はおそらく、感謝の気持ちが睡眠に及ぼすよい効果に対する説明にもなるだろう。メンデスの研究とその他の研究結果から、日中により多く感謝の感情を抱くことで、感謝している当人だけでなく、その配偶者までが、夜はより穏やかに心地よく眠れるようになることがわかっている。ようするに、よく眠れるようになると落ち着いた気分になり、相手を不安にさせる可能性も減るのである。

こうした発見はそれぞれが示唆に富む、驚くべきものだが、本質的には互いに関連しあっている。つまり、感謝の気持ちの深さが、不安の軽減や睡眠の改善などにつながっている。感謝の気持ちが強いかどうかで不安や睡眠の状態も推測できる、ということだ。その逆も同じことがいえる。ただし、因果関係を証明する真の実験から得られた証拠とは違い、この場合、感謝することが幸福の増加の原因であるとは証明できない。例えば、すばらしい人間関係を築いている人は、そのために感謝の念を抱きやすい傾向があるが、その逆は成り立たないかもしれない。そのため、先ほど挙げた調査結果はこうした因果関係と矛盾はしないものの、感謝の状態の変化が直接、幸運の尺度を変化させるのを明らかにする証拠があればなおよい。別の言い方をすればそれは、突然、感謝の気持ちが芽生えた人について、その将来の生活がいい方向に変わっていくことを示す証拠である。

幸運にも、カリフォルニア大学デーヴィス校の心理学者ロバート・エモンズがこの難問に挑んでくれた。エモンズのチームは、ある人を励まして日常生活で感謝の念を抱く場面を増やすことが、はたしてその人の健康や将来の展望に影響を及ぼすのかを確認するため、二〇〇人の参加者を対象に九週間にわたる調査を実施した。エモンズはまず、参加者の半数に、数日ごとに最近自分が感謝した出来事をいくつか書き留めたうえで、じっくりとその時のことを振り返ってもらった。別にそれは人生にとっての重大事である必要はない。誰かが足を止めて道を案内してくれたり、ほかのドライバーがあなたの車を先に行かせてくれたりといった小さな親切で構わない。そして、残りの半数の参加者には、何でもいいから、最近、生活のなかで起こった出来事を書き留めるよう頼んだ。こうしてエモンズは、自分の生活をじっくりと振り返る二つのグループをつくった。ただし、喜ぶべき出来事を数え上げたのは片方だけである。

九週間後、日常生活において感謝の気持ちをより多く育てはじめた集団が、その恩恵を受けたことが明らかになった。[40] 彼らは、運動（これは、大半の人にとって明らかに自制心を必要とする行動だろう）に以前より熱心に取り組むようになっただけでなく、健康（これは鼻水、胃の不調、咽頭炎といった病気の兆候の有無で測った）も改善したと報告し、さらに全体的に幸福度が上昇したと述べた。この調査でも、健康に関する行動における忍耐力の向上と、ストレスの軽減という、感謝の持つ二つの性質が確認できる。

らせん状の上昇

立ち直る力（回復力）のメカニズムは頑強にできている。使うのも簡単で、そのメカニズムを組み込んでいるより大きなシステムにもさほど負担をかけない。そして感謝の感情もこのような回復力を備えている。意志の力やそれに関連する認知戦略とは違い、簡単に利用できるし、身体への負荷をともなうこともない。控えめにいってもこうした事実は、感謝という感情を利用しても、自制心の要請が増えることによる下降スパイラルに落ち込む可能性が大きくならないことを示唆している。しかし、最近の研究から、さらに興味深く、奥深い可能性が浮かび上がってきた。感謝は下降スパイラルを避けてくれるだけでなく、意志の力とは違って、繰り返し利用すれば上昇スパイラルを生み出すことができるかもしれないのである。つまり、感謝を使って自制心を培うと、そのたびにその方法を使うのが楽になっていく、ということだ。

この点に関する研究が、インディアナ大学の神経科学者プラティック・キニとその同僚によって実施されている。彼らは、実験の参加者に受けた好意を赤の他人に送る、恩送り感謝ゲームをさせているあいだ、その脳の内部を撮影した。参加者はＭＲＩのなかに横たわってスキャンを受けながら、このゲームの一環として自分にお金を恵んでくれる人の画像を見る。もちろんこれは彼らに感謝の念を抱かせるためだ。しかし、そのお金を与えてくれた人は参加者に、機会があれば自分とは別の人にお金を寄付するように頼む。そして参加者には、意図的にその機会が――つまり、手にした金銭の一部あるいは全額をほかの人や好みの慈善事業に与える機会が頻繁に与えられる。すると、興味深くかつ納得の結果が出た。贈り物をもらったことに対する感謝の気持ちが強ければ強いほど、自分が別の人に贈り物を渡すときにも、脳の中央にある報酬中枢がより活性化したのである。[41]この調査結果は多くの点において、これまでにわれわれが観察してきた感謝の行動が持つ効果に、神経学的な裏付けを提供してくれることになった。ここでも、私が実施した協力に関する研究と同様に、人々は感謝の念を抱くことで進んで犠牲を受け入れ、道徳的に振る舞おうとする気持ちを強めていた。たとえ相手が赤の他人であってもこの事実は変わらない。そして神経学のデータがその理由を指し示してくれる。感謝の気持ちを抱いている脳は、与えるという行為を有益だと考える。感謝の念を抱くことで、現在より未来を重視するようになるのだとすれば、それも頷ける。生物学的にいえば、与えるという行為は、通常、将来のより大きな利益につながるからである。

しかし、キニの実験でもっと興味深かった調査結果は、感謝が未来に及ぼす影響に関することだった。じつは実験の数週間前に、参加者の半数は感謝の気持ちを高めるために、以前恩を受けた人に感謝を伝える手紙を書く、という作業を行っていた。そして恩送りゲームを行っている最中にキニが脳をスキャンしたとき、こうした作業を行った人と行わなかった人では神経のパターンが異なっているのが明らかになった。報告された感謝に対する度合いに比例して脳の報酬中枢が活性化するのは全員に共通していたが、実験以前に感謝の気持ちを呼び起こす作業をしていた人たちのあいだでは、この効果が特に強かったのである。そうした人たちはゲームの最中に感謝の気持ちが強かっただけでなく、彼らの脳は感謝をより有益なものと捉えていた。簡単にいえば、感謝は感謝を強化する、ということだ。感謝する頻度が増えれば増えるほど、より感謝しやすくなり、さらにそこから感じる価値も上がる。ひいては、自制やそれに関連する行動もとりやすくなる。これは意志の力を使ったときに起きる状況とは正反対だ。つまり、感謝の力は効果という面で下向きのスパイラルではなく、上向きのスパイラルを生み出してくれるのである。

そして幸運なことに、感謝の気持ちは日常生活でもごく簡単に増やせる。忘れないでもらいたいのは、感情は自然に湧き上がるものだと決めつける必要はないことだ。人間には、自分が何を感じるかを決定するすばらしい力が備わっている。脳はどちらかといえば、反応のメカニズムより予測のメカニズムが優勢なのである。脳はつねに、以前起こった出来事に基づいて、次に起きる出来事を予測している。例えば、ガラスが割れる音を聞いて不安に駆られるかどうかは、その音を耳にした時間と場所によって決まる。騒々しいレストランでランチを食べている場合なら、ガラスが割れる音を聞いてもたぶん不安を抱くことはないだろう。おそらくウェイターがコップを落としてしまったのだと考えるからだ。しかし真夜中にベッドで一人横になっているときに、このような音を耳にすると、脳は次に起こる出来事に対して違った予測をするため、大きな恐怖を感じる。ここで肝心なのは、多くの点で、感情は最近発生した出来事をもとにして、次に起こる出来事を推測するということである。だから、自分の感情を変えるためにやらなくてはいけないのは、最近、起きた出来事に関する認識を変えることだ。言い換えれば、普段自分が関心を払っているものに微調整を加えさえすればいいのだ。

とすれば、感謝を育むための戦略にとってもっとも重要なのは、自分を助けてくれた人に意識を集中することだろう。どのような援助（例えば、お金、社交、労働力、情報）をしてもらったかは問題ではない。大切なのは、相手の労力、支援、親切をありがたいと思うことだ。ただ、この戦略をとると、目標を追求するうえでの自分の弱点や能力不足が浮き彫りになり、願望達成の妨げになるのではないか、と不安に思う人もいるかもしれない。しかし、このような不安には根拠がないことを証明する数多くの例を私たちはいま見てきたところだ。人間はほかの人に恩返しをするように生まれついていて、感謝を利用することは恩返しするためのエネルギーを供給する水路になる。さらに、日常生活のなかで感謝の心を養うための秘訣は、状況をどのように解釈するかにある。われわれはここまでに取り上げたいくつかの実験において、参加者たちに何か感謝すべきものを見出すような方法で状況を評価するよう促した。するとその結果として、自制心がさらに強くなったのである。

すでに見てきた通り、この目的を達成する一つの簡単な方法は、自分にとって感謝すべきものを数え上げてみることである。それはほかの人があなたのためにしてくれたことに気づくための方法であり、それによって感謝の気持ちを呼び起こす手段である。ただ、実際に数えるにあたっては、大きな出来事よりも小さな出来事に焦点をあてることが重要だろう。奇跡的といえるほどの親切を受けたとしても、毎日そのことを思い出していたら、その強烈な印象は薄れてしまいかねない。もっと小さな頻繁に起きる親切、必要なときに友人や同僚から与えてもらったほんのささいな助力などをじっくりと考えてみることは、同じくらい役に立つ。この戦略をルーティンにするための簡単な方法は、感謝日記を付けることである。週に二、三回、自分が感謝していることに思いを巡らすだけでなく、それを書き留めておく。書くことで記憶はより深く生き生きとしたものとなり、心に湧いてきた感情にすんなりと浸れるようになる。

しかし、感謝すべき出来事があまりないように感じる、と報告してくる人は多い。また、私の友人でコーネル大学の経済学者であるロバート・フランクは、自分の成功が完全に独力によるものではなくなってしまう可能性（つまり、運や他人の行動が大きな役割を果たしたかもしれないこと）に不快感を覚える人も多い、と述べている。[42] この主張を裏付けるため、フランクはピュー研究所〔ワシントンDCを拠点とするシンクタンク〕などから、所得水準と、成功を自分が一生懸命働いた成果であると考える傾向とのあいだに、強い正の相関があることを示した調査結果を引用している。いまの時代、懸命に働くことが重要になっているのは間違いない。そうでなければ、私はいま、自制心を養う方法をテーマにした本など書いていない。しかし、成功がほかの多くの要因に支えられているのもまた事実である。そこには、ほかの人の親切や寛大さはもちろん、ときには幸運も含まれる。フランクも指摘する通り、自分の目標達成にあたって不可欠だった出来事――例えば、キャリアにとって決定的に重要な瞬間にすばらしい助言をもらえたことや、親や友人に夢を叶えるための資金を援助してもらったこと、あるいは運良くそのときその場所にいたおかげで仕事やインターンシップが見つかって道が開かれたことなど――を具体的に挙げることができる人は多い（幸運なことに私もそのなかの一人だ）。

これをふまえると、私たちひとりひとりにとって重要な戦略は、成功がすべて自分の決断による成果だと思い込みがちな傾向と戦うことである。あいにく、成功が増えていくと、それがなかなかできなくなる恐れがある。目標が近づけば近づくほど、感謝を抱きつづけるのは難しくなるかもしれない。しかし、何が起きたかを客観的に考えてみる――つまり、自分の努力以外にどんな要素が働いたかを考えてみることで、感謝の気持ちを抱けるようになる。幸運という要素でさえ、このやり方をすれば見方が変わるかもしれない。たしかに、適切なタイミングに適切な場所にいたことを神の思し召しではなく、たんなる統計的な偶然と捉える人もいるだろう。しかしそれでもなお、それが珍しい出来事であるのは変わりなく、ほかの人に起こっても不思議ではなかったはずだ。こうした幸運をありがたく思うことも、やはり感謝には違いない。人間の心にはあらゆる未知の力を擬人化する傾向があるため、自分に起きたことを自覚し、幸運に対しても人間に対するのと同様に感謝できるようにすることは、感情を日常の一部にするうえで有益な方法となる可能性がある。

これからさらに説明を続けていく前に、一つのテクニックをおすすめしておこう。いままで私が説明してきたものとは違い、一度に多くの人が参加できる方法である。それが互恵《ごけい》の輪（reciprocity ring）だ。この戦略にはいくつかのバリエーションがあるが、基本的な考え方は単純である。参加者は、他の誰かの助けを乞うお願いを自分の名前とともに、直接板に書いたり、あるいは壁の上に付箋を張り付けたりしていく。この際、願い事は、円を描くように並べる。次に同じグループの人たちに、自分が叶えてあげられると思うお願いを探し、もし見つかったらその隣に自分の名前を書いてもらう。最後に円のなかに、名前を結ぶ線を引いていく。この線は依頼者と援助者という二つの役割を指し示すものである。通常、そこに現れるのは、願い事の輪のなかを（実際の支援を意味する）多くの線が交錯する、支援の網を表す図である。もちろん、その結果として生まれる支援は、グループのなかに感謝の気持ちを育てていくことになる。

企業であれ、教室であれ、グループを運営する人間にとって、このテクニックの有効性は明らかだろう。実際、この方法は企業、学校にとどまらず、あらゆる場所で効果を発揮しうる。親も、数日間かけて家族が書き込めるよう、冷蔵庫に互恵の輪を貼っておくことができる。アパート暮らしの人なら、アパートの掲示板にこの輪を貼っておけるだろう。誰かほかの人を助ければ、必ず恩返しをしてもらえる。そうすることで、感謝をする機会が訪れる。また、この方法を実行すれば、近所の人々に感謝の気持ちが広がる。そしてあとでくわしく取り上げるが、すべての人の成功を後押しする感謝の共鳴を生み出すことができるのである。

感謝と同じく、思いやりは社会生活と密接に結びついている感情である。人間は誰とて孤立した島ではない。つまり、なんらかの形で、私たちはみな、仲間を頼って生きている。ただ、感謝の気持ちはほかの人が自分に価値あるものを与えてくれたと気づくことで芽生えてくるのに対して、思いやりはそれとは逆の方向から生まれてくる。簡単にいえば、思いやりは、ほかの人からなんらかの助けや恩恵を受け取っていなかったとしても、他人を気づかう意欲を起こしてくれる。こうして、時間やお金などのリソースを捧げて、ほかの人の役に立つための第一歩を踏みだし、好循環が開始される。ここでいうほかの人は、まだ見ぬ未来の自分であっても構わない。

実際の思いやりの恩恵の例を見てもらうために、主要な経済大国の労働者が直面する最大の異時点間のジレンマ、つまり退職後の備えについて見てみよう。これは典型的なアリとキリギリスの問題である。人は手元にある現金を使って目の前にある欲求を満足させることもできるし、やや金額が不足気味でこのままでは老後の生活を圧迫しかねない、退職後のための貯金にまわすこともできる。しかしほとんどの人が前者を選択するだろうことが、金融業界が公表している貯金と可処分所得に関する多くの報告からわかっている。つまり、使えるお金を投資にまわす機会を見逃して、未来の自分に降りかかるかもしれないあらゆる苦しみに目をつぶるのだ。ただ、貯金できるときにしておかなかったらどういう結果になるのか、みなが気づいているのは間違いない。雇用主やファイナンシャルアドバイザーであればほとんど誰に尋ねたとしても、現在の状況を十分に説明してくれるはずだ。それにもかかわらず（だが、ある意味予想通り）、合理的な分析をしてもらったところで問題は解決しない。ほとんどの人が目の前の誘惑を避けられるほど、そうした分析に説得力があるとは限らないからである。

ヴァーチャル・リアリティの専門家ジェレミー・ベイレンソンと心理学者のハル・ハーシュフィールドは、人々が未来の自分により簡単に共感できるようにすることが、このジレンマの解決に役立つかもしれないと考えた。その根底にある考えはごく単純で、未来の自分に思いやりを持てば、将来、自分をひどく困難な状況に陥れる危険のある経済的選択に、抵抗しやすくなるだろうというものだ[43]。ただ、もちろん問題は、いったいどうすればその思いやりを増やすことができるか、という点にある。結局のところ、未来の自分は見知らぬ人間である。あなたはその人物とこれまでに一度も顔を合わせたことはないし、普通の状況であれば、これからも会うことは絶対にない。しかしベイレンソンとハーシュフィールドが、巧みにつくりあげた解決策は、想像を絶するものだった。

研究チームは、顔の立体画像を作成するソフトウェアを使って、ほとんどが二十歳前後である参加者たちの現在の顔をもとに、七〇歳に見える顔の三次元モデルをつくりあげた。次に、ヴァーチャル・リアリティのマイク付きヘッドフォンをつけた参加者は、仮想の研究者と面談をするために部屋に入った。話をするために座ったとき、参加者は真向かいの壁にかけられている鏡を見ることになるが、そこには現在の顔か、老人になった顔のどちらかが映っている。そのため、研究者から人生の目標について質問されたとき、参加者は、二十代の青年かまたは高齢となった自分のどちらかが、それに答えていると感じるようになっている。

そしてこの仮想面接のあと、参加者は、いま一〇〇〇ドルが手に入ったら何をするか、という質問に答える。彼らはこの現金を使って素敵なものを買うだろうか、それとも当座預金口座にお金を預けるだろうか？　楽しい豪華なイベントを計画するのか、それとも老後の資金にするのか？　未来の自分の姿を見たばかりで、老人である自分と密接なつながりを築いた人は、そうでなかった人に比べ、一〇〇〇ドルのうち二倍以上のお金を老後の資金に割り当てた（一七二ドル対八〇ドル）。これはすごい効果だ。研究者が二回目の実験を行ったときには、参加者に、私が実験で使ったのと似たような時間割引に関する作業をさせた。すると、ヴァーチャル・リアリティの力を借りて未来の自分を思い描き、感情移入した参加者の方が、割引率の低下という形でより強い自制心を示した。つまり、そのほかの人に比べて、彼らは未来に獲得する報酬を重視する傾向を見せたのである。

さらに、いま進んで対価を払おうという気持ちにさせた要因が、本当に未来の自分に対する心づかいと思いやりであることを証明するため、ベイレンソンとハーシュフィールドは、実験に新たに一つ微調整を加えた。この三度目の実験では、参加者は、老後の資金に割り当てるお金を、現在の自分または未来の自分をどれくらい幸せ（または不幸）にするかに基づいて、増やしたり減らしたりすることができるようにした。さらに結果を明らかにするために、手持ちのお金をどうすべきかを考える際に、金額の増減によって、コンピュータで作成された現在の自分もしくは未来の自分の顔が変化する様子を見られるようにしておいた（ただし見ることができるのはどちらか一方の顔のみ）。おわかりだろうが、老後の資金を増やしていくと、未来の自分の顔は悲しげな表情からうれしそうな表情に変わっていくし、現在の自分の場合には、その逆の変化となる。この実験でもやはり、未来の自分の感情の様子を見ることのできた人は、いまの自分を見た人に比べ、老後のためにより多くのお金を残す選択をした。これは、以前は抽象的な概念でしかなかった老後の自分に、いままでは思いやりを容易に感じられるようになったからにほかならない。ヴァーチャル・リアリティの技術が、実際の人間の顔に浮かぶ苦悩と同じように、未来の自分が感じるかもしれない苦悩を視覚化したのである。

貯蓄率を倍増させたのは、合理的な計画や意志の力ではなく思いやりだった。さらに思いやりは、かつてイド〔本能的衝動の源泉〕がおもに占領していた領域ですんなりと自制を促した。これは驚くべきことのように思えるかもしれない。だが、さまざまな意味において目の前の欲望に耐えることの世界的権威である人々——すなわち、仏教の僧たちにとっては、当たり前のことなのだ。

瞑想の道徳性

何かを本当に理解したいと思うなら、超一流の人間のもとを訪ねてみるとよいだろう。ある分野の頂点に立つ者はその経験から、通常、物事の仕組みについて、幅が広いうえに信頼のおける、深遠とさえいえる洞察力を備えている。彼らはすでにその仕組みのすべてを見たことがあり、最前線に身を投じて、大半の人がたどり着かないような英知を手にしている。こと、自制心がテーマとなれば、渇望や利己的な誘惑に陥る危険についての千年にもわたる教えと思考を授けられ、日常的にその恩恵を受けている仏僧には、いうべきことが山ほどあるのだ。

おおむね渇きや欲望と訳される仏教の「タンハー」という言葉は、正確には、心地よい体験を味わいその状態を維持したいという気持ちを指す。逆にいえば、苦しく、不快な経験は避けたいという動機である。突き詰めると、「タンハー」とはいまこの瞬間の喜びに対する渇望であり、そこでは未来の結果など取るに足りないことだとされる。仏教徒はこの「タンハー」を、彼らが「ドゥッカ」と呼ぶ、苦しみ、不安、不幸一般の根本的な原因であるとしている。仏教徒にとって、快楽を得るための自己中心的欲望は、幸福や、あるいは悟りという最終目標の達成を妨げる、無知の表れなのである。自分の倫理感を磨いたり、他人を助けたりするなどの無私の行動をとると、善業を積むことができる。仏教の教えによれば、このような善業を積み重ねることで、究極の目標である解脱に近づけるという。そのような仕組みがあるとすれば、それこそまさに異時点間的な概念といえるだろう。

この仏教徒の教えの宗教的側面を認めるかどうかについては、本書の目的とは関係がない。関係があるといえるのは、仏教学者が、数千年にわたって精神の働きについての独自の知見を——心理学や神経学といった現代科学によって、解き明かされた秘密と多くの共通点を持つ知見を積み上げてきたという事実だ。この知見を、有害な欲望を静める瞑想のテクニックを開発するにあたっての特別な注力を結びつければ、自制心と忍耐に関する深い洞察を得られる可能性があるのは明らかである。

二〇一五年、私は幸運にも、世界的に有名な仏教の指導者チュンダム・ギェルチュル・リンポチェと何度か話をする機会に恵まれ、その席でこの話題を出してみた。リンポチェは、仏教の世界において独特の地位を占めている。そして彼はチベット仏教のカギュ学派、最高のトゥルク〔過去の偉大な仏教者の化身〕の一人に認定されているだけでなく、ハーバード大学で博士号を取得した最初のチベット僧でもある。このように、ほかの人にはほとんど真似のできないようなやり方で、東西の知的境界線を股にかけている人物だ。

私がリンポチェに自制心や、誘惑を避けることについて質問したとき、私たちの会話は自然と瞑想の話題に移っていった。瞑想は、集中力を増し、それによって意志の力を鍛えるための手段として説明されるものと私は予測していた。ご存じない方もいるかもしれないので、念のため申し上げると、マインドフルネス〔瞑想をもとにした認知療法〕は非常な人気を博している。ニューヨーク・タイムズやアトランティックなどの人気雑誌の記事を一読すれば、そこに瞑想がありとあらゆるすばらしい認知的結果を導くことを裏付ける膨大な量の証拠を見つけられるだろう。瞑想は共通試験での得点を上げ、創造力を向上させ、仕事における生産性も高めてくれるという。ようするに瞑想は、精神に高出力を供給する一種の「スーパーチャージャー（過給機）」として喧伝されてきたのである。このような主張が正しいとされる根拠は、瞑想の訓練の多くが注意力、思考の流れ、集中力など、実行機能に密接に関連する要素に焦点を置いていることにある。そして、このような認知能力は自制のために使えるため、瞑想とは欲望を減らし、成功を促進するものであるという考え方が論理的に導かれたようだ。だからリンポチェから、瞑想による認知的なメリット――より優れた集中力や記憶力など――はすべて、伝統的には本来の目的の副産物と考えられていると聞かされたとき、私がどれほどうれしい驚きを味わったかを想像してもらいたい。リンポチェいわく瞑想の本当の目的とは、深いうえに長く続く、思いやりを養うことにあるという。認知力の訓練はたんに目的を達成するための手段にすぎず、その目的――つまり、生きとし生けるものへの大いなる思いやりの感情こそが、最後には自制心やそれに関連する美徳をさらに自発的なものにする。

思いやりが果たすおもな役割は、歴史的偶然のせいで、無視されてしまうことが多い。最初に瞑想の研究を始めた科学者はおもに神経科学者で、認知や記憶に興味を抱いていた人々であった。彼らが瞑想について尋ねる質問は、自分たちの関心に沿ったものだった。つまり、瞑想が脳にどのような効果を与え、脳のために何をしてくれるのかが問われたのである。その結果、瞑想が認知スキルを向上させることを示す、一〇年分の調査結果がもたらされた。しかし歴史的な観点から瞑想を考えるなら、ゴータマ・ブッダをはじめとするいにしえの瞑想の師たちが掲げた目標は、テストの点数や記憶力の向上ではないだろう。彼らはむしろ、倫理的決断や思いやりのある行動を培うことや、仏教にいう、苦しみを終わらせることに焦点をあてていたのである。しかし、いま挙げたようなことは、もともと社会的な性質を持つものであった。そのため、神経科学者によって脳の情報処理力を改善するために瞑想に何ができるのかといった問題が話題にされると、これらの事実は無視されることになってしまった。私が縮めたいと思うギャップはそこにある。仏教哲学でいわれているように、瞑想と思いやり、そして自制心が実際につながっているのだとすれば、われわれはまずその証拠をいくつか探し出す必要があり、そのためにはまったく新しい方法で瞑想の効果を研究しなければならない。

瞑想に関するもっとも科学的な調査の第一歩は、仏教徒ではなく、いままで瞑想を一度も経験したことのない人間を募集することから始まった。そのためわれわれは、ボストンとその周辺で広告を出し、賃金を支払うという約束で、八週間の瞑想研究に参加してくれる人を募集した。募集のたった一つの条件は、参加者が本当の初心者であること、つまり以前にまったく瞑想の訓練をしていないことである。志願者の名簿ができると、われわれはそのなかの半数を無作為に選び、八週間の瞑想訓練をしてもらうことにした。比較するグループも必要だったので、残りの半数には、補欠であると告げた。そして瞑想の訓練を本格的なものにするため、ラマ僧であるウィラ・ミラーの助力を得て、定期的に参加者と会って指導をしてもらった。ミラーは、自分が教室にいないときもきちんと練習を続けられるように、参加者たちに家での訓練用に制作したビデオも渡した。

こうして、同じように瞑想に興味を持つ人で構成された二つのグループができた。ただ、ある程度の水準まで本当の訓練を受けたのは片方のグループだけである。この時点でたいていの科学者は、記憶や注意力のテストをさせるか、白質密度の変化を調べるために脳内をスキャンするだろう。われわれの目的はそれとは違ったが、そのことを参加者には明言しなかった。参加者は、八週間の訓練の終わりに実験室で認知スキルの検査を受けるものだと思い込んでおり、本当の実験がじつは待合室で始まっているとは知るよしもなかった。

瞑想が思いやりや自制心に及ぼす影響を調査したいのであれば、ごく普通の環境でその調査を実施しなくてはならない。つまり、ＭＲＩのように一人でなかに入るのではなく、ここでは本物の人間が複数いなければならない。この実験では簡単にいえば、心地よい状態をそのままにするか、それとも自分は苦しくなるが困っている人のためにその場所を譲るのか、という課題を設定する必要があった。多くの選択肢を検討した末に、われわれは、原理的に馴染みが深く、さらに論理的に明快な説明が可能な状況を設定することにした。まず、参加者が待合室に着くと、そこには三つの椅子がある。あらかじめそのうちの二つには仕掛け人が座っている。そのため、それぞれの参加者は（実験室には一人ずつ招待されることになっている）テストが実施される実験室に呼ばれるのを待つあいだ、予想通り、残りの椅子に腰をかけることになる。数分が経過したあと、わりあい静かだった待合室に、廊下の反対側にあるエレベーターのドアが開く音が聞こえてくる。そこからはギブスをした松葉づえの若い女性が現れる。じつはこの女性も仕掛け人で、足を引きずりながら廊下を歩き、待合室に入るまで一歩踏みだすごとにわずかに顔をしかめる。そして、待合室の椅子がすべてふさがっているのを見ると、彼女はやや落胆したような感じで、悲しげな声をもらしながら、壁にもたれかかる。

さて、参加者はどうするだろうか？　立派に振る舞いたいのであれば答えは明らかで、彼女に席を譲る、ということになる。しかしこれは、人を助けるために目先の快適さを犠牲にする行動であり、ある程度の自制心が必要となる。これはずいぶん誇張した言い方だと思われるかもしれない。

というのも、こうした状況であれば普通はすぐに自分の席を譲るのが当たり前だと、多くの人が考えるはずだからだ（実際に質問してみても、そう答える人が多かった）。しかし、ふたを開けてみると、今回の実験における「普通の」人——つまり、前の八週間に瞑想をしなかった人のなかで、苦しんでいる女性に椅子を譲ろうとした人はわずか一六パーセントにすぎなかったのである(44)。

これはがっかりさせられる結果であった。しかも残念ながら、この数字は偶然ではなかった。二回目の実験をしても、結果は似たようなものだったのである。しかし実をいうと、われわれはすこしインチキをしていた。参加者が到着したときに、部屋に座っていたほかの人間——つまり、椅子を譲らなかった仕掛け人たちには、松葉づえをついた女性を無視するように指示しておいたのである。女性が待合室に入ってきたとき、仕掛け人は本を読んだり携帯電話をいじったりして、女性になんの注意も払っていないように見せかけていた。しかし、女性のもらしたため息やつらそうな声はみんなにしっかりと聞こえていた。ようするに、怪我をしている女性が困っていることに彼らがわざと気づかない振りをしているのは、本当の参加者にははっきりわかっていたのである。ここが肝心な点だった。このような集団的無関心は、人を助けようとする意欲をとりわけ削いでしまう。他の誰もが困っている人に手を差し伸べようとしない状況で、なぜ自分があえてそうしなければならないのか？　これが傍観者効果という名で知られるひどく困った現象である。これによって人は、目の前でどのような苦しみが展開していようと、黙って傍観を決め込んでしまう。今回の実験ではこの効果は絶大であった。

しかし、瞑想を経験した人を調べてみると、これとはまったく異なる展開が起きた。彼らは八週間にわたるマインドフルネス（瞑想）の訓練によって思いやりを抱き、自分の快適さを犠牲にして痛みに顔を歪めている女性を助ける割合は三倍以上、じつに五〇パーセントの増加となった。これは大きな違いであり、しかもわれわれだけでなく他の研究者たちも、同様の思いやりのある行為を促す手段を使うことでこの効果を再現することができた[45]。このような調査結果の数々は全体として、瞑想が思いやりを通していかに自制心を強化したかを示しているといえる。つまり本質的に、リンポチェの言葉が正しいことを証明している。本書の冒頭で述べた通り、人が親切と寛容さをともなう行動をするためには、自制心が必要となる場合が多い。その自制心による献身によって救われるのが他人であろうと未来の自分であろうと、目の前の快適さをあきらめて恩返しや将来のすばらしい成果といった利益を得る可能性を増やすためには、背中を押してくれるものが必要だ。そして、常日頃から親切であろうと自分に言い聞かせ、それに応じた行動をとるために意志の力がある程度役立つのは事実であるにせよ、思いやりが自然に湧いてくる方法であるマインドフルネスの実践はそれよりも優れた手段となるだろう。

ブッダの脳

リンポチェのような仏教の高僧たちにとって、このような実験結果はなんら目新しいものではない。彼らは瞑想の訓練によって思いやりが深くなることを幾度となく経験してきたし、その深まり具合は私の研究チームが二カ月で証明できたものより、はるかに大きい。しかし私にとってこの調査結果は、宗教の教えを科学的事実に変えるものであり、それによって瞑想の師が与えてくれる人間の精神の働きに関する知見に、より一層、尊敬の念を持つようになった。実際、仏教の知見が、現代の心理学に基づく私の主張と非常に近いものであることに、驚かされるばかりだった。例えば、仏教の僧というと、人は普通、スター・トレックに登場するミスター・スポックのような、論理的で感情を持たない人物を思い浮かべる。なぜなら、仏僧が欲望を制御できるのは、普段から感情を消して生活しているからだ、と考えているからだ。感情をコントロールできるのであれば、それを必ずしも感じる必要はない。そして、感情を感じないのであれば、欲望に誘惑されることはないだろう、というわけだ。しかし実際には、これでは物事の半面しか見ていないことになる。

僧は修行を始めるとき、誓いを立てる。嘘、飲酒、盗み、他人に危害を加えることや不淫行為はしないと誓う。ようするに、一時的に快楽を得られたとしても、将来破滅を招くような行いを慎むことに同意するのである。だが、修行を始めたばかりの頃は、このような誓いはなかなか守れない場合が多い。試験に備えて勉強しようとする現代の学生やキャッシュカードに手に伸ばさないようにするギャンブラーのように、僧は成功のために、意志の力や理性で考えた動機（自分が正しいと信じている考え）に頼ろうとする。例えば、見習いの僧がお酒を飲むのを控えようとするとき、その理由は、本当に飲みたくないからではなく（おそらく飲みたいという気持ちはある）、先輩の僧に感心してもらいたいからかもしれない。師や仲間に自分がきちんと戒律を守っていると見られたいから、彼らは誘惑に負けまいとして多大な努力をする。しかし結果は失敗に終わる場合が多い。

意志の力はときおり崩れることがある。いまなら誰にも見咎められないと思えるときがくれば、人を酔わせるこの飲み物を、彼らは一気に飲み干してしまうだろう。そして、インチキに関する私の実験の参加者と同じように、この僧侶は戒律を破っても仕方がなかったのだと自分を納得させることができる。この場合、あやまちから学びを得ることはできない。この段階では、自制心はえてして不安定である。

しかし、修業が進むにつれて、僧は瞑想の訓練により多くの時間を費やすようになる。その目的の一つは、意識を研ぎ澄まし、自分の感情をコントロールできるようにすることだ。私たちの多くにとって日常生活は、絶え間なく変化する感情の流れからできている。同僚とドーナツを分けあう幸福なひとときが、次の瞬間、上司からの侮辱を受けて怒りに変わり、その次には会議に遅れてしまわないか不安になり、さらに次の瞬間には、ランチに行く途中に見たホームレスへの同情（それに、おそらくは多少の嫌悪感）に変わる。このように揺れ動く感情は、それらが本来意図された目的通り、何を選択するか、あるいはどう振る舞うかに関する心の計算を、たえず更新、変更していく。怒りを感じれば、誰かを攻撃する可能性が高くなる。嫌悪を感じれば、その相手を避ける傾向が強くなる。こうした事実を見て、仏教の高僧は、誘惑に打ち勝つ最初の一歩が、心の計算をある程度制御することであると気づくにいたった。とりとめのない感情に身を任せたままでは、その場その場では環境に適応できる可能性があったとしても、長期的な成功に向かって進める保証はない。だから僧侶は瞑想の訓練の一環として、何に注意を向け、それをどのように解釈するかを選別する方法を学ぶ。そうすることで彼らは、自分たちの置かれた環境から呼び起こされる不穏な感情を消してゆく能力を徐々に獲得していく。

実際、こうした初期の段階は、大半の人が想像する僧侶の生活の感情的側面——つまり、感情を静め、抑えることと一致している。さらにいえばこれは、自制を達成する方法に関する現在の見解——つまり、認知機能を使って感情にとらわれないようにして、心に及ぼす影響を小さくすることとも一致している。しかし話はここでは終わらない。仏教徒にとって、本来、感情は善悪とは無関係のものなのだ。感情とは精神エネルギーの一形態である。そしてあらゆる強力なエネルギーの例にもれず、使い方によっては、建設的にもなれば破壊的にもなる。瞑想の訓練も後半になると、感情を再び目覚めさせる過程に入っていく。しかし、ここではもはや人は感情の奴隷ではなく、むしろ支配者となる。感情を静め、制御する方法を学ぶ最初のステップは終わり、感情を変えることに重点を置いた後期の訓練に移っていく。この段階で僧たちは、思いやりを中心とした感情を、目標を達成するための手段として使うことを学ぶ。

そしてこの思いやりが、自制心の働き方を根本的に変えていく。以前は、誓いを守るために意志の力や合理的分析といったもろい力に頼らざるを得なかったところが、いまや誘い込もうとする欲望そのものが消えたかのような状態となる。思いやりは感謝の気持ちと同様、人間がすぐに満足をもたらす物事に見い出す価値を減らし、将来のための忍耐をより容易にする。仏教の僧にとって究極の目的は、生きとし生けるものすべての苦しみを終わらせることにある。ご存知の方もいるかもしれないが、この目的を追求するにあたって、大きな自己犠牲の行動に出る人もいる。その行動によってほかの人への暴力が止むと信じたとき、彼らは自分の命を投げ出すことさえいとわない。リンポチェも、二〇一五年にネパールで壊滅的被害をもたらした大地震が発生したあとの数カ月間、困難な災害救助活動を指揮し、自ら参加するため、それ以外の活動をすべて中断した。これこそが、まさに真の「やり抜く力」であろう。

ただ、もう一度断っておくが、私がここで思いやりや自制心に関する仏教徒の考え方を取り上げているのは、なにも読者を仏教に改宗させたいからではない。同様に、全員が生きとし生けるものすべての苦しみを終わらせることを最終目標とすべきだといいたいのでもない。ただ、数千年にわたって自制心を研究してきた伝統が教えてくれる知見は、真剣に受けとめるべきだといいたいだけだ。自制心を高めるには感情を抑えるのではなく思いやりのような感情を養うのが一番である、という考え方をはじめとした、仏教の知見の数々が、最新の科学的調査の結果とぴったり一致しはじめた場合には、とりわけそうだろう。

しかし、仏教と最新科学との間の、あらゆる類似点をもってしても、自制心を高めるのが思いやりの感情であることを示す確実な証拠が見つかったとはまだいえない。たしかに、瞑想が思いやりと自制心を高めてくれることはわかった。ただ、仏教の教えとは裏腹に、瞑想には自制心を高める働きをするほかの要素（思いやり以外の何か）が存在する可能性もある。結局のところ瞑想は、認知と感情のメカニズム両方に恩恵をもたらしているからだ。そのためここからは、思いやりが（何に起因するかにかかわらず、思いやりそれ自体が）、必要なときに自制心を高めてくれることを示す例を挙げていくことにしよう。

ご無事を祈ります

ここまでの議論は、成果や能力に関連する自制心の側面に偏りがちであった。つまり、困難に直面したときに耐えることや、長時間働いたり勉強したりすること、あるいは未来に備えてのお金を貯めることなどに重点を置いてきた。しかし自制心がもっとも重要となる領域はほかにもある。それは攻撃性に関することだ。誰かが敵意をむき出しにしようとしているときには、周りの人間から「落ち着け」とか、「自分を抑えろ」といわれる場合が多い。ようするに、あとで後悔しないように、怒りを抑えるよう忠告しているのだ。攻撃性はそれがどのようなものであっても、消えない傷跡を残しかねない。誰かを支配したり罰したりすると、一瞬、気分がよくなったり、場合によって自信が湧いてきたりもするが、それを繰り返していると悪い影響が出てくる。(46)

ただ、怒りと攻撃性がどれほど下品に見えたとしても、一部の目的には使えるに違いないし、実際に役にも立つ。脅しや暴力はとりわけ短いあいだなら、目標を到達するための効果的手段となる可能性がある。戦闘や実力行使が必要悪である場合もあるのだ。生き延びるうえでのリスクが高い場合、反撃する能力がなければ、脅してくる相手に対して不利な立場に立たされてしまうかもしれない。その結果、ほかの多くの動物と同様、人間は目標を達成するために攻撃能力を身につけることになった。しかし残念ながら、進んで攻撃をすることがかならずしも適切であるとは限らない。このあとすぐに取り上げるが、つねに攻撃を仕掛けたり、反社会的な行動をとったりしていると、長い目で見たとき災いを招く結果となるだろう。

現在、攻撃性に関しては複数の理論があり、その大半が認める、二、三の基本的事実が存在する。そのなかでも、ノースウェスタン大学の心理学者エリ・フィンケルが開発したI^3モデルは、もっとも信頼性の高い優れた説明を提供している。I^3という名称は、攻撃的反応の三つの側面（あるいは段階）、すなわち、引き金因（instigation）、推進因（impellance）、抑制因（inhibition）の頭文字からきている。引き金因は何かが引き起こされる段階を指している。ある状況において、そこには人を怒らせるなんらかのトリガー（侮辱、欲求不満、損害など）が存在する。つねに攻撃的な人間などいない。何かが火をつけなければ怒りは生じない。ただ、当然ながら、怒りの口火を切るきっかけと、最終的にそれが向けられるターゲットに直接の関連があるとは限らない。人間は自分の欲求不満を「より安全で」、反撃される恐れの少ない第三者にぶつけることができるし、実際、そうすることも多い。例えば、上司に腹が立ったときに自分の部下をいじめるなど、悪い形で感情をほかの人に押し付ける場合がある。

しかし、全員がこのような潜在的なトリガーに同じように反応するわけではない。また同じ人間であっても、あるトリガーによってつねに攻撃的になるとは限らない。その理由の一つは、推進因——すなわち、人が敵対的な行動を起こすにあたってはそれを促すなんらかの力が必ず存在する、という考え方と関連している。引き金因と同じように、推進因となる力には多くの種類がある。テストステロンの増加のような生物学的なものから、身体的苦痛や暴力的なメディアにさらされるといった状況的なものまで、その原因もさまざまだ。そしてそれらの組み合わせによって、あとで後悔するような振る舞いをする可能性も変わってくるだろう。しかし私がここで注目したいのは、I^3

モデルの第三の（つまり最後の）段階である、ブレーキを利かせることができるフェイズである。この抑制の段階において、私たちの心には、攻撃的衝動による行動の実行を阻止する最後のチャンスが与えられる。おもなブレーキの一つは、もちろん実行機能である。しかし、意志の力を使って攻撃を抑える能力がなんらかの理由で（それはアルコールかもしれないし、疲労かもしれないし、暴力行為を正当化しようとする偏った論理かもしれない）弱っている場合、心の水門は開きっぱなしとなり、トリガーされた敵意を遮られずにあふれ出す。

このような現象には、実験室における観察例が数多く存在するが（例えば、実行機能を司る前頭葉に損傷を受けた人は、自分を怒らせた人により強い電気ショックを与えるなど）、この現象を裏付ける証拠のなかでも、とくに私が気に入っているのは、二〇〇一年二月から二〇〇三年四月のあいだにアメリカ人を対象にして収集された膨大なデータからフィンケルが見つけ出したものだ[47]。ミシガン大学の研究者たちは、アメリカ全土に住む数千人の人々と面談し、多くの情報を聞き出した。なかでもとりわけ、近親者に対する暴力（例えば、押す、小突く、平手打ちをする、脅すなど）の頻度や、感情を爆発させやすい傾向があるか、精神的な消耗や「疲れ果てた」感覚をつねに感じているか（これらはつまり、実行機能の低下を意味する）といった項目に関するデータを収集した。

結果から述べると、まず、感情を爆発させやすい性格が近親者に対する暴力の増加とつながっていることがわかったのは予想通りというべきだろう。だが意外なことに、精神的な消耗も同じく近親者に対する暴力の増加と関連していた。そしてストレスや憂鬱などの影響を除外しても、この結果は変わらなかった。つまり、実行機能が機能しなくなると、それが直接、暴力につながることがわかったのだ。ただ、攻撃性に関するもっとも有害な影響は、その人の気質と実行機能の減退の組み合わせ——つまり、もともと気性が激しい人物が自制心を失ったときに生じる。このような人物の攻撃性の水門が開いたとき、敵意という大波がどっと押し寄せる[48]。

この調査や関連する多くの調査結果からは、身の回りで攻撃衝動をトリガーする出来事が起きた場合、そのときになんらかの理由で実行機能が働かなくなっていた人は、非倫理的で、かつ未来の目標や幸福を破壊するような振る舞いをしてしまうことがわかる。さらに、普段から怒りやすい人の場合には、問題はさらに大きくなるのだ。われわれはここでもまた、認知戦略が機能しない可能性を見てとることができる。そして感謝のときと同様、感情に基づく戦略が、潜在的に危険な行動を抑えるための、より信頼できる手段になりうるのかという疑問が提示される。このような戦略は、破壊的な感情を抑えるのではなく、他の感情に置き換えていく。仏教徒にいわせれば、それを徳のある感情に変化させる、ということだ。

私は同僚のポール・コンドンとこの点について調査することにしたとき、まず一つの問題を解決しなくてはならないことに気づいた。実験室という枠のなかで、人を怒らせる方法が必要だったのである。I^3の用語でいえば、「引き金イベント（instigating event）」が必要だった。ただ、それは思ったより簡単に見つかった。ハーバード・ビジネススクール教授のフランチェスカ・ジーノと行動経済学者のダン・アリエリーが共同で、人にインチキをさせるよう仕向ける仕掛けをすでに開発していたのである。

手順はこうだ。まず、参加者を部屋に招き、五分間で複数の簡単な数学の問題を解くよう伝える。

解いた数に応じて、参加者がもらえる賞金は増える。いたって単純な話だと思うかもしれないが、ジーノとアリエリーは参加者に実験のすべてを明かしたわけではない。部屋のなかには嘘をつく役を与えられた仕掛け人が一人混じっているのである。全員が懸命に問題に取り組むなかで数分がたったとき、仕掛け人が立ち上がって、問題をすべて解いたと宣告する。時間からして明らかに不可能な早業だ。しかし、参加者たちは、解いた問題の数に見合う賞金を受け取る前に名前の書いていない解答用紙をゴミ箱に入れるように指示されていた。だから、仕掛け人はズルをしたことがばれる恐れもなく、不当な額のお金を獲得することができる。つまり理屈のうえでは、解いた問題の数を確認することは誰にもできないのである。

じつは、解答用紙には秘密のコードが埋め込まれており、本当に解いた数とお金をもらうために解いたと報告した数をあとで確認することができるのだが、もちろんジーノとアリエリーは、このことを参加者には知らせていない。二人が予想した通り、同じ作業において誰かがインチキをしたのを目撃するという単純な出来事によって、ほかの人も同じことをする可能性が上昇した(49)。しかし、なぜ我慢できないのだろうか？　それはインチキによってあの男がより多くのお金を受け取ることができるなら、自分もインチキをしてお金を余分にもらって何が悪い、という理屈だろう。ここでも、論理や理性が必ずしも自制心を高めてくれるとは限らないことがわかる。

しかしわれわれの実験の場合、必要なのは参加者にインチキをさせることではなく、誰かを攻撃させることだった。そこで、反則者を罰したいという人間の基本的な欲求を利用するために、われわれは上記の設定に二つの微調整を加えた。まず、仕掛け人がインチキをするのを目撃する前に、参加者たちが自分の解いた問題の数を報告しなければならないようにした。全二〇問のうち、参加者が解けたのは平均して約五問だった。まだ誰もインチキをしていないうえに、周りの人に自分の行動を見られる状況であるため、参加者は自分の成果を極めてまじめに報告する傾向があった。そして最後の一人（じつは仕掛け人）が解いた問題の数を報告する直前に、研究者はお金を取りに行くといってすこしのあいだ、わざと部屋を離れる。研究者が部屋を出た直後、仕掛け人は立ち上がって解答用紙をシュレッダーにかけ（ここでゴミ箱にしなかったのは、解答用紙を完全に消滅させるためだ）、研究者が部屋に戻るのを待つ。そして研究者が戻ってくると、仕掛け人は得意げに二〇問全問解けたと報告し、あなたに余計な手間をかけさせたくなかったので問題用紙はもうシュレッダーにかけてしまった、と告げる。この実験では得点を報告したあとに解答用紙をシュレッダーにかけるよう実験者が事前に説明しているため、仕掛け人のこの発言は一応、筋が通っている。だが、すこし唖然とした様子の研究者を含め、その場にいる全員が、二〇問すべてを終わらせるのはほとんど不可能に近いことを知っている。しかし、問題用紙はすでにシュレッダーにかけられていて、仕掛け人が嘘をついたという証拠はないため、研究者は不当に高い金額を仕掛け人に渡すほかない。しかも仕掛け人はその部屋で得点を報告した最後の人間なので、ほかの参加者がこれを真似するチャンスはすでにない。参加者たちができるのははらわたを煮えくりかえらせることぐらいだった。

しかし、参加者たちには部屋を離れる前に、もう一つやらなくてはならない作業が残されている。味覚に関連した実験と称した作業である。ここで、参加者には、お互いが味見をするサンプルを調合する機会が与えられる。それは瓶から小さなサンプルカップに液体を注ぐだけの簡単な作業だ。カップに注いだ液体はすべて、自分以外の実験参加者の人の口に入り、味覚の鋭敏さを評価するのに使用される。ここでは実験の設計上、参加者全員が、ズルをしたばかりの男（当然、参加者がひどい怒りを感じている人物）のサンプルを調合する役に選ばれたと思い込むようになっている。そして運のよいことに、彼らがカップに注ぐことになる液体は、ズルをした男の辛味に対する鋭敏さを評価するものであった（まあ、当然ながらこれは偶然ではないのだが）。そして、参加者の目の前には、高いスコヴィル値、すなわち激辛であることを警告するラベルが貼られた、いかにも過激な感じのホットソースの瓶が置かれている。

こうした仕掛けを用いて、われわれは実験参加者に攻撃性への道を開いた。彼らはホットソースを飲むことが非常に苦痛であるのを知っていたし、自分がカップに注いだ量がすべてインチキをした男の口に入るのもわかっていた。カップに注ぐホットソースの量を多くすれば、男にそれだけ多くの苦痛を与えることができる。これはまさに悪魔の方程式だ。普通の状況（つまり、インチキをしなかった人のためにサンプルを調合する場合）、注がれるソースの量は控えめで、平均約二グラムであった。しかしインチキをした男に注がれた場合、ソースの量はその四倍に増えたのである。[50]参加者たちはこの男を苦しめてやりたかったのだ。もちろん、実際には仕掛け人がこのソースを飲むことはない。だが、参加者がこの苦痛を与える液体を注いでいるとき、そのことは知らない。

この時点で、われわれは怒りと攻撃性をつくりだすのに成功した。あと必要なのは、この怒りを思いやりに変えていく方法だけだ。瞑想の訓練は自然にこの変化を与えてくれたが、今回はそれとは異なる方法で思いやりを喚起したかった。そのため、われわれはちょっとした手品を使うことにして、最後にもうひとひねりを加えて実験を行った。このバージョンでは二人の仕掛け人を使った。一人は前と同じくインチキをするが、もう一人は参加者たちに思いやりの気持ちを抱かせる役割を担う。

われわれにとって幸運なことに、この新しい仕掛け人はすばらしい女優だった。最初の仕掛け人がインチキをして、本当の参加者がそちらに気をとられているあいだに、彼女はこっそりと塩水のしずくを目に差す。そして、すすり泣きを始めたあと、突然、小さな嗚咽《おえつ》をもらす。ここで研究者は彼女に歩み寄り、大丈夫かと尋ねる。すると彼女は次のようにいう。「いえ……。数日前に兄が癌だとわかったんです。取り乱してごめんなさい……。週末まで兄に会うために家に戻ることはできないんですが、もう、本当に動揺してしまって」。この時点で、研究者は彼女を実験から解放する。そして、この場面を目撃したことで、参加者たちは共感と思いやりの感情を呼び起こされる──これはわれわれが参加者の感情的反応を測定したときに客観的に確認できた事実だ。この短い中断のあと、実験はいつも通りに進行し、次にインチキをした人を罰するチャンスが訪れる。

だが、この段階で起きたことは、かなりの衝撃であった。参加者たちは相変わらずインチキをした男にひどく怒っていた（これは、男の行動が不正であると確信しているからこその怒りだ）。だが、それでも男を傷つけることはしなかったのである。彼らが注いだホットソースの量は、インチキをしなかった人に対する量と大差なかった。ようするに彼らからは攻撃性が消えていたのである。(51)彼らは臆病だったわけでも、曖昧な態度でいたわけでもなかった。インチキをした人間の行動を進んで批判し、その誤りを正してほしいという意見も表明していた。ただ、男を攻撃したいという欲求（推進因）が消えていたのである。その結果、攻撃への衝動を抑えるために、実行機能のもろい力に頼る必要はなかった。思いやりの気持ちの高まりはただそれだけで――しかもそれがほかの人間に向けられたものであったにもかかわらず――暴力をエスカレートさせるのを防ぐのに十分な力となり、結果として未来の利益となる方向に働いたのである。

ただ、攻撃性の減少が未来にとってプラスになるというこの見解については、もうすこし補足が必要だろう。前にも述べたように、状況によっては攻撃が役に立つこともある。ただ、今回の場合のように、いますぐに自分の身を守る必要がない状況であれば、たいてい攻撃にはメリットはない。目の前で不正行為が行われた。だが、そこで攻撃したとして、それがなんの役に立つのだろうか？人間はときに「第三者処罰」（社会的規範を強くするために、他人を不当に扱った人を第三者が罰すること）と呼ばれる行動をとることもあるが、そのために攻撃を使うのは必ずしも最高の戦略とはいえない。その理由の一つは、罰することで対立をエスカレートさせてしまう恐れがあることだ。今日は誰かを懲らしめることで気分がすっとするかもしれないが、その決断が明日には裏目に出てしまう可能性はつねにある。敵意の対象である相手が自分の非を認めようとしない場合、強烈な報復の連鎖が巻き起こりかねない。

さらに、攻撃性が、（私たち、あるいはほかの誰かの）未来にとって役に立たない理由がもう一つある。ハーバード大学のマーティン・ノワクは、攻撃性や人を非難しがちな性格は、長い目で見たときに本人の成功の可能性を制限するだけでなく、その人が属する集団にまで同じマイナスの効果を及ぼすことを研究によって明らかにした[52]。ノワクとその同僚が行った実験では、参加者はランダムにほかの人とペアになるコンピュータゲームを何度もプレイした。つまり、ある程度時間が経過すると、特定の人と複数回ふれあうことになる。それぞれの回において参加者は、「協力する」、「騙す」、「罰する」のいずれかを選択できる。「協力する」を選んだ場合、最初に多少のお金を投資する必要があるが、相手も「協力する」を選んでいれば、あとで大きな報酬を手に入れることができる。例えば、それぞれのプレイヤーが一ドルを投資し、双方とも「協力する」を選んだなら、二人はそれぞれ二ドルを受け取ることができる。「騙す」はまったくお金を投資しない、つまり、相手から一ドルを騙し取ることを意味する。そのため、双方とも「騙す」を選んだ場合、利益は得られない。そして最後の「罰する」は、一ドル支払い、もし相手が騙したなら四ドル奪い取るようにすることである。

このゲームを数百回観察したノワクのチームは、次のような結果を得た。たしかに過去の不正に対して攻撃的に罰を下すことは協力の回数を増やしはするが、個人としても集団としても最高の結果（すなわち、もっとも獲得する金額が多いこと）が出るのは、このような攻撃的な行動をとらなかった場合であった。ただ、ここでもまた、どの戦略が成功につながるのかは、どれくらいの時間軸で考えるかによる。短期的に見れば、攻撃はたしかに他人の振る舞いを矯正し、相手を正直にしたり、協力的にしたりすることができる。ただ同時にわだかまりも残り、やがてそれが全員の成功を妨げる攻撃の連鎖を引き起こす。自制心を働かせて敵対的行動を控えると、それとはまったく逆のことが起こる。時間が経つにつれてもっとも成功が顕著となる人物やグループは、ほかの人に攻撃を仕掛けてはいなかった。勝者は人を罰しない。結果として彼らは平均的に、つねに他人を罰しつづけた人の二倍の利益を獲得した。ただ、この結果が、勝者がたんなるお人好しであることを意味するものではないことには注意しなければならない。勝者は非暴力的手段を通じて、他人に倫理的な振る舞いを促すことができるし、そうすべきでもある。ただ、自制心を持って行動する能力——他人を攻撃するのではなく、むしろ彼らが自らあやまちに気づくのを助けようとする気持ちが、長期的に見て最大の利益を生み出す、ということである。

ここまでに取り上げてきた、瞑想が思いやりに及ぼす効果についての話を終えるにあたって、その効果がたんに見知らぬ人ばかりでなく、普通なら怒りを感じるような相手にも及ぶことに触れておこう。われわれがつい最近行ったいくつか実験でも、数週間の瞑想訓練を受けた人は、以前自分を侮辱した人間に復讐する確率が著しく低かった。そして、私のこの主張を裏付ける事実もある。それはこの侮辱者に対する攻撃性の減少が、実行機能の違い（われわれは実験の一環としてこの要素も評価した）ではなく、むしろたんに思いやりが深まったことと関連していたことである。

思いやりをはじめとする社会的志向を持つ感情に関していえば、このような研究結果から、私が前に触れた、道徳と、進化における適応能力の一致を垣間見ることができる。私は、科学が宗教の教えを裏付ける努力をすべきだといっているのではない。宗教の教義の一部は、人間の繁栄にとって本当に有益なものに関する直観に基づいているのではないかといっているのである。とりわけ思いやりという感情にはこの考えがあてはまると私は考えている。

許して、忘れて、繁栄せよ

思いやりの効用が他人への不当な扱いを禁じることだけなら、本書でここまで時間をかけて取り上げることはなかっただろう。だが、感謝や誇りなどと同じく、もちろんそれだけではない。この三つの感情に共通するのは、他人のために自分を犠牲にするのをいとわなくするその力が、未来の自分を助けるのにも使えるという点だ。

多くの人にとって、忍耐力――つまり、目標を達成するためにつねに懸命に努力する能力――を身につけるというのは、自分自身（あるいは自分の子供たち）に対して「虎の子育て〔厳しい教育〕」をすることを意味する。そして、自分自身かあるいはほかの人を、次の機会にはもっと懸命に働かせようとして、決定的な失敗を繰り返している。しかしわれわれの思いやりに関する研究は、進むべき道がほかにもある可能性を暗に示している。つまり、温かさと寛容さによって失敗を受け入れながら、思いやりの気持ちを使うことである。最初は、このような思いやりの態度では、相手は自己満足に陥ってしまい、やがて努力もしなくなるのではないかと思われる人も多いかもしれない。ただ結局は、こちらの方がより優れた方法であるのがわかる。思いやりを感じるというのは、低い成果に甘んずるのとは違うし、失敗に目をつぶってやることでもない。それとは逆に、思いやりは、向ける相手が自分自身であるか他人であるかに関係なく、その人にそれ以上の苦痛を与えることなく、いまよりもよい成果を出したり、よりよい人間になったりするのを助けてあげたいという気持ちにさせてくれるものだ。思い出してほしいのは、さきほどのインチキと思いやりに関する私の実験に参加した人たちも、インチキする男はとくに問題のない人物で、その行動を変えなくてもいいと思っているわけではないことだ。彼らはたんに、攻撃したり、敵意を見せたりすることで相手の行動を変えるのはいやだと思っているだけである。そして、思いやりは自分自身に向けたときにも、同じように働くはずだ。失敗を認める一方で、未来をよくするために目の前の快楽をあきらめる気持ちにさせてくれる。ここでは自己懲罰的になったり、自己嫌悪に陥ったりすることもない。そのように作用するに違いない。

この原理が実際に働いている様子を、カリフォルニア大学バークレー校の心理学者ジュリアナ・ブレインズとセレナ・チェンの研究に見ることができる。二人は共通試験の成績に関する研究を実施するために一〇〇人以上の学生を募集して、GRE〔大学院入学時に使われる共通試験〕の言語能力分野から選んだ二組の問題を解かせた。参加者が最初の一組目のテストを終えたあと、ブレインズとチェンは解答集を配って、自己採点できるようにした。とりわけ難しい問題を選んだため、平均正答率は四〇パーセントにとどまった。自分の結果に満足している者は誰もおらず、次のテストではもっとよい成績をとりたいとみなが思っていた。ここでブレインズとチェンは、参加者に学習教材を提供する。希望者は誰でも、二組目のGRAの問題でよい点をとるためにこの教材を使用できる。

そして、勉強を開始する直前のこの時点で、思いやりの要素が働きはじめる。まず、学生の三分の一は、いま受けたような難しいテストで苦戦するのは当たり前のことだから自分をあまり責めないように、というメッセージを受け取る。この言葉を聞いて彼らは、前のテストの成績に関して、自分を批判的にではなく思いやりを持って扱うようになるだろう。そして、次の三分の一の学生には、バークレー校に入学できている時点であなた方が優秀なのは証明されているのだから、自己嫌悪に陥らないようにと告げられる。そして残りの三分の一には、なんのメッセージも与えられない。

最初のテストにおける並以下の成績を、理解と許しを持って受け入れるよう指導された学生たちは、ほかの二つの集団に比べて、そのあとで勉強する時間が三〇パーセント長かった。そして普段の生活と同様に、この実験でも、勉強する時間の増加は次の試験の成績に大きな影響を与える要因となった。ただ、思いやりの心が、この学生たちに次はよい成績がとれると信じさせた、というのは事実ではない。なぜなら、次の試験における自分の成績について、ほかの二つの集団と比べて彼らが高い点数をとれると予想したわけではなかったからだ。むしろ思いやりは、将来十分な見返りがあるという希望を与えることで、いま勉強に時間をあてるという代償を進んで払う気持ちにさせたのだ。

思いやりは先延ばしに対しても、同じような効果をもたらす。二〇〇人以上の大学生を対象にした研究では、自分への思いやりと学業の成功に強いつながりがあることが明らかとなった。自分への思いやりが一般的に低い学生は、物事を先延ばしすることが多く、予想通り成績もふるわなかった。[53]

自分に思いやりを持つことによる忍耐力の強化は、スポーツ選手にも見ることができる。自分を批判するのではなく、失敗を許し、自分に思いやりを抱いているという報告を頻繁にする選手ほど、その後の練習をより自発的に行う傾向が強い。[54] 同じパターンはスポーツ選手以外の人にもあてはまる。自分を思いやりを持って扱う傾向のある人は、普通、運動への意欲も高いことがわかっている[55]。さらには、健康によい行動をとれるかどうかについても、ほとんどの場合、同じことがいえる。例えば、自分に高いレベルの思いやりを抱いていると報告する喫煙者は、その気になれば禁煙に成功する確率も高い[56]。意識的であるかどうかは別にしても、思いやりは、未来をよくするような類の決断や行動をとるよう、私たちを仕向けてくれる。

感謝の気持ちと同じように、思いやりは体を癒してくれることに気づくことも大切である。精一杯頑張って意志の力を使うのとは違って、思いやりはストレスや不安を原因とするダメージから心と体を守るクッションの役割を果たしてくれる。突然、圧力を感じるような感覚は、ストレスの初期の兆候としてよく知られている。具体的には、心拍率の上昇、胸が締め付けられるような感じ、声のこわばり、胃痛といったものである。このような兆候はすべて、迷走神経によってある程度は抑えられる。この神経が働きだせば、このようなストレス反応のあらゆる面が鎮まっていく[57]。つまり、この神経はある種のブレーキと考えることができる。迷走神経の活動が活発になればなるほど、緊張は解けていき、胸の鼓動が収まり、腹筋も緩んでいき、喉の緊張もほぐれる。こうした働きは、環境が安全であることを体に伝えてくれるので、自分の興味の対象に意識を集中できるようになる。そこでは緊急事態は完全に解除される。すなわち、さしあたり生き残るための心配をせずに、創造的に目標を追跡する時間が確保できるということだ。

こうした迷走神経の機能を考えると、この神経の活動を高める心理学的状態（いわゆる迷走神経トーン）はストレスを防ぐものだといえるはずだ。トロント大学の心理学者ジェニファー・ステラーが実施した、思いやりに関する研究は、まさにこの事実を証明している。ステラーは思いやりと迷走神経トーンのあいだに強い関連があることを示した最初の人物の一人である。彼女は、実験の参加者が援助を必要としている人と出会う状況を設定し、思いやりの気持ちを抱くように仕向けた。そして、その状況で感じた思いやりの深さが、迷走神経の活動と直接結びついていることを発見した。つまり、思いやりの気持ちを強く感じる人は、高い迷走神経トーン指数を示したのである。[58]

思いやりと迷走神経トーンのこの関連は、日頃、思いやりの気持ちを培っている人は、ストレスに直面したときに一定の回復力を示すであろうことを暗示している。そして実際に、それは真実であるようだ。ノースカロライナ大学の心理学者カレン・ブルースは、自分に対して思いやりを持つ傾向が、ストレス反応の軽減と幸福感の増加に強い相関を持つことを発見した。彼女が、実験の参加者にトリーア社会ストレステスト（感情を顔に表さない審判団の前でプレゼンをしなくてはいけないテスト）を受けてもらったとき、失敗を自覚してもあまり気にせず、それほど自分を責めなかった参加者ほど、プレゼンテーションの最中に心臓やホルモンの反応を測定したところ、ストレスが少なかった。[59] つまり、日頃から思いやりを感じることは、心が目標を成し遂げるために努力できるようにしてくれると同時に、肉体も癒してくれるのである。

システムの抜け穴を使え

思いやりが与えてくれる恩恵は数多いが、どうすればこの感情を培えるかははっきりわかっているとはいえない。思いやりは感謝とは違い、幸運だったことを普段から数え上げるぐらいでは培えない。世界の異なる場所で起きた苦しみを描いたドキュメンタリー番組映画を見ることはできるが、その場合、おそらく思いやりだけでなく、憂鬱や悲しみといった感情も同時に抱くことになるだろう。さらにいえば、ほとんどの人はそのようなシーンにすぐ慣れてしまう。

本章の最初で見た通り、瞑想が思いやりの感情を培うための一つの道を提供してくれる。しかし、その道には障害がたくさんひそんでいる。誰もが熟練した師から簡単に瞑想を教えてもらえるわけではない。また、仮に教えてもらえたとしても、時間的、金銭的な限界から、その訓練をやりきるのは難しいかもしれない。だが、幸い私たちが生きる現代には、このような問題に対処する簡単な方法がある。携帯電話だ。瞑想用アプリの利用は、一見くだらないように思えるかもしれないが、十分な訓練を積んだ人物が開発した手法を採用している適切なアプリを選ぶなら、マンツーマンの指導と遜色のない効果を挙げられる。

この事実を証明するため、われわれはヘッドスペース・マインドフル・アプリの制作元であるヘッドスペース社のアンディ・プディコムと協力し、瞑想が思いやりの感情につながることを示す前述の研究結果の再現を試みた。プディコムは仏教の寺院で瞑想を数年間学んだ人物で、定評のある訓練技法を採り入れてアプリを設計した。そのため、このアプリを使えば、自分の部屋や通勤の途中の練習でも、師といっしょに訓練するのと極めて近い効果を挙げられる。実験の参加者の半数に三週間このヘッドスペース・マインドフル・アプリを使ってもらったあと（残りの半数には比較のため、実行機能を向上させることに重点を置く脳開発アプリを使ってもらった）、全員を同じ待合室に集め、一人ずつ、以前の実験でも使った松葉づえの女性のシナリオを経験させた。するとここでも再び、瞑想をした人の方がしていない人よりも「苦しんでいる人」を思いやる可能性が高いことがわかった。前者は三七パーセントが立ち上がって椅子を譲ってあげたが、後者が席を譲る割合は通常たったの一四パーセントにすぎなかった。[60]この、思いやりある行動の二三パーセントの増加は、われわれが最初の研究で発見した数字ほど高くはなかったものの、今回は瞑想の練習期間が前回の半分しかなかった。つまりこの実験は、一日一〇分から一五分程度スマートフォンのアプリを使えば、思いやりの心をごく簡単に培えることを示してくれた。そして、思いやりと、自制心および忍耐力の向上とのつながりを考慮すると、空いている一〇分から一五分の時間を使うのであれば、実験の対照条件として使った脳開発アプリで実行機能を高めようとするより、マインドフルネスの練習をした方がいいだろう。

ただ、これだけの恩恵があることをふまえても、やはり瞑想は万人向けの方法とはいえないし、実際に、万人に必要なものでもない。クッションの上で胡坐《あぐら》をかき、目を閉じたりしたことが一度もなくても、思いやりのある人はごまんといる。だから、瞑想以外に私たちに思いやりの気持ちを抱くよう仕向けてくれる方法があったとしても別に驚くにはあたらない。簡単なやり方で達成できるもっとも有望な手段の一つは、他人とのつながりを――どんなつながりであれ――、見つけ出すことだ。

意識的であるかどうかは別として、人間の心は、人種、性別、階級、宗教、故郷など多数のレッテルに基づいて、自分と出会うすべての人間を分類しようとする。そしてどのような瞬間であれ、こうした分類のうちのどれかが際立って強い状態となっていて、その偏ったレンズを通して私たちは人を見ている。ここでいう「偏った」とは、私たちはある人物が自分とどれくらい似ているのか（例えば、同じ宗教を信仰している、故郷が同じである）を決めることで、その人が困った状況に置かれたときに、どれだけ進んで助けてあげるのかを変えている、という意味だ。自分と似た人間を好意的に見るというバイアスは、心理学的に見ても生物学的に見ても理にかなっている。自分に近い人物に対して、その苦痛に共感し、それを取り除くために労力を払う価値があるのは、将来、恩返しをしてもらえる可能性が高いからである。多くの移民集団は新しい国に移り住んだとき、まさにこのような仕組みで動いている。彼らは、自分たちの居住地のなかに閉じこもり、困ったときには互いに支えあいながら、しばしば非常に内向きな集団として生活している。

他人に対して思いやりを持って行動することが異時点間の選択であることを考えると、（なぜなら、たとえ無意識であれ、なんらかの期待を持って他人に力を貸したとしても、将来見返りがある保証はまったくないからだ）、進化論の観点から見て、他人が恩返しをしてくれる確率が相当に高くなければ、道理に合わない。だから、相手と自分の類似性に重点が置かれるのである。自分のチームのメンバーへの支援は、それがどのような「チーム」であれ、見返りを受け取れる可能性が高い。なぜならメンバーの目標が一致しているからだ。簡単にいえば、お互いに投資を分けあっている他人に対して思いやりのある振る舞いをした方が、好意を持ち逃げされる可能性が低いため、安全であるということだ。このような計算は通常、意識的ではなく無意識に、そして驚くほど心の深い場所で行われている。そのため、長い付き合いのある知り合いだけでなく、出会ったばかりの人に対しての思いやりにも影響を及ぼしうる。

このようなバイアスが非常に根深いものであることを証明するために、ピアカルロ・ヴァルデソロと私は、われわれが見つけ出すことのできるなかでもっともありふれた調和の印――運動同調性に焦点を合わせることにした。これは文字通り、二つの体のパーツを同時に動かす、という意味である。これが役に立つとわれわれが考えたのは、どんな種類のものであれ、二つの物体が一致して動いていることは、それらがなんらかの方法でつながっている――ようするにある大きな全体の二つのパーツである、と解釈されるからだ。さらに同調性には、既存の社会的分類には縛られないというメリットがあり、それによって私たちは何もないところにある種の類似性を見出すことができる。

この目的を達成するため、われわれは音楽の知覚に関する実験という名目で参加者を実験室に招いた。参加者は実験室に着くと、他のもう一人の参加者（じつは仕掛け人）とテーブル越しに向かい合って座る。その後、ヘッドフォンをつけ、何か音がしたら目の前のセンサーを叩くことにする。仕掛け人も同じことをする。ここでのトリックは、音を操作して、一部の参加者には仕掛け人と同じ音が聞こえるようにしておいたことだ。結果として彼らは、仕掛け人とシンクロして手を叩くことになった。またその他の参加者に対しては、完全にランダムな音を聞かせた。つまり、この場合には参加者と仕掛け人の叩く動作はまったく一致しなかったということだ。

一言も言葉を交わすことなく叩いていた時間が終わると、われわれは二人を離して、向き合って座っていた人物（仕掛け人）が自分とどれくらい似たところがあったか、参加者に尋ねた。次にちょっとした演出を使って、実験での作業を割り当てる手続きをしているあいだに仕掛け人がほかの人間に騙されているのを、参加者たちに目撃させる。仕掛け人は騙された結果として、この実験に参加した誰よりも面倒な作業をしなくてはならないはめになってしまう。こうすることで、参加者たちは苦しい立場に置かれた仕掛け人にどれくらい思いやりを感じたかに注意を向けることになる。そして、望むのであれば、仕掛け人に割り振られた作業の一部を肩代わりすることもできた。

結果として、同時に手を叩くだけの簡単な行動によって、参加者は自分と仕掛け人がより近い人間であると信じた。理由についてはあまり自覚がないにもかかわらず、仕掛け人とのあいだになんらかのつながりを感じたのである。われわれの予想通り、同調した動きは類似性のマーカーとして機能したのだ。ただ、このような現象は実際にはそれほど驚くようなことではない。こうした現象は、ある種の儀式のなかにも見ることができるし、軍隊の行進にも見ることができる。マオリ人の民族舞踊であるハカのような、チームをまとめるためのダンスにも見られる。同調した動作は、いま、この場において、みなの目標や行動の結果は一体であることを、脳に伝える役割を果たす。そして、この実験の参加者たちは、心のなかですでに出来上がってしまった自分と相手が似ているという感情を説明するため、ストーリーをつくりだそうとした。この仕掛け人が、一年生のとき同じ英語のクラスにいたと考えた人もいれば、先週、参加した大きなパーティーに来ていたと思った人もいた。いずれも真実ではない。にもかかわらず、自分と似ているという気持ちが強くなったことで、困った状況に置かれた仕掛け人に対してより深い同情心を抱いたのである。仕掛け人が騙される経緯はつねに同じだったにもかかわらず、同じように装置を叩いたことで親近感を増した人は、こうした感覚をまったく共有しなかった人より、役者の辛さをいっそう身近に感じていた。さらにこのように思いやりが深くなった結果、参加者が仕掛け人の仕事の一部を進んで引き受ける意欲もアップした。

だが一方で、これらの調査結果からは、思いやりには残念ながら社会性に縛られる性質があることが明らかになった。好むと好まざるとにかかわらず、いつ、どのように思いやりの感情を感じたかについては先入観がつきものだ。しかしこれのプラス面は、システムと戦うのではなくそれをうまく利用することで思いやりの感情を培う方法を示している点だろう。自分と似ているという感情が思いやりを高め、さらに同時に何かを叩くといった簡単なことで著しい効果を生み出せるなら、思いやりを抱くには他人に対する考え方を変えさえすればいいことになる。叩くことに不可思議な要素は何もない。ならば、似ているという気持ちを起こさせるものなら何でも役に立つだろう。われわれは参加者に同じ色のリストバンドを付けてもらうことで、この類似性の実験を再び行ったが、結果は同じであった。全体として見ると、ほかの人と共通している部分を探してそれについて考える時間をとるというごく簡単なことが、相手が困った状況にあるときにより深い思いやりの感情を起こすための確実な方法であることを、このような調査結果は示しているといえる。

例えば、私が暮らすボストンでこの戦略を使うとしたら、新しい隣人をニューヨークからきたあの恐ろしいヤンキースのファンではなく、自分の好きな地元の喫茶店の常連と考える、といったことかもしれない。あるいは、バスの向かい側の席に座っている人を、自分とは違う人種の人間としてではなく、同じ街に暮らす仲間と考えることである。自分との違いを強調するのではなく共通点を探すことが、ほかの人の幸運を気にかけられるようになるためにはたいへん役に立つし、さらに自分の自制心を支える感情をも引き起こしてくれるだろう。

このアドバイスが陳腐に聞こえるのは私も承知している。だから、類似性を強調することがどれほど効果的であるかを示す、お気に入りの例を一つ挙げておくことにしよう。一九一四年一二月、ベルギーのイーペル郊外では、イギリス軍とドイツ軍が激戦を繰り広げていた。クリスマスイヴの日、イギリス軍が塹壕に座って、敵であるドイツ軍と自分たちとを隔てる戦場の向こうを見張っていると、ふいに歌が聞こえてきた。さらに、揺らめく光も目に入った。ほとんどのイギリス兵はその歌詞を理解できるほどドイツ語に堪能ではなかったが、曲には誰もが聞き覚えがあった。ドイツ兵はクリスマスの讃美歌を歌いながら、ロウソクを灯していたのである。すると、一部のイギリス兵は合図を送り、数時間前に自分たちを殺そうとしていた人間に近づいていくという驚くべき行動をとった。ドイツ兵もまた、親切に応じた。次に展開した光景は、のちにクリスマス休戦として知られるようになった。両国の兵士たちはお互いに話しはじめ、家族の写真を見せあい、プレゼントの交換さえしたのである。

この驚くべき出来事が起きたおもな理由は、讃美歌そのものに求めることができる。両軍とも相手が自分と同じ宗教の祝日を祝おうとしていることに気づいた瞬間に、自分たちが社会的なアイデンティティを共有していることを知ったのだ。つまりお互いを国籍ではなく、宗教という観点から捉えるようになった。すると彼らはもはやドイツ人とイギリス人ではなく、同じキリスト教徒の仲間であった。互いに危害を加える気持ちはなくなり、むしろ共感を抱いた。このような出来事は珍しいものではあるが、ほかにも似たような例は存在する。二〇〇六年、数年間アフリカのコートジボアールで戦闘を繰り広げていた派閥同士が、武器を置き、ワールドカップ出場の資格を勝ち取ったナショナルチームを平和裏に祝福したのである。ここでもまた、互いに争っていた人間が、派閥ではなく共通のアイデンティティに目を向けることで、突然一つにまとまったのだ。

こうした例が極端であることは認める。しかし、極端であるがゆえに、類似性を探すことでどのようなことを達成しうるかを示している。類似性によって、ときに人間が、前の日に自分を銃で撃とうとしていた者を進んで信頼し、共感することができるようになるのであれば、他人を助けるために小さな犠牲を払うぐらいのことはより頻繁に起こりうるはずだ。小さいささいなつながりを確認することが思いやりの感情を生み、その結果としての人助けの行動へと向かう力となるのを示したわれわれの研究結果と考えあわせれば、人とのつながりを見つけるための時間を普段からとることは、十分にやってみる価値があるといえるだろう。

多くの点で、この事実に気づくことは、私たちを本来の自分の姿に戻してくれる。瞑想が思いやりを深める理由の一つは、それが心を平静に戻してくれるからである。仏教的な意味での平常心とは、たんに冷静で落ち着いている状態ではない。むしろ、あらゆる人間に共通する人間性や尊厳に気づくことで、緊張が軽減された精神状態をいうのである。瞑想は人間を違った分類に分けようとする心の傾向を弱め、最終的にはそれを消滅させる。白人、黒人、金持ち、貧乏人、友人、敵といった区別をなくしてしまう。その結果、全員に同じように価値があり、同じようにつながっていると考えるようになる。そしてここまでに見てきた通り、人との結びつきをつくりさえすれば、思いやりの感情をより感じられるようにするには十分だ。つまり、現実的にいえば、装置を同時に叩くという作業（あるいはほかの人との類似性を見つけるために使えるあらゆる方法）は、思いやりを持つための近道であり、システムをうまく使うための手段である。こうした方法を通じて、あなたは瞑想が自然と導いてくれるものに心を向けることができ、結果として同じ効果を得ることができる。

また幸運なことに、ほかの人というのがまだ見ぬ未来の自分である場合にも、この法則はあてはまる。本章の最初で取り上げたベイレンソンとハーシュフィールドの研究で見たように、未来の自分に思いやりを持つこと（お金がなくなったり、病気になったり、なんらかの形で不幸にさせないようにすること）は、現在の私たちに自制を促してくれる。そして感謝とは異なり、私たちは未来の自分に対して、実際に思いやりを抱くことができる。未来の自分はいまの私たちに恩恵を与えてはくれないが、それでも私たちは未来の自分を助けるために行動できる。だが、明らかに問題なのは、これまで見てきたように、ほとんどの人間が未来の自分に親近感や絆を感じられないことが多いという点だ。本質的に、私たちはみな、未来の自分とのあいだに感情移入ギャップがある。人間が、投資よりも借金を、勤勉よりも遊びを、運動よりも過食を積み重ねてしまうのは、それによるツケがはるか遠くにあるように思え、さらにそれを払うのが未来の自分というほとんど想像すらできないような人物だからだろう。

仮想現実は、思いやりにおけるこのギャップの橋渡しをするのに役立つが、ほとんどの人にとってすぐに利用できるような技術ではない。マインドフルネスの訓練をすれば、誰が相手でも深い思いやりの感情を抱けるようになり、結果として自制心が高まる。しかし未来の自分に思いやりを抱けないのは、いまの自分とは切り離された存在であるというだけでなく（瞑想はこの認識を変えるのにも役立つ）、困っている未来の自分の姿を見る機会がまったくないためだ。私たちは未来の自分にできるだけ現実味を持たせ、その立場に身を置く努力をしなければならない。

しかし、未来の自分を想像しようとする際、あまり前向きに考えすぎないことが重要だ。インチキを正当化するために心が無意識のうちに考え方を歪めるのとまったく同じように、これから先の数十年、すべてがうまくいくと思い込んでしまう危険性がある。もちろん、そのすばらしい想像が現実になるのが理想だ。しかしそれをしっかり実現するためには、つらい時期があることも想定に入れて、イソップ物語のアリのように、批判的な視点を持って未来の準備をしておく必要がある。私たちは、退職後の貯蓄計画や体によくない食事の影響などを考えるのと同様に、自分の周囲の人々が経済的にもそれ以外の面においても老後にどのように対処しているのかを客観的に眺めることで、実際に自分の未来像を調整しなおせる。

こうした情報を考えに入れて、ときどき、三〇分くらい時間をとって未来の自分に手紙を書いたり、少なくとも頭のなかで話し合ってみたりするといいかもしれない。子供に宛てて数年後に開封するつもりの手紙を書く両親は多いが、そのモチベーションは子供に抱く思いやりである。手紙の目的は、子供に今後の選択肢を説明し、忠告を与え、成功への希望と夢を文字に記しておくことだ。しかし未来の自分に向かって手紙を書く人はほとんどいない。手紙を書いたり、または定期的に頭のなかで話し合いをしたりすれば、未来の自分の幸福を考え、感じ、現在自分が下している選択について説明せざるを得なくなる。これは私たちの心を未来から切り離している一時的な障壁を乗り越えるのに役立つはずだ。そうすれば、思いやりの感情ももっとすんなりと湧いてきて、数年後に起こりうる困難をあらかじめ避けるような形で行動できるようになるだろう。

ただ、こうした対話は、どちらの方向にも作用しうることには注意が必要だ。実際の会話とは違い、未来の自分はいまの自分に話しかけることはできないし、いまの自分は過去の自分を過小評価するかもしれない。そのため、次に考えるべきもう一つの戦略は、過去の失敗について自分を厳しくとがめるのを控えることだ。自分を恥じたりするのはなおお悪い。かわりに過去の失敗は果敢な挑戦だったと思うことだ。ただ、思いやりの心を抱くことは、お人好しになるということではない。最初から成功しようという気持ちすらなく、怠けたり、騙したり、食べすぎてしまったりといった、明らかに自制心の足りない行動を大目に見るという意味ではない。思いやりとは、目標を叶えようとしたが、実現できなかった人たちを、過去の自分も含めて、許してあげることなのだ。ただ、本気でやったのにうまくいかなかったのか、いいかげんな気持ちだから失敗したのかを見分けるのは難しいかもしれない。これまで見てきた通り、忍耐力に関していえば、人間の心はその弱点を隠したり、正当化したりする傾向がある。その境界を明確にする一つの戦略は、感情的緊張——つまり、潜在意識に潜んでいる罪の意識や後悔の苦しみを探し出すことである。こうした要素は、インチキに関する私の実験でも人々の道徳違反を示す印であったのと同様に、自制心の欠如についても、それが誠実な努力が足りなかったせいであることを教えてくれる。

この課題に対処するために、私は二つの方法を勧めたい。まず一つ目は、自分が普段どのような心の声を発しているかに意識を向けることである。過去の失敗を振り返るときには、自分が何を考えているのか書き留めておく。さらにいいのは、自分の心のなかで交わされている対話を声に出して録音しておくことだ。このようにリアルタイムで記録しておけば、あとでずれた解釈をするのをかなりの割合で防げるようなる。これで、あなたが自分に思いやりの感情を抱いているのか、そうだとすればどのように思いやりを抱いているのかについて、重要な洞察が得られるだろう。これと関連する二つ目の方法は、週に一回、時間をとって、成功のためにかなりの努力をしたのに失敗してしまった出来事をじっくりと振り返ったのちに、その失敗を許してあげることである。こうした過去の失敗を非難することは（もしかしたら最初の戦略で、自分が典型的にこのような反応をしているのが明らかになったかもしれない）、将来失敗した場合に、恥辱や不安の感情を強くするだけだ。そしてこの二つのマイナス感情はそれ自体が、自制心を継続的に弱くしてしまう。いま紹介した方法を使って、自分の考え方の癖を明らかにしよう。そして、必要なら、それを変えるために自分への思いやりの感情を培おう。自然と自分を思いやるように心をトレーニングしておけば、自制心は高まり、やり抜く力も強くなる。さらに、ストレスがかかってもすぐに立ち直る力を持った体をつくるのにも役立つ。

第5章　誇りと忍耐

感謝と思いやりは相性がよい。どちらも美徳と考えられているし、一般にプラスの要素とみなされている。互いに手を携えることさえ可能だ。一人の人物が、もう一人の人物に対する思いやりによってその苦境を救う。すると、助けられた人は感謝の気持ちを抱いて、将来、恩返しをする。ここまで私は、社会志向の感情――すなわち、社会生活における持ちつ持たれつの関係の舵取りをしてくれる感情は、個人的な目標を達成するのに役立てることもできる、と主張してきた。感謝や思いやりといった感情によって、人は心を未来に向けることができ、我慢強く、困難に直面してもめげない姿勢が身につく。そして、目標から気を逸らせようとする誘惑に抵抗できるようになる。ようするに、思いやりと感謝は自制心を築き上げてくれるのである。しかし誇り《プライド》は、それとはすこし違うような感じがする。この感情はあくまで自分ごとであり、自己中心的なイメージだ。

その根底にあるのは、自分がなんらかの分野で秀でていることを、自分が意識している、ということに思える。結局のところ、他人からすばらしいとか、役に立つといった評価を受けるかどうかとは無関係に、人間はほとんどどんな能力にも誇りを抱くことができる。例えば、古代サンスクリット語を読めることを自慢にする人もいれば、二〇秒以内にヤマナラシ（ポプラ）の丸太を斧で切ったり、誰よりもうまく豚の鳴き真似ができることを自慢にする人もいる。

しかし、自制心を高めるために誇りを使うという考え方が奇妙に思えるのは、この感情が持つ一見自己中心的な性質だけが唯一の理由ではない。一流のスポーツ選手のような人たちが誇りを持つには、自分の技術水準（ひいては自分の地位）を維持するための継続的な努力が必要となる。一方で、それ以外の多くの普通の人たちにとっての誇りとは、たんに、ある目的を果たしたことを示しているにすぎない。ある人には何か特技があり、人に言われなくてもそれを自認している。その場合、さらに腕を上げるために、懸命に努力する理由はまったくない。実際、「プライドが高い」とされている人について考えてみると、おそらくその多くは、勤勉だともひたむきだとも思われていないだろう。むしろエゴイストとか、自慢屋だとみなされることが多いはずだ。プライドという言葉は、たいていの人の目には、多少の傲慢さが滲《にじ》んでいるように映る。そして、傲慢や自惚《うぬぼ》れによって汚された心は、気高いとはいわれない。この事実は、プライドという言葉がたいていは美徳のリストには載らない事実を見てもわかるだろう。それとは逆に、プライド（高慢）はキリスト教の七つの大罪のリストの一番上に掲げられている。これは「おごれるものは久しからず（Pride comes before A fall）」というよく知られていることわざの説明にもなりうるかもしれない。

だが、このような図式はあまりに単純すぎる。誇りは高い自制心と成功につながる。つまり美徳にもなりうるのだ。とはいえ、特定の側面やある状況において、誇りに前述の問題がないともいえない。誇りの元来の目的や有益な要素を見えにくくしている原因は、この感情特有の癖にある。誇りは、そのメリットをもっとも発揮できる形をとったときには、感謝や思いやりと同じく、本質的に社会性を持つ。そしてほかの二つと同じように、目標を達成するのに役立つ。ただ、その理由や証拠を示す前に、まずは一歩離れて、誇りの持つ本当の性質を探究することにしよう。

外から眺める

社会生活のユニークな特徴の一つは、分業ができることである。集団のなかに狩りが得意な人と、料理が得意な人がいるなら、二人はとてもよい食生活を送ることができるだろう。社会生活では、たとえ他の技術の習得をおろそかにしても、特定の技術に磨きをかけることが可能だし、実のところそれが奨励されている。そうすることで、緊密に組織された集団のなかにいる全員が利益を得られるからだ。しかし、分業化された世界では、どの技術にもっとも価値があるのかということが必ずしもただちに明らかになるとは限らない。誇りという感情が進化した理由はここにある。

歴史的に見て重要な技術とは、集団が生き残るためのものであった。つまり、技術が貴重かどうかは、そのときどきに集団が何を必要としているかによって決まってきた、ということだ。戦争が差し迫っている状況なら、戦闘能力や武器を製造する能力が強みとなるだろう。食物の生産量が減っている時期には、栽培技術に長けていることが高く評価されるだろう。結果として人間の心は、とりわけ自分の価値を判断するにあたっては、他人からの見方に従うようになった。これはいわば、クラウドソーシングを使って価値を決めるようなものだ。著名な心理学者であるレオン・フェスティンガーが社会的比較理論を構築する際に示した通り、どんな人間も自分の能力を評価したいという根源的な衝動を抱いている。私たちはみな、自分がどういう立場に立っているのか知りたがっているのだ。現代社会においてこれを知るための簡単な方法は（例えば、テストの得点、業績評価などの）客観的な基準を参照することであるが、客観的な情報がいつもただちに手に入るとは限らない。価値を知りたいと思っている能力は、数量化の難しいものかもしれないし、歴史的に見て得点を測る手段が存在していない可能性もある。このような場合、フェスティンガーいわく、人間は利用可能な次善の手段――つまり、ほかの人の意見を使うという。例えば、（A）どの能力を得意とすべきか、あるいは（B）価値のある能力において自分はどれくらいの水準にいるのかを知りたい場合、人は周囲を見回す。ある能力を人から称賛されたなら、それが重要であることがわかる。なぜなら、その能力自体の価値もさることながら、その能力を持っていることで、集団のなかでのパートナー候補としての地位も上がるからである。

この後者の側面、つまり、その人の持つ能力とパートナーとしての価値を結びつけることが、結果としてフェスティンガーの社会的比較理論における二つ目の要素をもたらした。すなわち、自己高揚欲求である。他人との協力や他人からの社会的支援は成功するために役立つ。そのため、個人の価値を高めるすべての能力には、時間や労力といった短期的なコストを払ったとしても、それを養成し、人に示すだけの価値があるといえる。そして称賛を受けることが、こうした能力の証となる。優れたハンターや職人はその技術に対して称賛を受ける。役に立つ道具をつくる人や、周囲の世界から独自の方法で情報を見つけられる人は歓迎されるだろう。そして実のところ、その結果として生じる称賛こそが、人を、能力を伸ばそうという気持ちに――つまり、称賛がなければそれほど興味を抱けなかったかもしれない能力を伸ばそうという気持ちにさせているのである。

こうしたニーズが誇りの起源であった。そしてそれは、はるか遠い昔にまでさかのぼることができる。その格好の例として、生物学上の人類に一番近い種の一つであるチンパンジーを挙げておこう。チンパンジーは人間と同じく、ほかのチンパンジーの問題解決能力に注意を払うだけでなく、成功している仲間とより頻繁に協力することを選択する。[61] ゆえに、誇りの感情を示す表現である、頭を上げてふんぞり返るという姿勢の起源がチンパンジーなどの霊長類のなかにも見られるとしてもは決して不思議なことではない。彼らはこうした姿勢を、特別な地位や能力を所有しているという合図を送るために使っていた。[62] こうした事実から、人類にもっとも近い霊長類たちも、私たちと同様に、他人の能力に細かく注意を払い、挑戦されたときには自分の勝利を印象付けるために誇りを示す合図を出していることがわかる。このような合図は、みなが必要とするものを自分は持っている、ということを意味する。

しかし、まだパズルには欠けているピースがある。それは、人間が、自分にとってのみ重要な能力を誇りにすることができるうえに、そのような例が少なくないという事実をどう説明するのか、ということだ。例えば、ある人物は数週間かけて一キロほど減量したことや、数学の問題を解いたこと、C++（プログラミング言語の一つ）のコードの書き方を学んだことに誇りを抱くかもしれない。進化が持つ性質のせいで、誇りの源泉はひどく独特なものであっても構わないからだ。人類は、真の自己認識という、唯一無二の精神的能力を身につけている。つまり、人間は自己を認識しており、それによって自分自身を聴衆にすることができる。この能力は、第三者の視点に立って自分自身を眺めることを可能にする。その結果、人間は自分で自分を励ますこともできれば、自分に対するもっとも厳しい批判者の立場に身を置くこともできる。さらに、第三者がするのと同じように、自分の能力の価値を自分で測ることもできるのである。例えば、ある女性が古生物学に興味を持っているとしよう。彼女はおそらく、大昔に生息していた（ナメクジ・カタツムリなどの）複足類の動物の化石を発見しようと、土を掘ることに数週間を費やす化石ハンターの姿に感動するだろう。そして、友人や家族は、昨年の夏休みに掘り出した貝の破片にあまり興味を示さなくても、彼女自身はこの小さな埋没物を掘り出す自らの能力に対する誇りで胸がいっぱいかもしれない。自己認識のおかげで、彼女は自らの栄光に浸ることができるのである。

最近における自己認識の発達によって（ちなみにこの「最近」とは進化論的な意味での最近だ）、誇りは、私たちが一般にこの言葉を聞いたときに連想するような形をとることが可能になった。それはつまり、内なる価値に基づいた誇りである。ほかのすべての感情と同じように、誇りの感情がどのように呼び起こされるのかは実際にはたいした問題ではない。誇りを抱きさえすれば、その後の決断が決まっていく。そのため、誇りは自分のなかから生じ、自分のために働くようになった。そしてこれは、潜在的にはよいことであるといえるだろう。なぜならこのような発展よって私たちは、誇りという感情の恩恵を、他人から重要だと思われていることだけでなく、自分の目標にも向けることができるからだ。しかしそこにはマイナス面もある。第三者としての自分は、偏った意見に耳を傾けがちな傾向があることだ。たんに自分自身に注意を向けているだけでは、自分のスキルの優劣に関して手に入る情報は歪んだものになってしまうかもしれない。すると、どのようなことについても、自分が極めて優れているか、ひどく劣っているかの二者択一で考えてしまい、傲慢になるか落ち込むかのどちらかになりかねない。このような場合、誇り（あるいは誇りの欠如）は暴走を始める。そのため、ほかの多くの感情とは違って、誇りには、「真の誇り」と「傲慢による誇り」という二つの形が存在するといえる。

さしあたり、ここでは適応性のある誇り――つまり、実際に自分が身につけていて、客観的に確認できるスキルに基づいた誇りに焦点をあてよう。この誇りは、二つの興味深い効果を生み出す。まず一つ目は、私たちは誇りを感じることができるがゆえに、他人に評価される能力であれば、それが何であれ努力して追求できるという点だ。二つ目は、仕事に誇りを感じてそれを表現することは、威張り散らして知ったかぶりをしたり、傲慢な態度をとったりするのとは違って、自分をより魅力的なパートナーやリーダーに見せてくれることだ。

さあ、前に向かって！

感謝や思いやりのときと同様、ここでも私が一番いいたいのは、誘惑に直面したとき、誇りは自制心を高める方向に心の計算を変えてくれる、ということである。つまり誇りの感情は、私たちが困難に直面したとき、長い目で見て自分の利益となる技術を獲得できるよう奮起させ、忍耐力を高めてくれる。この場合の自制心とは、続けるのがどれほど難しく退屈だったとしても、それをやり通す意志のことを指す。ただ、誇りの感情のおかげで何かに専念できたという主張には、疑いがあるといえるかもしれない。例えば、ミュージシャンは長時間の練習を実際に楽しんでいるだろうし、学生は研究している科目に本質的に興味を抱いているだろう。これをいい換えれば、人は自分の能力を誇りに思ってはいるかもしれないが、その誇りの感情とその人が頑張れる理由にはなんの関係もない、ということになる。練習したり、研究したり、一生懸命努力するのは、そこにやりがいを感じているからであり、誇りは後付けにすぎない。つまり、人が自分の好きなことをしている場合、その人がいつ誇りを抱いたかを知るのは容易ではない。

この問題を解決するため――つまり、取り組む作業が楽しいかどうかとは無関係に、誇りの感情が人を忍耐強くすることを明らかにするため、ニューサウスウェールズ大学教授のリサ・ウィリアムズと私は、巧妙な実験を設計する必要があった。設計を始めてすぐわれわれが気づいたのは、参加者たちが、自分がその能力を持っているという自覚もなければ、これまでそれを伸ばそうという気持ちすら起こらなかった能力に、誇りを持てるように仕向けなくてはならないことだった。よって、いつものように、実験には多少の演出が必要だった。参加者たちには、自分が他人から評価されるような能力に秀でていると納得させ、誇りを抱いてもらわなければならない。そうなってはじめて、誇りの感情がその能力を磨くための勤勉さにつながるかどうかを判断できるからだ。また、作業そのものを楽しんでもらっては困るので、与えるタスクは多少面倒なものにする必要もあった。

この目的のために、われわれは視覚空間能力の研究という口実で、参加者を実験室に招いた。視覚空間能力に関しては、全員が、自分がどのくらいのレベルにあるのか知らなかったばかりでなく、そもそもこの言葉が何を意味するのかもわからなかった。そして実際のところ、彼らはこのような能力について、あまり気にもとめていなかった。さまざまな色調の緑を認識する能力に関して特別な才能があると伝えても、たいていの場合、自尊心はさほど高まらないだろう。ゆえにこの能力を向上させることは、参加者にとってさほど興味のあるものではなかったのである。

そのためこの実験の手始めとして、われわれは、この能力にあまり関心がなく、さっさと実験を切り上げてしまいたいと思っている、やる気のない参加者集団を集めた。

実験自体は単純なものであった。参加者には、まずはコンピュータを使った作業を通じて視覚空間能力を検査し、次に能力の向上具合を測定しながらスキルを磨くことのできる視覚空間能力の二つ目の測定に取り組んでもらう、と説明した。最初の作業は比較的楽だった。さまざまな色の点の列がスクリーン上に短い時間表示され、その後、参加者は赤い点の数を報告する。この検査は、参加者が、できるだろうとは思いつつも、どの程度正確にできたかについてはあまり確信が持てないような難易度に設計した。問題にこのような特徴を与えた理由はこのあとすぐにわかるはずだ。

二回目の視覚空間の作業は、一回目とはかなり異なっていた。それはほとんどの人が面倒だと感じる、頭に思い描いたイメージを回転させる作業（心的回転）をともなうものだったからである。この実験では、三次元の図形が二つスクリーン上に現れ、参加者は次の三つの選択肢のどれかを選ばなくてはならない。（1）右の図形は左の図形を回転させたものである。（2）右の図形は左の図形を回転させたものではない（すなわち、違う図形である）。（3）実験をやめる。実際に、われわれが気にしていたのは三番目の選択肢だけだったし、この作業は、やりたいだけやればそれでいいと参加者には説明しておいた。というのは、われわれがここで実際に興味を抱いていたのは参加者の忍耐力のレベルだったからだ。彼らがどれくらいの時間、あきらめずに追加の問題に取り組んで、自分の能力を測り、それを伸ばそうとするかを知りたかったのである。

この実験の設定と、現実との類似点は明らかだ。ある人物が一つの能力を評価するテストを受け、次に、継続的にその能力を向上させて周りに示すチャンスを与えられる。それは学業あるいは仕事において努力する状況と非常に似ている。だが、一つ欠けているものがある。それは続けるためのモチベーションだ。そして、この瞬間こそわれわれが、誇りが生まれるのを期待する状況なのである。残された問題は、視覚空間能力に誇りを持ってもらう方法だった。そのため、われわれは誇りの感情の社会的側面を利用することにした。参加者が自らこの能力に誇りを持たないのであれば——いや、事実を正直に受け入れよう。普通は誰も視覚空間能力を自慢したりはしない——われわれはこの能力が関心を払うに値することを納得させなければならない。そのためのもっとも簡単な方法は、ほかの人が彼らの能力に感銘を受けたことを教えてあげることである。

この目的を達成するために、われわれは二つの作業の合間に、一つ要素を追加した。それぞれの参加者は、赤い点を数える最初の視覚空間テストを終えたあと、研究者と話をするために別の部屋に移動する。比較対象としての中立条件の参加者には、用紙に署名させただけで、心的回転の作業に再び取り組んでもらった。しかし、誇りを持たせる状態にする参加者は、九四パーセンタイル順位（すなわち、一般人の九四パーセントより優れた視覚空間能力）を示す成績表を研究者から手渡されて迎えられる。このようにおおよその順位という形にしたのは、参加者が具体的な得点を推測できるようにしたくなかったからだ。われわれは、嘘ではあるが、彼らが信じられるような結果を返す必要があった。研究者は偽の成績表を手渡しながら、笑顔でさも感動したように「これはすごい！　驚くような得点だ」などのセリフを口にしつつ参加者の背中を叩き、心的回転の実験に戻るよう促した。

この時点で、この実験には二種類の参加者がいることとなる。強い誇りを抱いている人たちと（実験後に感情の状態を報告してもらい確認した）、いつも通りの状態の人たちである。もちろん、われわれが知りたいのは、誇りを抱いている人が次の作業に取り組むとき、以前より強い忍耐力を示せるか否かである。ただ、われわれにはまだ考えなくてはならない可能性が一つ残っていた。つまり、長い時間作業を続けたとしても、それは誇りを抱いたからではなく、成功できると考えたからにすぎないのではないか、という可能性だ。一九七〇年代初頭、スタンフォード大学の心理学者アルバート・バンデューラは、ある問題に対処するのに必要な技術が身についていると信じること（バンデューラはこれを「自己効力感」と名付けた）自体が、その問題に取り組む意欲を高めることを明らかにした[63]。そして、ポジティブなフィードバックをもらった参加者は誇りを感じるのみならず、その作業をうまくこなすのに必要な技術が自分にはあるという信念も抱いている。この情報こそが、誇りの感情を引き出すための要であったからだ。

やる気の源として自己効力感だけを引き出すには、参加者にあまり誇りを感じさせないような形で成績を知らせなくてはならない。ただ、今回は普段なら誰も気にかけることのない能力に焦点を合わせているため、これは比較的楽に達成できた。実験参加者の三分の一にはなんのフィードバックも与えず、三分の一には誇りを引き出すような意見を伝え、残りの三分の一には得点に関する情報を教えたものの褒めたりはしないことにした。つまり、参加者を一人ずつ部屋に呼んだときに、研究者は誇りを抱いた人に渡したのと同じ成績表（すなわち、九四パーセンタイル順位を示した紙）を渡したが、称賛の言葉も口にしなければ、態度にも一切出さなかった。この条件の参加者は、自分の成績がよかったことには気づくものの、さほど誇りは抱かないだろう、と私たちは推測した。なぜなら、参加者は自分だけでなく、ほかの誰もこの能力を重要とはみなしていないと考えるだろうからだ。

次に起きた出来事は、まさに予測通りだった。自分の能力に誇りを感じている人は、難しい心的回転の作業に、かなりの労力を費やすようになっていた。視覚空間能力を伸ばすために、誇りを抱いていない人に比べて四〇パーセントも多く時間を使ったのである。[64] さらに興味深いのは、自己効力感については、まるで忍耐の役には立っていないような結果が出たことだった。成功する能力があると信じている人――つまり、よい成績を知らされたもののまったく称賛されなかった人が難問に取り組んだ時間は、なんのフィードバックも受け取らなかった人と変わらなかったのである。[65]

誇りの感情が人間の心理に及ぼす影響をしっかり理解するために、われわれはさらにマイナーチェンジを加えて、二度目の実験を行った。忍耐力が増した理由が、たんに気分がよかったからではないことを確認するため（なぜなら誇りを感じることは、明らかにポジティブな体験だからだ）、自己効力感という条件を「幸福」に取り替えてみたのである。ただ、われわれの最初の実験から推測できるかもしれないが、実際、幸福はそれほど重要ではなかった。誇りを感じている人は、ここでも高い忍耐力を示したが、幸せを感じた人はとくに何も感じていない人と同様、能力を伸ばすためにさほどの労力は傾けなかった[66]。つまり、誇りの感情こそが、作業に投入する労力を増やす唯一の要因だったということだ。人は自分に誇りを抱けば抱くほど、作業を止めたいという誘惑にそれだけ長く耐えられるのである。

これを実験室という枠を外して考えれば、職場でどのような形で誇りの感情が表れるのかがわかる。例えば、自分に誇りを抱いている営業担当者は、さらに努力を重ね、高い成績を挙げることがわかっている。日常生活でも普段から誇りを感じている人は、最初は商品の売れ行きが芳しくなくてもすぐに立ち直るため、結局はうまく契約をとることができる。これと同じように、これから自分が誇りを持てるような状況が訪れると予想することで、より努力できるようになり、長距離走の選手は順位を上げ、大学生は高いGPAをとれるようになることがわかっている[67]。だが、おそらくなかでももっともすばらしい証拠は、心理学者のウィルヘルム・ホフマンが主導した実験から生まれたものだろう。彼の研究チームは、「生活サンプリング法」という名で知られる手法を使って、日常生活における人々を調査した。この手法では、研究者は、一日の特定の時点でデータを人々から収集する。ホフマンの実験では、参加者はスマートフォンを通じて一日に七回、最近自分が先延ばし、過食、飲酒、麻薬、睡眠などの誘惑に抵抗しようとしたことがあったかを報告した。そして、そうした誘惑があった場合には、そのときの自分の感情がどのような状態だったか、さらに自制を試みることに効果があったかどうかもあわせて報告した。そして私が行った実験の結果と整合するように、ホフマンの実験でも誇りの感情が自制心を高めることが証明された。より強く自分に誇りを感じたと報告した例が、誘惑や目標から気を逸らすことにつながりかねない享楽的な行動を我慢できた例と直接対応していたのである。[68] つまり誇りは、傲慢という名で七つの大罪の一つに挙げられている感情のイメージとは、実際には違うということだ。

このような調査結果は全体として、誇りにはほかの社会志向の感情と同じように、心を未来を重んずる方向に向かわせる力があることを示唆している。誇りの感情は人を我慢づよくし、当面の犠牲を進んで受け入れる気持ちをつくり、重要な目標を達成できるようにしてくれる。シンガポール国立大学の心理学者エディー・トンとその同僚が、まさにこの事実を確認している。トンの研究チームは、私が割引の研究で利用したのと似たような経済にかかわる意思決定の質問を使って、適切な形で（つまり、傲慢に陥ることなく）誇りの気持ちを抱いたとき、人は感謝の場合と同様に、未来の報酬の割引を減少させることを明らかにした。[69] 我慢づよさに関する調査からわかるように、この結果は、まさに自制心の高まりを示している。誇りは失敗の前触れではなく、勤勉さと献身の心を養うのである。

ただ、誇りと自制心の関連がわかったとはいえ、私はまだこの感情が人に好かれるのかどうかという問題を取り上げていない。自制心が高められても、傲慢になって人に避けられてしまうのであれば、誰にとってもよい結果とはいえないだろう。ただ私の見解が正しいとすれば、誇りを抱き、それを表現することで人はパートナーとしての魅力を増すはずであり、その逆ではないはずだ。

あなたを連れていこう

ともに仕事をする相手を選ぶ場合、信頼が重要となる。よいパートナーとは信頼のおける人間のことだ。しかし信頼それ自体が、二つのお互いに密接に関連する要素に立脚している。最初の要素は誠実さだ。その人物は公平で正直であると信じることができるだろうか？　二つ目の要素は能力だ。実際にその人物には必要とされていることを実行できる能力があるだろうか？　どちらかが欠けた人物はトラブルのもとだ。その人がいくらあなたを助けようと思っていても、そのために必要な技術を持っていなければ、まったくあてにはできない。親友が空港に迎えにきてくれることを疑う人はまずいないが、その親友が神経外科医でもない限り自分の脳腫瘍を切除してくれることを期待する人もいないだろう。きっと彼はあなたの腫瘍を取り除くためにあらゆる手を尽くす気でいるだろうが、どこから手をつければいいのか見当もつかないはずだ。

したがって、人がパートナーを探すとき、そのおもな基準は能力と誠実さである。そして、結果として人間の心は、このような特徴の証拠を自然と探すようにできている。誠実さについていえば、私たちは自制心をその代わりに使う場合が多い。誘惑に負けず、困難に直面しても耐えられる人間こそ、いっしょに働くのによい相手だとみなされるのだ。[70] そのため、誇りを持つことで勤勉さが高まれば、信頼性の問題の半分は解消する。つまり、それによって誠実だとみなされるということだ。

となれば、次は能力の問題となる。ブリティッシュ・コロンビア大学の心理学者ジェシカ・トレイシーは、人々が誇りを抱いている人をどのように見分けているのかを、長年にわたって研究してきた。彼女は調査を通じて、誇りを示す非言語的な合図――つまり、体を大きく開いて胸を張り、顎を上げた姿勢が、ほかの人からは有能さと高い地位の表れと解釈されることを何度も示してきた(71)。

これを検証するため、リサ・ウィリアムズと私は、誇りと我慢づよさを関連づけた前述の実験にわずかだが重要な調整を施した。今回は、単独の作業において誇りの感情が作業に費やす労力に及ぼす影響を調査するのではなく、参加者が共同で作業できるよう、三人一組のグループをつくってテーブルの周りに座ってもらった。各グループを構成するのは（A）一人でいるときに視覚空間能力を褒められたばかりの人、（B）なんのフィードバックももらわなかった人、（C）研究のためにわれわれが雇った仕掛け人、の三人だ。誰も自分以外の二人のメンバーのことは知らない。だが、三人のうち一人は誇りを感じている状態でグループに参加している、という状況である。

ここで研究者が（この場合はリサだった）、グループに次の作業の指示を与える。彼女は大きな、立方体の形をしたパズル（キューブ）を提示すると、すぐにそれをねじってまっすぐな棒の形にした（キューブはそれぞれが異なる角度でつながった小さな立方体で構成されているため、いろいろな形に曲げられる）。そして彼女はテーブルの上にキューブを置くと、一〇分間という制限時間内に、グループ内でお互い協力してピースを操作し、もとの大きな立方体に戻してほしいと伝えた。これが決してやさしい作業ではなかったことは間違いない。次にリサが部屋を出るが、その時点でキューブを手にしているのは仕掛け人だ。仕掛け人はそこから一分間キューブをいじりまわしたあと、テーブルに置く。

すると、それに続く九分間に、一貫したパターンが現れた。誇りを抱いていた人がグループのなかで目立ちはじめたのである。彼らは誇りを感じていないメンバーよりも長くパズルに取り組むことで熱心な姿勢を示しただけでなく、ほかのメンバーにアドバイスをしたり、励ましの言葉をかけたりすることも多かった。以前の調査結果から考えて、これは十分に予測できることだといえるかもしれない。しかしこの実験で、われわれが本当に興味を抱いていたのは、自信と自己主張の表現が、どのように相手に受け取られるかという点にあった。

そしてわれわれの予想通り、誇りを抱いていたメンバーはよい評価を受けることになった。グループのなかで指導者らしいと思ったメンバーは誰だったかという質問に対して、誇りを抱いていた人を挙げる声がもっとも多かったのだ。さらにグループ内のほかのメンバーにどれくらい好感を持てたかという問いについても、誇りを持った人間がつねに一番になった。つまり、誇りを抱いている人は難しい問題を一番積極的に解こうと努力するだけでなく、その過程においてほかの人を感心させ、ともに作業に向かわせ、アドバイスを素直に受け入れられる状態にした。さらにもっとも重要なのは、他のメンバーたちに、もう一度いっしょに働きたいと思わせたことだ。つまり、誇りとは人を寄せ付けないものではなく、引き寄せる力だったのである。ボディランゲージという面でも行動という面でも、誇りは周囲の人の信頼を集める合図であった。

ただ、実のところ、この実験上の設定が見せかけのものであったのには注意が必要だ。誇りを抱いてこの状況にのぞんだ人は、嘘の仕掛けによって知らず知らずのうちにそうさせられていたのである。彼らは騙されて、自分が価値ある能力を持っていると思い込んでいた。ようするに、一〇分間という制限時間を設けていなければ、状況は大きく変わる可能性が高かったのである。時が経つにつれて、誇りを抱いている人が、実際には特別な能力を持っていないことが明らかになるだろう。すると生み出す成果という点において、彼らの努力やアドバイスはほかの二人のそれと大差ないものとなる。そうなった時点でわれわれは、誇りが悪い方向に落ちていく瞬間を目撃することになったかもしれない。誇りがその人の勘違いであることがわかったとき、それはたんなる傲慢となり、その人のアドバイスも上から目線のたわごとになってしまうだろう。だがここでは実験の設計上、参加者は自分が必要とされる能力を持っていると信じていたし、その結果として、抱いていた誇りはまったく嘘偽りのないものであった。

誇りを称賛する

いま見てきたように、称賛は誇りを生み、誇りの感情は人を我慢づよくすることができる。ここでいいたいのは、努力をするという選択をするとき、それがすべて自分自身のコントロールのもとに行われるわけではないということだ。私たちは自分を客観視して自らの判断で目標に向かうことができるが、一方で、周囲にいる人からヒントを得ることもできる。誇りという感情の持つ社会的な性質と適応という目的を考えると、これは合点がいく。ただ、ほとんどの人間は、パートナーを変えるほどには、自分の目標を頻繁に変えたりはしない。ようするに、ある瞬間は外科医を目指し、次の瞬間にはトップアスリートを目指すといったことはない。たとえ、その能力のどちらかに価値を置いているであろう友人たちのあいだを行ったり来たりすることはあってもだ。そのため、人の心が、他人が価値を置いていることに敏感に反応するのは事実であるが、その価値を内なる目標として定め、さまざまな状況においてそれが前面に出てくるようになるまでのプロセスは、通常、複雑である。こうした働きを理解するには、すこし回り道をして、二種類のモチベーション——つまり内発的動機付けと外発的動機付けの違いを明らかにしておく必要がある。

外発的動機付けとはその名が示す通り、外部報酬を手に入れようとするモチベーションである。嫌いな仕事をするために毎日通勤しているような人たちは、この動機のことを十分に心得ている。彼らは、仕事自体を楽しむためではなく、お金を稼ぐために働いている。突然、報酬がなくなったり、あるいは不十分に思えた場合には、これまで要求されていた仕事を受け入れ、それに従うよう自分を駆り立てていた動機も失われる。一方、この動機とは反対側にあるのが、内発的動機付けである。この場合、人はその行動が自分にとって価値があり、興味深いと感じているからそれを実行する。工学上の問題を解決するのに数時間も費やす学生や社員は、おそらく工学に興味があり、その問題に取り組むのを楽しいと感じているだろう。この場合、彼らは内発的に動機付けられていることになる。だが、その目的が、成績でAをもらったり、昇進をすることであるなら、その動機は外発的なものである。成績や金銭という報酬がないとわかったとき、前者は問題に取り組みつづけるが、後者はすぐに止めてしまうだろう。

この二種類の動機の違いを調査する研究は世の中に数多くあるが、その多くは、一九七〇年代にスタンフォード大学の心理学者マーク・レッパーが実施した有名な実験をもとにしている。報酬を与えることが子供のやる気を起こすと両親が信じていることに気づいたレッパーは、目の前にご褒美をぶらさげておくことが、実際にやる気を長期的に維持するのに有効かどうか、確かめることにした。そのため、レッパーはまず、部屋のなかでお絵かきを楽しんでいる幼稚園児たちを三つのグループに分けた。一つ目は、あらかじめ予期した報酬を受け取るグループで、このグループの子供たちは、研究者のために絵を描けば、金のシール付きの特別な賞状がもらえると伝えられた。二つ目の、予期せぬ報酬を受け取る条件のグループは、やはり絵を描くと同じ賞状を受け取ることができるものの、事前にそのことは知らされていない。つまりこのグループの子供たちは絵を描くことに同意しただけで、あとからご褒美をもらって驚くことになる。三つ目の報酬なしというグループでは、ご褒美についての説明もなければ、実際に絵を描いても賞状を受け取るもできない。つまり、このグループの子供たちは研究者に、ただ絵を描くようにいわれただけだ。

それからの数日間、研究者はマジックミラー越しに子供たちが絵を描く様子を観察した。すると、(少なくとも当時においては)驚くべき結果が出た。報酬なしの子供と予期せぬ報酬を受け取る子供たちは、絵を描く時間において大きな差がなく、どちらも自由時間の約一七パーセントをテーブルの上でスケッチをするのにあてていた。しかしあらかじめ予期した報酬を受け取る条件の子供たちの行動はかなり違っていた。特別な賞状を受け取ったあと、彼らは急に絵を描かなくなり、結局、お絵かきに使った時間は自由時間のうちの約八パーセントにとどまったのである。この調査結果は、子供のモチベーションが、絵を描くことへの興味から報酬への関心に変わってしまったことを示唆している。予期せぬ報酬を受け取った子供たちが描くのに同意したのは、報酬を期待したからではない。なぜなら描きはじめたときは賞状のことなど知らなかったからである。そのため、彼らの成果は、報酬なしの子供たちとほぼ同じであった。しかし報酬のことを知った子供は、その後の努力を報酬に照らして解釈しなおしてしまったのである。外部報酬を受け取る機会がなくなってから（すなわち、絵を描いたご褒美をもらってから）数日後、彼らの描く意欲もなくなっていた[72]。これは愕然とするような結果であった。なぜなら、報酬は長期的に見ると努力を妨げるように思えるだけでなく、以前は本当に興味を抱いていた事柄についても実際に同じような悪影響を与えたからだ。

レッパーがこの実験を実施してからの数十年間、目に見える形での報酬に関するこのネガティブな見方は強くなる一方であり、それには根拠もあった。多くの領域（学問、スポーツ、職業、健康）における、物質的報酬に関する何百もの研究が、報酬を利用した戦略に効果がないことを証明してきた。優れた成績の証として物質的報酬を与えたときですら、時間が経つにつれ、成功への内発的動機付けが減退する結果になるのが普通であった[73]。私たちはみな、喜んでニンジンを追いかけるが、一旦それがなくなると、目的達成への意欲も同時に消滅する。レッパーの研究に参加した子供のように、私たちは、たとえもともとは内発的な動機で何かを始めたとしても、やがてはそのための努力を外部報酬をもらうためのものとみなすようになってしまう。

だが、褒めることの作用はこれとは別で、外発的動機付けを増やさず、内発的動機付けを強化する。たしかに、褒められるという体験自体は報酬になりうる。だがそれが「物質的な」報酬でないのは明らかだ。キャンディーやプレゼントとは違い、人からの称賛を手に持つことはできない。それは心のなかに置かれるからだ。この事実が、称賛が動機に及ぼす影響を著しく変化させる。とはいえ、称賛が動機を長続きさせる妨げには絶対にならない、というわけではない。称賛は、それが生み出す誇り（あるいは傲慢）と同様に、使い方やタイミングによって効果が変わってくる。その力を解き放つための鍵は、自制心のときと同じく、称賛が社会的絆とどのようにかかわっているのかを理解できるかどうかにかかっている。

人間の動機の解明について、エドワード・デシとリチャード・ライアンほど知られている心理学者はまずいないだろう。二人は数十年にわたる研究で、強い動機――つまり、本質的な興味と熱心さから生まれてくる種類の動機が、三つの柱に基づいていることを明らかにした。すなわち、有能感、自律性、関係性である。私たちはみな、この世界を探究し、理解し、習熟しようという動機を生まれつき持っている。しかし、成功に必要な動機を維持し、高めていくのに、特殊な条件が必要となることは、ほとんど疑問の余地がない。そして、デシとライアンの研究によれば、ここそが、この三つの柱が働きはじめる場所なのである。

内発的な動機付けによって目標を追求するためには、まず自分の能力が向上しているという感覚、つまり有能感を感じなくてはならない。自分を専門家だと思う必要はないが、最終的に目標を達成するのに必要なだけの技術が伸びているという実感は必要だ。言い換えれば、たとえ小さな一歩であっても、最初に成功することで誇りを抱ける。そしてこれまで見てきた通り、その誇りによって、私たちは技術を磨く努力を続けられる。しかし、上達がまったく実感できないとすれば――例えば、二次方程式を解いたり、ピアノを弾いたりする能力が、いくら努力してもちっとも向上しないなら、その人はおそらく努力するモチベーションを失ってしまうだろう。時間割引の例で見たように、未来の報酬が獲得できそうもない場合、目の前の欲求を優先するのは合理的な選択だからだ。

内発的動機付けに必要な二つ目の条件は自律性である。有能感が意欲を育てるのは、自ら決断を下しているという実感がともなっているときだけだ。ある若者が、勉強や楽器の練習を両親に無理やりやらされていたり、たんにご褒美を目当てにやっているようなら、内発的動機付けは起こらない。これまでに見てきたように、このようなやり方は動機の内在化には役立たない。もし勉強や練習から逃げ出しても構わないなら、この若者はおそらくそうするはずだ。学習の際に教師が主導権を握るのではなく、生徒の自主性を重んじるやり方で学んだ子供の方が、将来学業において高い内発的動機付けを示すことが、多くの研究で明らかになっている。[74] 同じことは子育てにもいえる。親がいちいち指図していると、結局、子供はどの領域（例えば、スポーツ、音楽など）においても、何かを達成しようという内発的な動機に乏しくなる。[75] この事実は重要だ。なぜなら、内発的動機に乏しいということは、やり抜く力や自制心にも欠けるということだからだ。逆に内発的動機があるということは、未来に価値を置くということである。そしてその未来の価値が、先延ばしがもたらす気晴らしや誘惑、あるいは外発的な一時の快楽を避けるにあたって、強力な力を与えてくれる。

ここまでに取り上げた二つの柱も比較的わかりやすかったとは思うが、三本目の柱である関係性こそ、本当にその作用が目に見えてわかるものだと私は考える。さらにここは、誇りの感情が実際に働き始める場所でもある。デシとライアンも私と同じく、ほかの二つの要素がモチベーションを支えるうえで、関係性の感覚が強い影響を及ぼすと主張している。二人が指摘する通り、この現象は人生の極めて早い段階ですでに見ることができる。ジョン・ボウルビィのアタッチメント（愛着）スタイルに関する研究では、母親との伴が強い子供――すなわち、母親を自分の支えとして頼れる存在だと肌で感じている子供は、母親の愛情に不安を抱いている子供に比べて、周囲の環境に対する探究心が強く、実際、活発に歩き回ることがわかった。さらに、このようなパターンは生涯、変わることがないという。例えば、温かく思いやりのある教師に指導してもらったクラスの学生が、日常的により高いレベルの内発的動機を示すことが、研究からわかっている。また同様に、次章で見る通り、社会的包摂〔弱者を排除することなくともに支えあって生きていこうという理念〕の感覚を養うことで、大学生の我慢づよさが高まり、成功の確率が上がったという事例もある。[76] ようするに、思いやりのある仲間といっしょにいるとき、人は賢明に、きちんと、より長い時間働くようになる、ということだ。そして、ここまでに見てきたように、誇りを抱き、それを表現することが、ほかの人をひきつけ、いっしょに働きたいという気持ちにさせる。さらにそれによって自分自身も一層努力するようになるのである。

このような点はすべて納得はいくが、それでも、誇りの感情を利用して成功するための動機を自分の内面にどうすれば築き上げられるのか、という問いが残る。すなわちそれは、そもそも何を重視し、何を追求すべきかを発見するにあたって、誇りとそれを生み出す称賛が、いつ、どのように役に立つのかという問いである。私たちはみな、もともと成功したいという思いを持っている。しかし、いままで見てきた通り、学校の成績でAをとったり、職場で表彰されたり、または裁判で勝訴したりすることを誇りに思う感情は、生物学的要因から生まれたものではない。脳はそもそも成績やスポーツ、楽器などを気にするようにできてはいないし、そうしたものを知りもしなかった。

私たちはしばしば周囲の人間を見ることで誇りを抱いているのである。フェスティンガーの社会的比較理論や私が実施した誇りに関連する実験を取り上げたときに述べたように、人は周囲の人間に目を向けることで、何が重要であるかを理解し、称賛によってそのメッセージを伝える。称賛は、特定の動機が外発性から内発性に変化すること——つまり、デシとライアンが「内面化」と呼ぶプロセスについて、それがなぜ起こるのか、どのようにして起こるのかを理解する鍵を与えてくれる。そして、この内面化はまずは両親の反応に基づいて子供の頃から始まっていることは確かで、それは生涯にわたって続く。私たちはつねに配偶者や上司、教師、コーチから受け取る称賛について考え、反応している。褒めてくれた相手に対する親近感やその人物の重要性の度合い次第で、一部の称賛は、意識の非常に深い層にまで到達する可能性がある。そうなれば、最終的には自己意識と融合していく。そしてこれによって称賛は、内発的目標——つまり、それが自分たちにとって重要なことであるがゆえに、自ら進んで追求する目標を生み出す。

私が実施した誇りに関する実験では、参加者に視覚空間能力の向上に取り組む意欲を与えることはできた。しかし実のところ、その効果は実験室を出たあとにはおそらく消えたはずだ。この実験の結果が重要だったのは、誇りを抱くことが直接我慢づよくさせうることが証明できたからである。しかしながら、もしこの動機を維持しようとするなら、はるかに強い人間関係が必要となるだろう。つまり、参加者は、自分たちの人生におけるほかの重要人物に対するのと同じくらい、研究者の視線にも真剣に気をつかわなくてはならない。そうなってはじめて、目標は内面化される。

いま説明したようなプロセスをどこかで聞いたことがあると感じた読者もいるかもしれないが、

おそらくその予感はあたっている。ある種類の内面化は、より一般的な名前で知られているからだ。すなわち、「同調圧力」である。仲間に溶け込みたいという人間の欲求はあまりに強いので、私たちはしばしば、身の回りにいる重要な人間が価値を置く特色や動機に自分を合わせようとする。ほとんどの人は同調圧力という言葉を聞くとうんざりするだろうが、しかし、これはじつは、本質的には善でも悪でもない。すべてはそれを共有する仲間次第だ。仲間が買い物が大好きなファッションかぶれだったり、怠惰でわがままを良しとする「負け犬」（ほかに適切な表現がないのでこういっておく）であるなら、同調圧力は自制心にとって間違いなく害となる。しかし一方で、同調圧力を使って最高の美徳を学んでいる人も多い。私たちが気高さを身につけるのは、この美徳によって自分が大切に思っている人たちから称賛され、尊重してもらえるからだ。私たちが忍耐を学び名誉を重んじるのは、このような特徴を示さなければ、自分が尊敬している人に避けられたり、軽蔑されたりしてしまうからだ。道徳心の高い社会では、同調圧力は害になるどころか、むしろそれを通して優れた特徴が伝播する。個人主義――つまり、集団内の規範による影響を排除することがつねに正しい、という考えは間違っている。集団の規範や価値感を条件反射的に拒絶するのは的外れである。称賛は物質的な報酬とは違い、社会的価値の通貨であるため、目標を内面化する際の原動力になる。そしてその目標が道徳にかなうものであれば、人は、未来の報酬を得るために、目の前の数多くの犠牲を受け入れることができるようになる。

こうした同調圧力の持つ長所を確認するため、日々、異時点間のトレードオフと懸命に戦っている人々――依存症の患者たちの例を見ていくことにしよう。麻薬、食べ物、セックス、買い物のいずれであるにせよ、依存症患者には共通のジレンマがある。つまり彼らには、一時的には快楽をもたらしてくれるものの、長期的には破滅につながる行動をとる習慣があるということだ。このような状況を救うための治療法は数多いが（ちなみに、こうした治療法のほとんどが意志の力に頼るものではないことは興味深い。ここでも意志の力の限界が示唆されている）、おそらくもっとも根本的で、かつもっとも広く利用されている治療法は、社会的な性質が非常に強いものだ。すなわちグループ支援である。依存者患者が薬物に手を出していない「クリーン」な状態を維持するにあたって、グループ内のほかの人から受け取る支援と称賛は、誘惑に抵抗するための有効な刺激になってくれる。そして実のところ、グループによるこうした積極的な支援とは、同調圧力にほかならない。つまり、同調圧力によって薬物依存への道が開いてしまうこともあれば、逆に依存から抜け出すための自制心が高まることがあるというのが事実なのである。

滑りやすい坂道を避ける

誇りの感情を賢く利用するには、それが間違った方向に向かってしまう状況や理由についてもしっかりと理解しておかなくてはならない。いかなる感情も、あまりにそれが強すぎたり、不適切な状況で経験したりすれば問題になりうる。だが、誇りの場合、さらに問題が大きくなる可能性がある。なぜなら誇りは、とりわけハロー効果の影響により、このような誤りにもっとも陥りやすいからだ。

ハロー効果とはその名が示すように、とくに根拠もないのに、ある人を徳の高い人間だと錯覚させてしまう現象のことだ。中世やルネサンス時代の画家が、絵画に描かれている人物の頭の上に光り輝く輪を描くと〔「ハロー（halo）」とはこの輪を指す〕、見ている側はその人を特別な存在だと思ってしまう。その人は聖なる存在であり、それゆえ、その人柄も非の打ち所がないように思えるのである。人間の心のなかでも、ハロー効果は同じように作用する。これはある種の確証バイアスであり、その人物がある領域において優れているとわかると、私たちは、その解釈をその人物のほかの要素にまで適用してしまうのだ（そして、この判断はしばしば間違っている）。言い換えれば、私たちは、よい人物はよい性質を持っていると信じているために、その人の行動や特徴のすべてを肯定的に捉えてしまうようになる。[77] 例えば、管理職は熱意のある従業員を有能な人材だと思い込む。同様に、大半の大人は魅力のある人物は頭もいいはずだと考える。[78] こうした認知の偏りが誇りという感情にとって重要なのは、前にも述べたように、人間には自分の内なる言葉を聞き取れるという比較的珍しい能力があるからだ。その結果として、他人を評価するときと同様に、自分で自分の特徴を評価するときも同じようにハロー効果の影響を受けがちである。傲慢へとつながる、滑りやすい坂道の入り口がここにある。

ある誇りを「本物」である（つまり、価値ある能力を間違いなく持っているということからその誇りが生まれている）と定義するには、その条件は通常かなり厳しい。逆に、たんなる傲慢はこれとは正反対である。傲慢とは、実際にはありもしないのに、価値の高い能力を自分は身につけているという、自惚れた考えである。その結果、誇りが持つ利点は極めて短命に終わる。周囲にいる人々は、そのプライドに裏付けがないことにすぐに気づきはじめるので、その人物の評価はまたたく間に下がっていく。

一方、傲慢とは違って、真の誇りにはプラスの性質があるため、思いやりや感謝の仲間の一員としての資格がある。例えば医師は、新しい診断法や外科技術を学ぶことを誇りに思うことができる。なぜなら、彼らはそれをすぐに有効に使えるからだ。ここにおける誇りは、社会に焦点を置くその他の感情とまったく対立していない。しかし、目標を達成するにあたって努力やほかの人からの支援が必要であることを自覚していないなら――つまり、能力はあくまで自分が生まれつき優れていることによるものだと思い込んでいるなら、最終的には練習して上達したいという意欲は急速に失われる。

であれば、こうした異なる種類の誇りが異なる結果を生んでも、さして驚きはしないだろう。マイアミ大学の心理学者チャールズ・カーバー率いるチームが、一〇〇〇人を対象に行った研究では、真の誇りをつねに抱いている人は、自制心、忍耐、目標達成能力に優れていることがわかった[79]。だが、傲慢な態度を示すことの多い人は、衝動的で、金銭などの外的報酬にしか意欲を起こさない傾向があった。

しかし、真の誇りと傲慢の違いは、その動機だけに限らない。傲慢はもろい自我と表裏一体の傾向にあり、自分が有能で支配力があるという幻想を守ろうとするなかで、不安を抱いたり、攻撃的になったりすることもあった。一方、真の誇りを抱いた場合には、周囲からより多くの支援を受け、不安も軽くなり、さらに自分の専門知識を伝えることでほかの人を助けたいという意欲も強くなる。これと似たようなパターンは、神経生物学的なレベルでも確認できる。傲慢な振る舞いはしばしばテストステロンを増加させてしまう。一方で、真の誇りと関係する活動（例えば、教育や奉仕活動など）は、テストステロンの減少につながり、さらに重要なことに、人との絆を深めたり社会的支援に参加する意欲を促進する物質であるセロトニンの量を増やし、幸福感を高める[80]。

誇りの感情を役立てるには、謙虚さと両立させなくてはいけない。謙虚さとは、どんなに能力や技術があったとしても、誰しも周囲の人からの援助に頼っていることを知ることである。自分の知識が称賛されるのは、普通はそれを周囲の人と共有するからであって、知識をひけらかすからではない。そして、一人の人間があらゆる領域の専門家であることはありえないのだから、すべてにおいて優れることなど不可能であることに気づけるくらいには控えめである必要がある。つまり、どんな人間もいずれ他人に頼らなくてはいけないときが訪れるのである。この忠告に従う人は、誇りを、感謝や思いやりと同様に、悪徳ではなく美徳とすることができる。

また、自分自身を第三者の立場という見晴らしのよい場所から眺める能力は、誇りという感情を効果的に利用するためのもう一つのチャンスを与えてくれる。この立場に立つことで、自分を客観視できるだけでなく、自分の未来を予言することもできる。すなわち、自分が現在抱いている誇りに敏感になるとともに、まだ感じていない誇りについてもそれを実感できるのを楽しみに待つことができるのである。実のところ、これから誇りが持てるようになるという予測は、実際に抱いている誇りとまったく同じように、やる気を効果的に引き出す。これが正しいことは、ヒューストン大学バウアー・カレッジ・オブ・ビジネスのヴァネッサ・パトリックによる研究によって証明されている。この実験でパトリックは、減量しようとしている人の前に、ケーキを一つ置いた。そして参加者の三分の一にはケーキをまったく口にしないことで感じるであろう誇りについて考えるように伝え、次の三分の一にはケーキをすべて食べた場合に感じる後ろめたさについて考えるように伝えた。そして、これが重要だが、残りの三分の一の人には何かを考えるようにとは一切いわなかった（すなわち、ケーキのことは一言も口にしなかった）。次にパトリックは部屋を離れて、参加者が好きなだけ食べられるようにした。そして彼らが席を立ったあとに、それぞれが食べた量を正確に測定するため、残されたケーキの量をはかった。

結果、自分を誇りに思えるようになると予期することが、自制心を高めるのに非常に役立つことが証明された。将来、自分が抱くであろう誇りに意識を集中していた人のじつに四割が、わずかでもケーキに口につけることさえ拒否した。しかし同じように我慢できた人は、（どんな感情も想起するようにはいわれなかった）対照のためのグループでは一九パーセント、そして後ろめたさについて考えるようといわれたグループでは一一パーセントにとどまった。また、ケーキに口をつけてしまった人たちについても、誇りの感情がもたらす利益は明白だった。誇りを抱くことを予期していた人は、平均してケーキを1・2オンス（約三四グラム）しか食べなかったが、対照グループと恥を予期するグループの人はその二倍以上の量のケーキを食べていた。

人生で誇りの感情を利用するための戦略の一つは、自分が達成した成果や自分の抱く強い願望を記録する日記をつけることである。目標を達成できなかったときに自分に対して思いやりを抱くのと同じく、目標に向けて順調に進んでいるときにはそれを誇りに思うべきだ。さらにいえば、次の成長の段階に到達したときに自分が抱くであろう誇りを予期すべきでもある。そうすることで、過去の強い願望が現在の成果につながったという事実とともに、時が経つにつれて自分が前に進んでいく様子を記録に残せる。自分が一歩前進するたびに、誇りを抱く強い意欲が起こってくるだろう。その効果は、最終目標を達成したときにだけ誇りを感じるべきだと考えている場合よりも、はるかに大きい。ただ、目標に向かっての進歩は必ずしも一直線に進んでいくわけではないことを、忘れないようにしなければならない。進歩は断続的に訪れることが多い。もっとも重要なことは、スピードに関係なく、つねに上に向かって進んでいくことだ。自分が前進しているのを誇りに思うことが、忍耐力を最大限に高めてくれる。

それでも効果的に進歩していくためには、称賛は、正しく適切な方法で行わなければならない。まず称賛は、それが誠実なものであると受けとめられる必要がある。成功するのが当然だと思うような簡単なことについて人を褒めると、その称賛が信じてもらえないだけでなく、褒めた本人も信用を失う。相手が自分自身であろうと、子供や同僚であろうと、称賛を使い捨てのチラシのように使ってはいけない。むやみやたらと「よくやった」と口にするのは無意味であるばかりでなく、本当に心から称賛しているときに、真剣に受けとめてもらいづらくなってしまう。また、これと同じく、称賛は、実際に専門的な能力や特別な努力を必要とする目標や行動のためにとっておくべきである。これは、その人が特別な能力を最大限に発揮できるようになるまで褒めてはならないという意味ではなく、注目に値する努力や進歩が見えるまでは控えるべき、ということだ。洗濯物の片づけや芝刈りのようなありふれたことを褒めていては、称賛が持つ、人を本当に重要な目標に導く能力を妨げてしまう。似たような称賛や地位や帰属意識がごく日常的な出来事から得られるのであれば、どうして何かを成し遂げるために一生懸命になったりするだろうか？

次に、称賛は能力ではなく、努力に焦点をあてて与えるべきである。努力に基づいた称賛（「あなたを誇りに思うのは、一生懸命働いてくれたからです」など）は、能力に基づく称賛（「あなたを誇りに思うのは、頭がいいからです」など）とは違い、人を打たれ強くしてくれる。何かに失敗した場合、能力に基づく称賛は内発的動機付けを減退させる恐れがある。なぜなら自分が持っていると思っていた価値ある能力が、結局のところ、備わっていなかったと思ってしまうからだ。しかし、努力に基づく称賛なら、今後の努力が実を結ぶ可能性が十分にあるので、再度挑戦できるのである。これはつまり、前に紹介したドゥエックの成長マインドセットと似たような状況である。努力への称賛は、たとえそれがすぐに成功に結びつかなくても努力することそれ自体に価値がある、という信念を強くしてくれる。一方で、特別な能力に対する称賛はその能力が突然失われてしまえば、すべてがおしまいだという考えを強化してしまう。

最後に、称賛する際は自立心を育てるように留意する必要がある。目標以外の要素ではなく、目標自体に焦点をあてるべきだ。例えば、重要な目的に向かっていくとき、人が自発的に行動する姿勢を見せたことを称賛するのは有益である。しかし報酬を得るために働いたことを褒めてもためにならない（「成績が上がったら買ってあげると約束した新しいテレビゲームのために頑張ってるんだね。たいしたもんだ」という両親の言葉など）。これは大半の人にとって、ご褒美としてニンジンをぶらさげたくなる癖と闘うことを意味する。たしかに、給料が上がるのはよいことだ。しかし昇給だけを誇りにしても、成果を大事にするようにはならない。私だって、全員が全員、仕事を楽しんでいるわけではないことはわかっている。だからこれは難しい問題だ。ただ、キャリアのなかでステップアップしたい（あるいはほかの人にステップアップしてもらいたい）と思っている人にとって、その仕事の誇りに思える部分を確認しておくことが、意欲や充実感の向上という点で大きな違いを生むのはたしかだ（例えば、警察の緊急通報のオペレーターであれば、親身に対応することが、危機的状況にある通報者をどれほど助けることになるか、など）。

III

広がっていく感情の力

第6章 社交的であることが成功を呼ぶ

ここまで本書全体を通じて、私は互いに関連しあう二つの主張を展開してきた。一つは、高潔に振る舞った方が——つまり、正直で、公平で、勤勉で、協調的である方が、即物的に自分の利益を追求するよりも、結果的によい成果につながるということ。もう一つは、感謝、思いやり、誇りといった道徳的な色合いの強い感情が、社会的な絆を築き、未来の自分にとってプラスとなる自制心を与えてくれる、ということだ。そして、まだ触れていなかったが、社会的な絆を深めると、さらに二つの恩恵がもたらされる。一つ目は、社会的な絆それ自身がやり抜く力を培うことである。二つ目は、それと同時に、現代生活のなかでももっとも辛い悩みの一つである孤独と闘うのを助けてくれることだ。

感謝、思いやり、誇りが自制心を高めるように発達したのは、自制心が高潔な行動を支えるからである。さらに高潔な行動がとるに値するといえるのは、それが、歴史的に見て成功と幸福に結びつく社会的関係を築くのに不可欠であるためだ。簡単にいえば、社会志向の感情が自制心を養うのは、自制心のそもそもの目的が、強い社会的関係を持つことにあるからだ。であれば、こうした状態をつくることで、ほかの人に利益を与えられるように行動しようという意欲を高めることができる（そして、ここにおける「ほかの人」には、おそらくもっとも重要であろう未来の自分も含まれる）。さらにそれと同時に、現在においても自分が支えられているという安心感を得ることができる。こうした主張の妥当性と根拠を確認するには、この点に関係する力学をしっかりと理解する必要がある。そのため、社会的な絆を成功に役立てる新しい方法について考察する前に、高潔な行動が利己主義とは違って、実際に科学的な意味においても優れていることを証明しておいても無駄ではないだろう。

道徳が配当を生む

正直に、あるいは寛大に人と接するのは本当に割に合うことなのか、という問いは古くから存在している。哲学者や神学者はこうした態度をつねに擁護してきたが、純粋な利己主義やマキャベリ流の権謀術数が有利に働くように思える状況があるのも疑いようのない事実だ。そのため、信用できる協力者と人を騙す詐欺師のどちらになるのが得か考えるには、科学的レンズを通して覗き込んでみなくてはいけない。

まず基本として、協力は異時点間選択のジレンマだといえる。マシュマロテストのように、時が経つにつれて違った結果を生む選択肢が提示される。ある人は、おそらくパートナーと目の前の利益を折半するという形で、まずは多少のコストを受け入れるという選択をするかもしれない。これは、今後の繁栄や長期的な協力関係から生まれてくる可能性のある、より大きな潜在的利益を獲得するためだ。しかしここには落とし穴がある。前の文に、「潜在的」という言葉が含まれているのに注目してもらいたい。これによって、不確実性（あるいはギャンブル性と言い換えてもいい）が頭をもたげてくる。協力という選択にメリットが生まれるのは、将来の利益が現実化した場合――ようするに関わる人間が正直であった場合だけだ。もし一部の人間が怠けたり、騙したりして約束を守らなかった場合、協力関係が不安定になるだけでなく、さらに悪い事態にもなりうる。

協力に関連するリスクと利益を簡単に確認するには、囚人のジレンマとして知られる有名なゲームにすこし調節を加えればいい。このゲームの通常バージョンでは、二人の犯人が個別に尋問を受けているあいだ、黙秘を貫くか、パートナーを裏切るかのいずれかを決断する。つまりこれは、約束を守るのか、あるいは自分勝手に約束を破るのかの選択によって、被る損害がどのように変わるのかに焦点をあてたゲームである。だが、ゲームを損害から利得という観点へと構成しなおしても、同じルールが適用できる。例えば、二人の人間がある商品を製造するとする。そこで、お互いにリソースを投入して力を合わせて働くこと（すなわち「協力」）を選んだ場合、この商品を売ってそれぞれ三〇〇ドルの利益が手に入る。一方、二人が競争することを選ぶなら、それぞれ追加のリソースが必要になるので、一人一〇〇ドルの利益にとどまる。しかし、片方が不正な形での競争――つまり、相手に協力を約束するが、共同の資産を利用して途中で独立してしまうという行動を選ぶなら、この人は五〇〇ドル獲得して、協力を選んだもう片方はまったく収入を得られない。

こうした状況で、もっとも優れた活動方針を決めるのはすこしやっかいかもしれない。一見したところでは、最後の選択がもっとも合理的に思えるだろう。つまるところ、五〇〇ドルをとるか三〇〇ドルをとるかの決断だからだ。しかしここには問題がある。決断を下すのは自分一人ではないということだ。相手方も同じ選択肢に考えを巡らせている。両方が最初に一番利益が挙がるように思える戦略をとった場合——つまり、どちらも「競争」を選んだ場合、奇妙なことが起きる。二人が「協力」を選んだ場合よりももらえるお金が減ってしまうのだ。つまり、それぞれ三〇〇ドルもらえるところが一〇〇ドルになってしまう。ここが難しいところだ。二人いっしょに成功して、満足を確保する唯一の方法は、「協力」を選んで利益を折半することである。それぞれが目の前の私利私欲を優先するようなやり方で働くことを選べば、結局、取り分は減ってしまう。

もちろんここには私がまだ触れていないもう一つの可能性が存在している。なんらかの形で、相手が協力を選択しようとしているのが予測できたなら、競争を選ぶのがもっとも理にかなっている。つまり、新しいパートナーが人格者という評判を得ていることがわかった場合、恥知らずな人間であれば騙そうとするはずだ。この事実にはまったく疑問を差し挟む余地はない。このゲーム——つまり、実際の人生において遭遇する多くのジレンマに対応するように設計されたゲームを一回限り行う場合には、他人を犠牲にしても、目の前の利益に対する欲求を優先させることが勝利を手にする方法である。しかし、この戦略には弱点がある。騙す人間には、信頼できないという評判がすぐにたつので、未来の利益を獲得するチャンスが制限されてしまうのである。

このような力学を考えると、競争と協力のどちらを選ぶかという問題には一見答えがないようにも思われるかもしれない。この難題を解決するには、方程式にもう一つ要素を付け加える必要がある。それは時間である。結局のところ、自制心により、裏切って大きな利益を得る選択を避け、協力を選ぶのは、長い目で見たときに後者による小さな利益の蓄積が前者による利益を上回ってはじめて、理にかなった行動となる。

どちらの戦略が勝利を収めるのかを知るには、複数の人々の行動を数十年間にわたって観察する必要があるように思える。これは難しいというより、実行不可能だろう。しかし幸いにも、政治学者のロバート・アクセルロッドが賢い抜け道を見つけてくれた(81)。長年のあいだ、アクセルロッドはどの戦略を選べばいいのかを人々に教えることもできなければ、そうした戦略が長期的に見たときにどのような結末につながるかを示すこともできなかった。だが、彼は次善の策を実行した。コンピュータ・シミュレーションを使って「人々」をつくりだし、昼夜を問わずさまざまな戦略を使って囚人のジレンマのゲームをやらせたのである。ここでは、「過去の裏切りを許す」「相手に復讐をする」「つねに相手を信頼する」などをはじめとした、多くの戦略が使用された。そしてアクセルロッドは、数百回のゲームについて、それぞれの「人」の成績を記録した。

そして一日が終わり、勝者（つまり、もっとも多くの得点を稼いだ戦略）が決まった。それは一見単純なものだった。すなわち、しっぺ返し戦略である。その名が示す通り、しっぺ返し戦略は相手の行動を真似することだ。この戦略では、最初は協調的に行動するが、相手の評判にあわせてすぐさま選択を変えていく。例えば、ある人が相手を公平に扱っているのを知ったら、次にその人と出会ったときにはこちらも「協力」を選択する。ある人が利己的に振る舞っていたら、会ったときにはその振る舞いにならって、こちらも「裏切り」を選択する。たしかに、しっぺ返し戦略を使ってもつねに勝てるわけではないが、平均するともっともうまくいった。利己的に行動するプレイヤーは最初は先行したものの、時間が経つにつれて、他のプレイヤーから避けられるようになり、彼らの利益は減っていった。それとは対照的に、シミュレーションを数多く行った結果としてもっとも多くの資産を貯えたのは、適切な場面で協力を選んだプレイヤーだった。つまりこれこそが、進化的適応をもたらす、安定した作戦だったのである。

しっぺ返し戦略が勝ったおもな理由は、この戦略を利用する人が協力関係に潜むリスクとメリットを認識しているからである。彼らは、現在の報酬が少なくなったとしても、長い目で見てもっと大きな利益を得ることが見込めるなら、その選択を進んで受け入れる。言い換えれば、しっぺ返し戦略は忍耐強いのであって、騙されやすいのではない。

ただ、協力のメリットに関していま私が述べたことはすべて真実だが、そこからはある種の逆説が生まれる可能性がある。もし、成功するにあたって協力が重要なら――私たち人類ができるかぎり社会的関係を築き上げるような性質を持ってこの世界に生まれついたといえるほど重要であるならば――騙したり、嘘をついたり、手を抜いたりといった最適な結果を生まない行動がなくならないのは奇妙に思える。だが、こうした行動がなくならない理由は、完全な聖人（あるいはついでにいえば、完全な罪人）ばかりの社会は、進化論の観点からいって安定性に欠けるからだ。ほかの誰もがやっていない戦略を採用することで、一人で有り余る富を手に入れることができてしまう。[82] 例えば、全員がためらわずに資産を分けあうような聖人の世の中に、一人だけ詐欺師が紛れ込んだなら、大儲けをするだろう。そのため、シミュレーションでも、利己的に振る舞う人間は最初の段階では利益を伸ばしていた。しかし結局のところ人生の終わりには、ゆっくりとだが確実に進んできた協力を選ぶ者よりも、総利益が少なくなった。[83] しばらくすると、自分勝手であるという悪評が立ちはじめ、誰も友人になったり、いっしょに働いたり、何かしらの形で助けようという気を起こさなくなり、結局は成功するための能力が衰退する。だがそれにもかかわらず、私たちの心は実際には利己的な行動や詐術によって優位に立ちうる機会をつねに探しているのである。私が実施したインチキに関する実験が、まさにその例だ。身勝手な行動でその場を切り抜けられると思ったときこそ、自らが設定した目標や基準を守り抜くための自制心が明らかに必要となる。それがなければ、私たちは自分自身が宣言した基準に反するにもかかわらず、目の前の快楽を受け入れることを正当化してしまうだろう。

このような理由から、前にも述べたように、自制心が存在する本当の理由は道徳にあるといえる。感謝、思いやり、誇りの感情によって、高潔に振る舞うとき、人は成功を達成するために自分を支え、いっしょに働いてくれるほかの人たちを確実にひきつけられるようになる。さらに、未来に価値を置くようになることで、未来の自分を益するような行動をとるようになる。ただこれらの感情は、社会的関係を育むのに役立つ一方で、もう一つ間接的なやり方でやり抜く力を高めてくれる。では、その点についての話を始めよう。

社会的なやり抜く力

スタンフォード大学の心理学者グレゴリー・ウォルトンとジェフリー・コーエンは、教育における特効薬とでもいうべきものを発見したのかもしれない。ある要素を追加するだけで、学生の忍耐を五〇パーセントちかく高めることに成功したのである。ウォルトンとコーエンは、優れた学業成績を促す要素について、長い間興味を抱いていた。たしかに知性や早期教育が影響を及ぼしていることは間違いない。ただ、最近の教育研究者のなかには、人の心は個別にではなく社会的な環境のなかで学習するよう進化してきたと考える学者が増えているが、ウォルトンとコーエンもその一員だった。産業化された現在の学校教育が始まる以前の千年間、人間は互いに影響を与えあうペアやグループのなかで学習し、失敗や成功をともにしてきた。結果として、人間の脳のなかの忍耐を司るメカニズムは、まさにそのような環境にあわせて調整されている。

ウォルトンとコーエンは、人間の連帯感それ自体が、学生のやる気に重要な影響を果たしているのではないかという予感を抱いていた。その影響の度合いを正確に測るため、二人は学生に数学のパズルを解かせる実験を行った。学生には気の毒だが、じつはこのパズルはそもそも解けないようになっている。二人は学生たちの賢さには興味がなかった。知りたいのは、学生が目の前に置かれた問題にどれくらい長時間取り組めるかである。二人は学生たちにパズルに取り組む時間は各自の判断に任せると伝えたが、その前にあらかじめ、『The Chronicle of Higher Education〔大学関係者向けの情報紙〕』から抜粋した記事を読ませておいた。この記事は、この大学の数学科出身で卒業後にみなが憧れるような仕事に就いた先輩が書いたという建前である。

実際には、記事は二種類用意されていて、どちらも数学を専攻する喜びが書かれていた。片方の記事は、自分の技術や業績、ひらめきを得た瞬間の興奮、競争試験で高得点をとったときの満足感といった内容が中心だった。もう片方の記事では、数学の定理をいっしょに研究した仲間たちとの交流に加え、教授からの激励やつねに相談に乗ってくれようとする姿勢などが強調されていた。このような仕掛けで学生を騙したのは、数学を追求することで継続的に手に入る報酬を、個人の技術か人間関係のいずれかに関連づけるためだった。どちらの場合も、数学を追求したことによる最終的な報酬は同じで、面白くて給料のよい仕事だが、その目的にたどりつくまでの学習環境や途中の報酬については大きく異なる面に光があてられていた。

学生がどちらか一つの構成の記事を読んだあと、ウォルトンとコーエンは、パズルを解くにあたってそれぞれの学生がどれくらい長く努力できたかを記録した。その後、それぞれの数学の能力や関心の深さという要素を考慮して調整を加えたところ（数学嫌いの学生は、おそらくどんなことがあったとしても、数学のパズルにそれほど多くの時間は割かないだろう）、人間関係に関する記事を読んだ学生は、技術に関する記事を読んでいた学生よりも、長い時間、問題に取り組むことが明らかとなった。報酬を社会的観点から捉えなおしたことで、問題を解こうとする時間が五〇パーセントちかくも増えたのである(84)。

さらに社会的なつながりが、本当に人を忍耐強くすることを確認するために、ウォルトンとコーエンは内容に多少の変更を加えて、再び実験を行った。今度は、学生たちは記事は読まない。そのかわり研究チームは、一部の学生に実際の社会集団のメンバーであると信じさせることで、数学の課題に社会性を付加した。パズルを開始する前に、一部の学生には、あなたはグループの一員に無作為に割り当てられると告げ、そのほかの学生には、パズルは個人で行う（つまり、得点は個別に計算される）と告げた。「グループ」の札を引いた学生には、いっしょにパズルに取り組むグループ内のほかのメンバーの名前を教えたが（ただし、そのなかに知り合いはいない）、「個人」の札を引いた学生にはこのような情報は一切与えなかった。ここでの重要なポイントは、全員が（つまり、グループと個人、どちらの条件の学生も）、実際には同じ部屋で作業をすることだ。しかし「グループ」の札を引いた学生は、自分の作業はそのグループの成果の一貫として他のメンバーから評価され、頼りにされることになると信じていた。

ここでもウォルトンとコーエンは、前のときと同じくそもそも解けないようにできている一連の数学パズルに、学生がどれくらいの時間取り組むのかを記録した。すると再び、社会的なつながりの重要性がはっきりと現れた。グループの一員だという意識が（それがたとえ赤の他人で構成されたグループでも）、学生をかなり長い時間、辛抱させた。[85] そればかりか一週間が過ぎても、自分をグループの一員だと信じていた学生たちはより高いモチベーションを示しつづけた。彼らは、数学パズルの課題に取り組むか、あるいは他のもっと楽しい活動をするかの選択肢を与えられたときに（これは典型的な自制心に関するジレンマである）、グループへの帰属意識をまったく持たなかった学生よりも、前者を選択することがはるかに多かったのである。自分が何かの一員であると気づくこと――つまり、グループ内で共有され、自分が貢献可能で、さらにそれが評価されるのがわかっている目標を持つことは、人を懸命に努力させ、目の前の快楽に抵抗できるようにする。ようするに、帰属意識はやり抜く力を与えてくれる。しかも、なんの苦労もともなわずにである。

さらに、おそらくもっとも重要なのは、このウォルトンとコーエンの実験室における発見は、実世界にも十分に適用できることである。STEM（科学、技術、工学、数学）の分野における男女間の格差を例にとってみよう。女性はアメリカの大学人口の約五六パーセントを占めているにもかかわらず、STEMの分野で学士号を取得した女性の数は男性の半分である。この格差には多くの原因があるが、マサチューセッツ大学の心理学者タラ・デネヒーとニランジャナ・ダスグプタは、女性のやる気を削ぐ要素の一つは、帰属意識の薄さなのではないかと考えた。よく知られていることだが、STEMの分野で研究や労働に従事している女性の多くが、伝統的に男性優位のこの業界は非友好的で、ときに自分が疎外されていると感じることがあると訴えている。こうした主張の妥当性を検証するため、デネヒーとダスグプタは、男女あわせて一五〇人の現役エンジニアに協力を依頼し、大学で工学を専攻する新入生女子一五〇人を相手に、一年間にわたって指導者を務めてもらった。すると二人が予測した通り、女性の指導者に担当してもらった学生は、男性の指導者に担当してもらった学生（あるいはそもそも指導者がいない学生）よりも、工学専攻の中退率が（指導が終わってから一年が経過したあとでも）低くなる傾向があった[86]。さらに、最終的に学生が学業で成功する可能性を高める最大の要因の一つは、自分の指導者といっしょに働くことで生まれた帰属意識の向上にあった。ここでもやはり、帰属意識とほかの人による暖かい支援が、難しい仕事に直面した際のやる気と忍耐を向上させたのである。

心も体も折れないやり方

ほかの人とのふれあいの感覚が自制心と忍耐を高めるのであれば、誘惑への抵抗に関連するストレスの一部も軽減するはずだ。ここまでに見てきた通り、やり抜く力を無理に示そうとしつづけることから生まれるストレスは、心と体をむしばむ可能性がある。

この考えを検証するため、ウォルトンとコーエンは、社会への帰属意識を高めるために考えられた比較的簡単な働きかけによって、学生の成績が向上するかを確認しようとした。対象となったのは、成功するために、意志の力やそれに類する認知テクニックに頼りがちであり、それゆえ健康被害を起こしやすい学生たち——つまり、社会的に恵まれないバックグラウンドを持った学生たちである。このプロジェクトは、学士号の取得を目指す、アフリカ系アメリカ人とヨーロッパ系アメリカ人の大学新入生という二つの集団を追跡調査するものだった。一流大学に合格したアフリカ系アメリカ人の集団の多くは、その他の学生たちに対して多少の疎外感を抱いた状態で入学する。さらに、そのあとに襲われる恒常的な孤立や社会的逆境を、キャンパスの大半の学生とはどこか違う存在である自分自身に原因があると感じることが多い。そのことをウォルトンとコーエンは知っていた。そして、このような認識を変えることができるなら、学業での成功に向けた努力にともなうストレスをある程度軽減できるかもしれないと考えた。つまり、アフリカ系アメリカ人の学生がほかの学生とのつながりや共通の体験——全員が最初はホームシックや孤独を感じているという事実——に気づけるようにすれば、友情が深まることで不安は軽くなり、私たちがさきほど見た通り学業も向上するだろう、と考えたのだ。

一年生の二学期に、彼らは研究対象の学生の半数を実験室に呼び、多くの新入生が感じている逆境、孤独、社会的不安といった意識について論じた読み物を手渡した。さらにこの読み物には、人付き合いの輪が広がるにつれてこのような感情が薄れていったという、同じ大学の先輩学生のエッセイも載せておいた。さらに、このエッセイの書き手として紹介されている人物との共通性を強く感じさせるため、新入生に、いままでの自分の大学での体験と、いま読んだばかりの先輩が語る体験がどれくらい似ているかについて作文を書かせた。そして最後に、ポイントをよく理解してもらうため、新入生に自分がいま書いたばかりの作文を読んでいるところを録画させた。この動画をほかの新入生への励ましの材料として使うためだ。そして、こうした働きかけを終えたあとの一週間（作業を行わなかったほかの半数の学生についても同じ時期に）、この働きかけが実を結んだかを確認するため、研究に参加した全員に自分の経験や苦しみの感情を測る調査に毎日回答してもらった。

三年後、ウォルトンとコーエンは、この研究に参加した学生の成績証明書をチェックし、あわせて本人たちから、長期で見たときの社会的帰属意識、学業での成功、そして幸福度について報告を受けた。すると、目を見張るような結果が出た。[87] 社会的帰属意識について教えられた学生は、毎年、着実に成績を伸ばしており、結果的にクラスの上位二五パーセントのＧＰＡを獲得するアフリカ系アメリカ人の学生の割合は三倍にまで増えた。そしてこの、年を経るごとにすばらしい成績を挙げるようになった学生たちこそ、一年生のときのあの短い働きかけのあと、早い段階で帰属意識を深めていた者たちだったのである。この調査結果は、社会的に孤立していた人間でも、ほかの人との共通点に気づいてつながりを感じると、集中力や忍耐力が高まり、失敗しても立ち直りが早く、成績も向上することを示唆している。ただしこのような働きかけが、ヨーロッパ系アメリカ人（白人）の学生には同じような効果を生まなかったことには注意が必要だ。彼らはアフリカ系アメリカ人ほど孤立感を抱いて大学に入学するわけではないので、状況を改善する必要がほとんどなかったのである。

しかし話はこれで終わりではない。社会により深く参加しているという意識とストレスの軽減は、健康をも改善したのだ。働きかけを受けたアフリカ系アメリカ人は、平均して気分が非常に上向きであり、働きかけを受けなかった者たちと比べて、医者に行く機会も少なかった。ここでも、人間関係、自制心、心身の健康のあいだに関連があることは明らかである。人とのつながりが学生たちのストレスを減らし、幸福感を高めていた。あいにくこの研究で測定されることはなかったが、ここで人々が抱いた感情も重要なファクターだったように、私には思える。本書で前に取り上げた研究結果から、感謝と思いやり――つまり、人と人とを結ぶ接着剤となる感情――が、ストレスによるマイナスの影響を和らげることはすでにわかっている。そして、このような感情が支えている社会的なつながりがストレスを静め、その結果、お互いがそれぞれの効果を一層強くする。親しい人と時間を過ごすとき、私たちはお互いをさらに強く結びつけてくれる感謝、思いやりなどの社会的感情を経験する。そしてそれがさらに、健康や幸福度を増進するのである。

感謝、誇り、思いやりの感情が社会生活をよくするのは明らかであり、その副次的な効果として成功への意欲も高める。そして、人とのつながりの恩恵を受けるとき、こうした感情は、多くの人にとって現代社会における幸福を脅かす最大の問題の一つ、つまり、「孤独」を和らげる。

孤独の脅威と戦う

自制のために認知的手段を厳格に用いることの危険の一つは、自分の個人的な進歩だけを気にかける状態にあまりに簡単に陥ってしまうことだ。自制心と社会的関係とのつながりを無視すると、私たちは、ロボットのような、孤独で禁欲的な仕事中毒者を自分の理想と考えてしまいかねない。やり抜く力の化身のような、すべてを手にしたように見える人々がいる一方で、同じように勤勉であるにもかかわらず、報われないまま、孤独のなかで細々と働いている人もいる。彼らは家族や友人の温もりからも切り離されているが、この温もりこそ、これから見るように、人間の幸福にとってもっとも重要な要素の一つなのである。

こう聞くと、悲観主義的な意見だとか、あるいは何かにひたむきに打ち込むことの危険性を誇張しすぎなのではないかと考える人もいるかもしれないが、私はそうは思わない。結局のところ、人との絆を感じることがどれほど成功を後押しするかはいま見てきた通りだ。そして、無理な練習を続けることがいかに虚しい努力であり、社会的孤立を招くかについても、前に取り上げた。しかし残念ながら、現代社会において、多くの人は孤独な生活を送っている。人間関係がもたらす喜びがこれだけあるにもかかわらず、私たちはそれを維持することに無残にも失敗している。ハーバード大学の政治学者ロバート・パットナムは、名著『孤独なボウリング——米国コミュニティの崩壊と再生』のなかで、過去数十年のあいだに社会全体で人付き合いが著しく減っていると述べている。社交クラブへの参加は五八パーセント減少し、家族で夕食をともにする時間も四三パーセント減り、さらには友人を家に招待する回数も三五パーセント減少した[88]。パットナム以外の人による調査でも似たような結果が出ている。一九八五年から二〇〇四年までに、信頼できる相手や重要な関心事を話し合える相手が、自分の人生に一人もいないと感じている人の数はほぼ三倍になった。また一九八五年には成人の八割が、親友が少なくとも一人はいると報告していたが、その割合はその後の二〇年間で五七パーセントに減少した。結果として、アメリカ人の五三パーセント以上が、日常的に孤独を感じており、しかもそれは、職場や学校にいるときに——つまり、自分の専門分野の目標を達成しようとするまさにその場所において、とくに顕著であるという[89]。

孤独が楽しくないのはわかりきったことだが、ほとんどの人はそれがどれほど苦痛で、人間を衰弱させうるかについては気づいていない。進化という観点からいえば、社会的な孤立は生死を左右しかねない。人間は生きるために集団に頼るところが大きい。それゆえ、感謝、誇り、思いやりの感情には、人との絆を築き、維持する力があるのだ。現代社会では、一人で暮らしていても、私たちの祖先のようにすぐに死につながるようなことはないだろうが、それでも孤独が引き起こす苦痛やダメージは相当なものだ。

私が、孤独はつらいものであるというとき、そこには身体面だけでなく感情面も含まれている。二〇〇三年、ＵＣＬＡ（カリフォルニア大学ロサンゼルス校）の心理学者ナオミ・アイゼンバーガー率いるチームが、孤独な状態のとき脳の内部がどのように見えるのかを明らかにしようとした。ここで課題となったのは、ＭＲＩスキャナーのなかで横になっているあいだ、どうすれば参加者に孤独を感じさせられるかであった。チームは、遊び場でよく起きる人への冷遇をヴァーチャル・リアリティで再現することにした。サイバーボールという名で知られているこのゲームでは、コンピュータ・スクリーンに三人の「人物」を参加させる。本物の参加者は一人だけで、あとの二人は架空の人物である（ただ参加者はあとの二人を実在の人物だと思っている）。ゲームのルールは簡単だ。仮想のボールを受け取った人は、自分以外の二人のプレイヤーのどちらかにそのボールを渡す。スクリーンのなかの二人が、（一人を無視して）自分たちのあいだだけでボールを投げはじめるとき、社会的排斥が発生する。これはそれほどたいしたことではないように思えるかもしれない。だが、実験を重ねると、排除された人間は孤独を感じ、自らの価値が下がったような気持ちになることが明らかになった。このゲームに必要なのは、コンピュータのモニターと二つのボタンだけなので、ＭＲＩのなかでもプレイすることができる。

そして今回も実験の結果はまさに一目瞭然であった。ゲームのなかで排除された人間は、身体的苦痛に反応することで知られる脳の領域が活性化していた。つまり、孤独は身体的苦痛を生み、実際に体を傷つけたのである。[90] しかし、苦痛以上に悪いことがある。科学が最近になってようやく理解しはじめたような形で、孤独は、時を経るにつれて精神と肉体を破壊していくのである。

シカゴ大学の心理学者ジョン・カシオポほど、この悲しむべき事実を明らかにするのに尽力した人物はいない。彼は、数十年にわたって孤独が及ぼす有害な影響について研究し、その研究結果は社会への警鐘となりはじめている。前述の現代社会における孤独感の増加を示す調査結果と考えあわせると、ここには国民の健康に危機が迫りつつある可能性が明らかに見てとれる。恒常的な孤独は、肥満による死亡リスクを倍にする。これは早死の可能性を高めるという点で、喫煙に匹敵する。孤独は免疫力を低下させ、炎症を増加させる。それはどちらも、心臓病や糖尿病のような病気につながる。さらに時が経つにつれて、孤独にともなう慢性ストレスは、睡眠を不規則にし、血圧を上昇させ、鬱《うつ》の原因となる[91]。

さらに孤独と鬱はかなり緊密に関連しているので、たとえ社会生活が改善されたあとでも、孤独の感覚が人の心を曇らせる可能性がある。例えば、一年間孤独な状態を経験して、その後、人間関係を取り戻せたという人でも、有害な影響は残る。以前、孤独を味わったことで、数カ月のあいだ気分が落ち込み、世の中への見方も暗いものとなる[92]。ようするに、孤独は未来を変化させるのである。また、社会のなかに孤独が広がれば、そこでも同じことが起きうる。人間は、一時的に孤独を感じることで、この状態がこれからも続くのではないかと思う可能性が高くなることがわかっている。さらにこうした予測は、自分を受け入れようとしてくれるほかの人に対する見方をも歪め、人を一層内向きにする。そして、こうして心を閉ざしてしまうと、普通に付き合いのある人間まで孤独な気分にさせてしまう。

この悲しむべき現象のもっとも顕著な例の一つを、有名なフラミンガム心臓研究に見ることができる。この研究では数千人を対象に、数十年にわたる調査が行われた。孤独がどのような状況で発生するかについて目を光らせていたとき、研究者は集団のなかにそれを発見したのである。さらにそうした集団は時とともに拡大する傾向があり、それはまるで孤独の感情が伝染しているかのようだった。例えば、一人の人間があるタイミングで孤独を訴えると、その人と付き合いのあるほかの何人かの人たちが、もともとまったく孤立を感じていなかったにもかかわらず、しばらくあとになって突然孤独を感じるようになるのだ。この孤独の「伝染経路」は、拡大する社会集団内の個人から個人へと直接たどっていくことが可能だった[93]。

どんな人間でも、ある目標だけを追求するために他人との関係を断ってがむしゃらな努力を始める限り、社会的な絆を弱め、孤独が体や心に与える致命的にもなりかねない悪影響にその身をさらすことになる。つまるところ、地理的な断絶がなくても孤独は起こる。やることが多すぎて時間が足りないということも原因になる。たとえソファでパートナーの隣に座っていても、あなたがノートパソコンで仕事していたのでは、人とつながっているとはいえない。実のところ、それはほかの場所で働いているより、なお悪い状態かもしれない。なぜなら、物理的に離れているために心が通わないという言い訳が利かなくなってしまうからだ。

それでも、自制心それ自体が社会的成功に関連していることは間違いない。ミシェルのマシュマロテストで最高の成績を収めた子供たちは、その後の人生でも良好な人間関係を築いていた。だとすれば、目の前の欲求を先送りにする力それ自体が、将来の孤立を防いでくれるのかもしれないという考えが成り立ちうる。そして実際、これはある程度までは真実である。自制心を、より強固な人間関係を築くのに役立てることは可能である。自制心によってその人物が、進んで何かを人と分かち合い、心から正直に振る舞う限り、その性格は磨かれていくだろう。ただし「可能である」ことは、必ずしもそうなることを意味しない。結局のところすべては、最終的に自制心をどのように育て、どのように使っていくかにかかっている。自制心を成功の追求と人間関係の涵養《かんよう》にバランスよく振り分けられれば、孤独は確実に減っていくだろう。しかし、おもに自分の成功に向けて偏って使ってしまえば、自制心は問題を生みかねない。

これは、たとえ目標が、特定の病気への支援や慈善事業の開始といった、社会性のあるものであった場合でもあてはまる可能性がある。個人としての人付き合いをおろそかにしてまでこのような大義名分に人生を捧げても、ほかの人との距離は縮まらない。それこそ、新しい種類のコンピュータ・ディスプレイの設計をしたり、ヘッジファンドを管理したりする人と比べても大きな差はない。つまり、たしかにある種の目標はほかのものよりも人類の利益になるのかもしれないが、どちらを追求しようとも、机で一人、夕食を食べる事態を招きかねない、ということだ。

驚くにはあたらないが、あいにく、データもこの見解を裏付けている。個人の目標の追求とその実現にあたって、実行機能、意志の力、合理性に頼れば頼るほど、ほかの人と付き合う時間は少なくなる。心理学者のエミリー・ビアンキとカスリーン・ボーズは、十万人以上のアメリカ人を対象とした調査データを参照した際に、人は成功への階段をのぼるにつれ（ここでは世帯収入を基準としている）、友人や家族との付き合う時間が減っていくことに気づいた(94)。

成功するためには人との付き合いを減らすのはやむを得ないことであり、当然の代償である、と主張する人もいるかもしれない。たしかに、困難な目標を追求するのであれば、それを中心に生活を組み立てなくてはならないのだろう。さらに、誘惑に耐え、注意散漫になるのを防ぐために目の前の仕事に集中する必要があるのかもしれないし、それがさしあたり一人の時間を増やすことを意味するなら、それを選ぶのは当然なのかもしれない。しかしほとんどの人――とりわけこうした主張をもっとも口にしそうな人――は、目標を追求するために人付き合いを減らすと、報酬も減ってしまう場合が多いことに気づいていない。いままで見てきた通り、孤独はそれ自体が、衝動をコントロールする能力を低下させるため、危険な失敗の連鎖に陥りやすくなる。孤独が続けば、認知制御を働かせて意志の力に基づいた戦略を実行するためのモチベーションや能力を維持するのが難しくなっていく。つまり結局のところ、このような戦略に従うと、時間が経つにつれて、キャリアから（例えば、プロジェクトの完遂やテストのための勉強など）健康（ダイエットを続けたり、禁酒をすることなど）にわたる広い分野において、実際に失敗のリスクが上昇する。また、孤独は、標準化テストにおける得点の低下や運動量の減少につながることが知られている。これらも孤独の持つマイナス面を示す例である[95]。

職業の領域についていえば、二つの大規模組織に勤める八〇〇人以上の従業員と管理職を対象に調査を行ったハカン・オズセリックとシーガル・バーセイドが、孤独に関するマイナスの結果を実証した。調査の開始時に、対象者の自己報告と、職場における彼らの孤立具合を観察した同僚たちからの報告を使って、研究チームは査定を行った。そして六週間後、同じ対象者の態度や業績水準に関する情報を、管理職と対象者自身の両方から収集した。すると予想通りというべきか、孤独と業績のあいだには明らかな関連が現れた。孤独な人間は、職場での注意も努力も足りないだけでなく、同僚との絆も弱く、職務の達成度も低かった。ようするに孤独は、人の集中力、忍耐力、協調性を著しく制限していた。[96]孤独がやり抜く力を奪っていたのである。

この問題には取りうる解決策が二つある。まず一つは、成功についての定義を根本的に変えることだ。ようするに、成功は個人の功績ではなく、社会とのつながりによるものと評価する、ということである。しかしながら、おそらく誰もそんなことはやらないだろうし、実のところ、私自身もやるべきではないと思っている。発見、精通、創造を求める人間の衝動は、科学、工学、医学、芸術の分野での驚くべき進歩につながった。この衝動は、何かに帰属したいという本能と同じくらい、私たちのＤＮＡの一部として組み込まれている。そのため、真の解決策は、個人の功績を捨てるのではなく、それと人とのつながりのバランスをとることにある。社会志向の感情を使うことが、その答えとなる。これは個人的な目標を達成するのに直接役に立つだけではない。こうした感情をつねに働かせるとほかの人との絆が深まって孤独が軽減され、それによってさらに自制心が強くなる。簡単にいえば、こうした感情は、成功を手に入れるうえで二重の効果を挙げてくれるのだ。

第7章

外へのひろがり——手を高く掲げると、伸びていく

たったいま見た通り、社会志向を持つ三つの感情は、私たちを粘り強くするだけでなく、長く人に好かれるような人物にしてくれる。そしてそれによって、やり抜く力にとって不可欠な要素である、忍耐力と不屈の精神も磨かれる。このような感情には、周囲の人にも広がる性質があることはすこしだけ述べたが、この章ではこの注目すべきポイントについてさらに深く検討していくことにしよう。感謝、思いやりそして誇りの感情は、適切に使えば、自分の仲間にも広まっていき、全体としての回復力も高める。

意志の力、実行機能、そして習慣形成といった認知機能とは違い、感情は私たちの心のなかだけにとどまらず、外の世界にまで広がっていく。つまり、他者に対する私たちの振る舞いばかりでなく、私たちに対する他者の振る舞いや行動にまで影響を及ぼす性質を持っているということだ。社会的な感情には外に向かって拡散する力がある。つまり、より大きな集団の振る舞いや成果を変えるための複数の経路を提供することができるのだ。これから見ていくように、感謝、思いやり、誇りを感じ、その気持ちを表現することは、周囲の人々の感情に大きな影響を与え、人々をより協力的かつ誠実で、勤勉にする。さらに、集団全体のストレスのレベルを下げ、幸福感を高めることが

できる。

ピラミッド・パワー

一芸に特化するか、それともオールラウンダーになるか？　成功をテーマにした文献をしっかりと読んだことがある人なら、このような言葉をそこかしこで目にしたに違いない。たしかに以前は、オールラウンダーであること、すなわち、多くの分野において優れた能力を示すことが、一流大学や専門職大学院などの合格につながる道だったといえる。スポーツをしている。ＧＰＡが高い。慈善団体でボランティア活動をしている。これらすべてのチェック項目に丸をつけられるのであれば、あなたは目的地点に近づいている。だが、これまでと変わらぬ数の席をめぐって、より多くの人が争うようになれば、当然、人より目立つための基準も変わっていく。突然、スポーツ経験があるだけではなく、大会で優れた成績を残していなければならなくなる。慈善団体で働くのはすばらしいことだが、慈善団体を創設した経験に比べれば見劣りする。年を追うごとに求められる基準は高くなり、人々は競争のためにより懸命に長時間頑張らなければならなくなる。ここにおける問題はたった一つ。オールラウンダーであるには、時間が足りなくなってきていることだ。

一日は二四時間しかなく、私たちが費やせる労力には限りがある。一芸を磨くことに専念するなら、ほかのことを上達させるための時間は少なくなる。そのため、成功の構造は変化せざるを得なくなった。みながオールラウンダーを目指した。そして、何をさせたらいいのかわからないほど多くのオールラウンダーを抱えることになった大学や転職エージェントは、これまでとは違った方法で魅力ある人材を探しはじめた。つまり、「尖った」人物を求めるようになったのである。(97)

人間の能力をいくつかの性質に分け、それぞれの要素を異なる方向に物理的に配置してみたとしたら、オールラウンダーのそれはかなり均一なものとなるだろう。どの方角から見ても、まずまずの適性を示す。つまり、彼らの強みは全体として非常にフラットな形に配置されている。しかし本当に独特の才能を備えた人——つまり、一つの分野で並外れた能力を身につけた人は、ある領域において周囲から飛びぬけて見える特徴を持っているはずだ。だから、スポーツはしないしグリークラブにも参加しないが、GPAは非常に高いかもしれない。交響曲を作曲したり、スタートアップを立ち上げたり、超新星を発見したりといった人もいるだろう。ようするに、こうした鋭く尖った人間は、いくぶん偏っているかもしれないが並外れた才能を磨くための努力は惜しまないだろう、ということだ。彼らは粘り強く、価値のある特別な目標に向かって突き進む情熱を持った人たちであり、こうした人格は、現在、成功のモデルとして支持されている。そして私も、これはおおむねよいことだと考えている。創造力、才能、卓越性を獲得するには並々ならぬ努力が必要だ。レオナルド・ダ・ヴィンチのように、多くの分野で能力を発揮できる人間は極めてまれである。しかし、自制心によって集中力を維持し、目標の追求を続けられるのであれば、私たちにも独自の能力を発揮できる領域が見つかるかもしれない。さらにいえば、学業以外の領域では、オールラウンダーであることは実際にはそれほど重要ではない。テクノロジー企業で上に行けるかどうかは、斬新なやり方でプログラムを組んだり、デザインしたりする能力にかかっている。芸術家であれば、創造力と技術を磨くことが決め手になるだろう。

ただ、こうしたメリットがあるとはいえ、一芸に特化することには一つ重大な欠点がある。構造的にいえば、先が尖った物体は、もっとも弾力性に乏しい。塔と同じように、先が尖った形は高い位置に到達することができるが、揺さぶられると、簡単に傾いて倒れる可能性がある。同じ理屈は一芸に特化した人物にもあてはまる。何かがうまくいかなくなると、彼らはたいていの人より大きな痛手を被る可能性がある。なぜなら彼らは目標を達成するにあたって、非常にもろい道をたどっているからだ。

私たちはこのような明らかな危険をつねに察知しているわけではない。なぜなら世間にいる一芸に秀でた人々は、成功するための条件をかなりの程度まで備えているからである。最初の段階で成功することで、彼らの将来のキャリアは比較的楽なものとなる。障害物となりそうなものはあらかじめ取り除かれ、足元はある程度安定しているように見える。例えば、高校でなんらかの優れた成果を残した人は、いい大学に入る確率が高くなる。そして、いい大学を卒業すれば、一流企業に就職する確率も高くなる。学校の評判やコネクションがあるため、すでに他から一歩リードした状態にあるからだ。公平かどうかは別にして、ほかの人がどれほど強く叩いても開かなかった扉も、こうした人には開かれるだろう。(98) しかし何かがうまくいかなくなると——例えば、一流の外科医が事故によって手先の器用さを失ったり、最高経営幹部が長年目指してきたCEOへの就任を不当な理由で見送られたりすると、この頂点からの転落は途方もない打撃となる恐れがある。

イントロダクションで言及したように、職業倫理や己を律する心が強い人間は、逆境に直面したとき、普通の人よりも深く思い悩む傾向がある。やり抜く力のような特性が幸福度を高める理由は、それが失敗への耐性が強めるからではなく、たんにそうした特性を持つ人は一般的に失敗する確率が低いからであることを、この事実は示唆している。つまり、失敗の少ない人間は幸せになりやすいが、だからといって、実際に失敗したときにダメージが少ないわけではない、ということだ。

ところで、尖った形が不安定であるというなら、安定した形とは何だろう？ 突然の混乱にも揺るがずに、高い目標に向かっていけるより優れた形がきっとあるはずだ。結論からいえば、私たちの祖先がすでにそれを見つけ出している。ピラミッドだ。ピラミッドはほかのどの形よりも強靭さを保ちながら、高さも最大限に上げることができる。塔は比較的軽い打撃で倒れてしまうが、同じ高さのピラミッドを傾けるにははるかに強い打撃が必要となる。実際、土台の幅を増やしていく限りにおいて、ピラミッドは安定したままどこまでも高く伸ばしていくことができる。

話を再び、物体から人間の世界に戻してみても、この含意は容易に転用できる。ようは、大きな成功をつかみたいなら広い土台が必要である、ということだ。ただし、この場合の土台とはたんに技術を追加することではない。なぜなら一つの技術を開発するのに時間や労力を注ぐことで、その分、ほかの技術を磨く時間やエネルギーが減ってしまうからだ。そのせいで、核となる技術の質が損なわれたり、あるいは体や精神の状況を悪化させる結果となる。手を広げすぎると、こうした事態を招いてしまう。幸いなことに、土台を広げるにあたっては古くから伝わるほかのやり方がある。それが、社会的絆だ。すでに見てきた通り、感謝、思いやり、誇りの感情を育むことは、目の前の欲求を満たしたいという利己的な衝動を抑え、配偶者として、両親として、同僚として、そして友人として、私たちがより魅力的で尊敬される人間になるよう促してくれる。それに技術を習得するのとは違って、社会的絆を強めるのはそれほど難しいことではない。来る日も来る日も、長い時間を費やす必要はないのである。積極的に人との関係を築き、お互いに分かち合い、人生における他者の重要性を認めさえすればいい。こうした感情に従うことで容易に絆を深めることができるし、実際のところ、これは生まれつき人間に備わっている方法でもある。私たちは自分の土台を固めながら、空に向かって手を伸ばすことができる。

ここまで私は、おもに個人的な部分——つまり、これらの感情が持つ、個人の成功や幸福を形成する力に重点を置いて説明してきた。だが、社会のネットワークのなかで使ったとき、これらの感情はさらなる恩恵をもたらす。人に伝染するという性質によって、まるでウイルスのように周囲に広がっていくのだ。ある人の支援の土台が広がると（つまり、より多くの人と頻繁に会うようになると）、ほかの人の土台と必然的に交わることになる。すなわち、互いの感情が何度も行き来しながら広まっていくということだ。ある人の思いやりある行為が、他の誰かに感謝の気持ちを芽生えさせる。メンバーの一人が誇りを抱くと、チームにいるほかのメンバーも同じ気持ちになる。これこそ、システムに回復力があることの証である。システムの一部に問題が起きても、他の部分がそれを修正するよう動いてくれる。例えば、ある人がプロジェクトを投げ出したいという衝動に駆られても、同僚が助けてくれたときに抱いた感謝の気持ちを思い出すことで、続けていけるかもしれない。このような道徳的感情がネットワーク内に広まっていくと、全員の絆と自制心が強化されていき、それにつれて全員の幸福度が高まり、成果も増えていく。これらの感情は、上げ潮のようにみなの位置を引き上げるのだ。

この現象のすばらしい例を、思いやりの心が、燃え尽き症候群につねに直面している人たち——つまり、医療従事者たち——に及ぼす影響のなかに見ることができる。ペンシルベニア大学ウォートン校のシーガル・バーセイドは、今回は同僚のオリビア・オニールと協力して、思いやりと人とのつながりが、長期医療施設に務めている従業員の労働と幸福度にどのような効果を及ぼすのかを調査した。二人は、ある大規模医療施設の異なるユニットで働く二〇〇人以上の従業員に、自分自身の業績に加えて、社会的包摂にかかわる感情や共感、協力をどれくらい感じているか情報を収集してもらった。すると、周りの人とのつながりや信頼、受容、支援（これらを心理学では「友愛」と呼ぶが、ようするに共感と思いやりのことである）をあまり感じていないユニットにいる従業員たちは、患者のケアをするこの大変な仕事において、パフォーマンスが悪いだけでなく仕事の満足度も低く、より疲れており、欠勤も多いことがわかった[99]。この調査結果のよいところは、バーセイドとオニールが調査した複数のユニットの仕事内容が、客観的に見て同じである点にある。この施設内ではたとえフロアが違っても、仕事の難しさや退屈さという点においてほとんど変わりはなかったのである。しかし、周囲の人との連帯感や共感を抱くことで、目の前の作業に対するやる気や能力は大幅に向上した。こうしたユニットでは、誰かがあまりの忙しさに仕事を辞めようかと考え始めたときも、ほかの職員が感情面と実際の仕事の両面から支えることで、仕事を続けられていた。

誇りにも同じような効果がある。この感情は技術を向上させながら、回復力を高める。そのすばらしい例は、サンフランシスコに住むサモア人の十代の若者の大集団を対象とした介入研究に見ることができる。こうした若者の多くは貧困ラインぎりぎりの地域や家庭出身であることが多く、結果として、学業や仕事の面で成功する可能性が限られてしまう場合があった。また、サモア人はほかの民族より結束力が弱い傾向があるうえに、自分の民族につきまとうステレオタイプの偏見を負い目に感じていた。この集団内に誇りの感情を醸成することで、彼らにどのような変化が現れるのかを確認するため、クリスティーン・イェーが指導する心理学チームは、「誇りを身につけよ」（WYP）という名前で知られるプログラムを開始した。十代の若者が自分たちの文化集団の伝統、長所、文化に誇りを持てるようにすることで、成功への意欲ばかりでなく、失敗から立ち直る力や幸福感も強化されるものと、チームは予想していた。このプログラムの一環として、十代の若者はサモア人の文化の歴史、芸術的業績、文化的価値や指導者たちについて仲間とともに学んだ。おもな目的は、自分の属する集団とより深い絆を築き、誇りを抱けるようにする手助けをすることだ。若者たちはさらに、芸術に関する技術を学び、プロジェクトに取り組んだ。そしてプログラムの終わりには、彼らは、誇りを抱けるようになったばかりでなく、自分の属するコミュニティとの絆を深め、新しく学んだ技術を磨くために自発的に時間を使おうという意欲も高まった。[100] ＷＹＰプログラムに参加することが、自分の仲間から援助をしてもらったり、協力したりするのに役立ったという報告もあった。つまり、一人の人間が抱く誇りの感情が、ほかの人の誇りを強化することになり、それによって忍耐力と社会的連帯感をも高める結果となったのである。

社会的感情によって、人は成功の高みを追求しながら、同時に強い社会的基盤を築くことができる。たしかに、こうした感情によって、個人的な探求の時間が多少ほかのことにとられる場合があるのは事実だが、その価値は十分にある。時間をつくって他人に投資すること――すなわちいっしょに笑ったり、サプライズで喜ばせたり、慰めたりするのに時間を使うこと――は、仕事の時間をより生産的にしてくれるばかりでなく、困難な時期のセーフティネットとしての役割も果たしてくれる。それに社会的感情を味わうことは、それだけで楽しい。あなたが信じるかどうかはさておき、自分を犠牲にして他人に利益を与えることは、人を実際に幸せな気分にしてくれるのである。人の脳はそれをやりがいとして捉えるという事実がある。そして、このやりがいは周囲にも広がっていく傾向がある。

与えたいという願望

ほかにどんな議論があるにせよ、自制心について学んだ人ならみな、意志の力を使うのが楽しくないことには同意するだろう。これはよくいってもしんどいものだし、悪くいえば歯の神経のようなものだ。これは意志の力が重要ではないとか、役に立たないという意味ではなく、すぐには鍛えられないということにほかならない。多くの場合、意志の力を利用するには、無理やり自分を奮い起こす必要がある。しかし感謝、誇り、思いやりのような感情はそれとは違った働き方をする。このような感情は他者との交流のなかで生まれるものであるため、いずれも独特の方法で、協力や専門知識の共有を促す。また、意志の力や習慣とは違って、それ自体にやりがいがあるため、いつまでも疲れることを知らない。

本質的にやりがいのあることというのは、通常、幸福感や満足感をともなう。しかし、物や行動がもたらす満足感の大きさや、それがどれくらい続くのかについては、状況によって大きく異なる。心理学者による、人間を幸せにする要素に関する二〇年にわたる研究によって、二、三の基本原理が浮かび上がってきた。たしかに、お金で幸せは買うことができるが、それはある程度までのことだ。きちんとした住まい、食事、医療がないことはストレスを生み、幸福を妨げる。そのため、地域によって必要な生活費は大きく異なるため住んでいる場所にもよるが、約七万五〇〇〇ドルまでは収入の増加に応じて幸福感も増えていくことが研究によってわかっている。[101] しかし、この収入を越えると、幸福はお金とは別の基準——つまり、対人関係に関することで決まってくる。

ロレックスの時計は多くの人を笑顔にするかもしれないが、それは、子供とキャッチボールをしたときのことを思い出して浮かんでくる喜びほど長くは続かないであろう。人間の心はそのようにできているからだ。楽しい仲間ほど、人を幸せな気持ちにさせるものはなく、それこそが人に活力と満足を与える。そこにはなんの不思議もない。進化論的な意味で自分を利する行動は、私たちをよい気分にさせる。私たちの心がそう定めているのである。セックスが気持ちいいのは、生殖が進化の絶対条件だからだ。食べることも同じだ。甘くて、油っぽい食べ物が非常においしいのは、カロリーが豊富に含まれているからである（もちろん、このような食べ物は、現代人にとっては危険かもしれないが、ジャンクフードが生まれる前、人類は食糧不足の世界で進化してきたことを思い出してもらいたい)。人類が生き残るために、食べ物もセックスも重要であるが、協力や社会的援助の重要性もそれに引けをとらない。その結果、人間は、ほかの人とつながることだけでなく、その関係を深めることも楽しいと感じる。そして、多くの行動のなかでも、人に何かを与えることほど役に立つものはほとんどない。

何か貴重なものを人に与えるのが協力の本質であり、それによって将来にお返しがあることもみな、承知している。そのため、与えるという行為はそれ自体が、たとえその瞬間には犠牲が必要であっても、セックスや食べ物と同様に心地よい気分にさせるのである。「受けるよりは与える方が幸いである」という言葉は誰でも知っているが、最近になるまで、人間の脳がこの言葉と整合しているかどうかは誰も知らなかった。この問いに答えるには、心理学者のマイケル・ノートンとエリザベス・ダンによる、一連の優れた実験を待たねばならなかったのである。

彼らによる最初の実験はいたって簡単なものだった。アメリカ全国を代表するよう抽出した被験者たちに、二種類の支出——つまり、個人的支出と社会志向の支出のそれぞれにどのくらい使ったかを質問した。個人的支出とは、自分のために買い物をしたり、請求書の支払いやそれ以外の個人的支出にあてたりするお金である。社会志向の支出とは、他人への贈り物や、あるいは慈善活動への寄付などのことである。被験者にはさらに「普段、あなたはどれくらい幸せを感じていますか?」という質問もした。すると、明確な結果が出た。社会志向の支出が多い人の方が幸福度が高かったのである。このパターンは、どの所得水準層でも変わることがなかった。これによって、他人のために多くのお金を使える人の幸福度が高いのはたんに裕福であるからだ、という考えが誤りであることが証明された[102]。ただ、このような調査結果は興味深いものの、他の理由によっても説明可能だといえる。社会志向の強い人は一般に幸福度が高いのかもしれない。だとすれば、支出パターンが彼らを幸せにしているとはいえない可能性がある。それはたんに、幸せな人が一般にとりがちな行動にすぎないかもしれないからだ。

この疑問に対処するため、ダンとノートンはこれまでとは違う方針をとった。二人は、数日間のあいだ、朝の時間に公共の場所で人々に近づいて、どれくらい幸せを感じているかを尋ねた。そして次に二人は、質問を受けた人たちの予想を裏切る行動に出る。彼らに五ドルか二〇ドルのどちらかを手渡し、今日中にこのお金を使ってほしい、と申し出るのだ。ただし、自分のためにか、ほかの人のためにかという、どちらかの条件を付けて。その晩、二人はお金を渡した人たちと連絡をとり、自分がどれくらい幸せを感じているかを再び尋ねてみた。すると、前の実験と同様に、お金を他人のために使った人の方が満足度が高いことがわかった。この新しく手に入ったお金をほかの人のために費やした人は、最初の幸福度にかかわらず、自分のために何かを買った人より、その日の終わりにははるかに幸せな気分になっていた。興味深いことに、他人に使ったお金の額は重要ではなく、五ドルでも二〇ドルでも幸福度には変わりがなかった。つまり、与えるという行為それ自体が満足をもたらしたのである。

この調査結果は決定的であるように見えるかもしれないが、ただ、質問された人たちが、研究者が聞きたいと思っている答えを想像して回答している可能性は残されている。そのため、ほかの人に何かを与える人が、世間一般に認められる答えを返しているのではなく、本当に自分が感じていたことを報告していたのか確認するため、別の学者たちが、さらに脳のなかを深く調べる調査を行った。経済学者のウィリアム・ハーボーとその同僚は、義務的に何かを与えた人と、自主的に与えた人の脳の反応をMRIスキャナーで測定した。この研究のはじめにハーボーは、飢餓に苦しむ人の支援を中心に活動している慈善組織のことを説明しながら、それぞれの参加者に一〇〇ドルを手渡した。さらにハーボーは参加者に対して、これからスキャナーのなかに入ってもらうが、そのあいだにこの一〇〇ドルの一部を慈善団体の口座に寄付できる機会を複数回提供すると説明した。複数回あるうちのほとんどにおいて、参加者は送金するかどうかを自分で決めることができるため、これは自主的な決断である。しかし一部、税金の徴収と同じように強制的に送金される機会も設けた。そして参加者がそうした決断を下しているあいだ、ハーボーのチームは脳内の報酬中枢に焦点を合わせてスキャンを行った。この部位が活性化すれば、喜びの感情が増大したことがわかる。そして実験の結果は、ノートンとダンの主張を裏付けるものだった。義務的な贈与より自主的な贈与の場合に報酬中枢はより活性化したが、それでもどちらの場合でも喜びの反応を示したのである。これはつまり、何かを与えることはその性質に限らず、人を幸せな気分にさせる、ということだ。[103]

いま見てきた通り、協力にはさまざまな形がありうるが、それは協力の第一段階である「与えること」にもあてはまる。与えることの喜びを、お金だけに限定する必要はない。心理学者が「ユーダイモニックな」〔安寧を得るような〕振る舞いと呼ぶ、その報酬が社会的なつながりや共感、感謝などから生まれる行動は、他のあらゆる種類の快楽と同様に、脳の神経系の報酬中枢を活性化させる。ただ、利己的な快楽を追求しているときとは違って、社会志向の振る舞いによって活性化した場合は、時間が経つにつれて鬱や孤独に対する抵抗力が高まる傾向があった。(104) まとめると、感謝、思いやり、誇りの感情は、他人に何かを与えやすい状態をつくってくれる。そして、与えることはそれ自体が努力ではなく、喜びである。つまりそれは、何度でも経験したくなるような高揚感なのだ。

成功は伝染する

感情に基づく戦略の持つ未来志向の性質は、時間が経つにつれて、一人の人間の内面に広がり、ふくらんでいく。しかし、この戦略には、これを成功するための有力策たらしめるもう一つの特徴がある。それはウイルスのように外にも広がることだ。すべての感情は伝染性であり、集団のなかにたちまち広まっていく。(105) 周りの人が幸せなら、その喜びはあなたにも伝染しうる。あなたが悲しいなら、いっしょにいる人も憂鬱な気持ちになるだろう。だが、私がここで強調している三つの感情をはじめとする社会志向性の感情は特別である。このような感情の伝染には二つの形態がある。それは同一型伝染と相互的伝染だ。

同一型伝染では、一人の人間の感情が発現すると、それがほかの人に投影される。意識しているかどうかは別にして、私たちの脳はつねに周囲の人間が表現している感情の合図を解読している。

そして、その人間が自分にとって脅威だと考える理由がない場合、私たちの心は相手の合図を採り入れて、自分も同じ合図を出すことが多い。例えば、誰かが笑っているのを見ると、見ている側の人間もわずかではあるかもしれないが、同じように顔を動かす傾向がある。これは私たちが目撃するほぼすべての身体的動作にあてはまる。こうした、いわゆる無意識の模倣と呼ばれる現象は、他人と動作を一致させるように設計された心のメカニズムなのである。非言語の合図を模倣することで、私たちは相手が表層的なレベルで感じていることを知ろうとする傾向があるが、それは相手の心の状態を解釈するのにも役立つ。誰かが肩をいからせ、顎を上げて立っている姿を見たなら、おそらく私もすこしそれに近いような姿勢をとるだろう。すると私の脳は誇りを感じていると解釈する。言い換えれば、ほかの人間が何を感じているか知るための一つの方法は、相手が発している合図を自ら「試してみる」ことなのである。それによって、自分もすこし相手の気持ちがわかるようになる。

感情の伝染は、なにもほかの人からの非言語の合図だけに限ったことではない。ほかの手段を使っても同様に伝わるし、それゆえ、大きな社会的ネットワークにおいては、はるかに大規模な影響を感情に及ぼしうる。この現象のもっとも説得力のある例の一つは、フェイスブックが行った実験だ。この実験において、同社のデータサイエンスチームは、六八万人以上のユーザーのニュースフィードに表示される感情を伴うコンテンツを一定の方針に沿って修正していった。一部のユーザーには、彼らの目に入るであろう友人からのポジティブな内容の投稿の数を制限し、逆にほかのユーザーには、友人からのネガティブな投稿の数を制限した。ようするにチームは、ユーザーがネット上で接する感情表現の傾向を全体的に操作したのである。つまり、オンラインで見る感情の性質を調節した、ということだ。すると、はっきりとした結果が出た。ユーザーの感情は、同社が操作したニュースフィードの内容に近づいていったのである。[106] 悲しい投稿を数多く見た人は、その後、自分でも寂しい内容の投稿をした。そして、幸せな投稿を多く目にした人は、同じような同調反応を見せた。実際に顔を合わせなくても、人間の心は感情の合図（この実験では、それは言葉で示されていた）に気づき、その感情を原理上は無限の大きさを持つネットワークに広げていったのである。

同じように、集団のなかのひとりが感謝、誇り、思いやりの感情を抱いているとき、わずかではあるが、その気持ちは周囲の人間にも伝染する。これは実際によくあることだ。例えば、多くの人が、自分の知り合いである著名人の横に立っているときに誇りを感じると、口をそろえて報告している。いわゆる「栄光に浴する」という現象だ。そのため、自分が社会的なネットワークのなかに組み込まれていると感じられる場合には、三つの感情を養う自らの努力だけでなく、同じように振る舞う他人の努力からも恩恵を受けることができる。フラストレーションがたまってイライラしている日には、感謝の念を抱くのはなかなか難しいだろうが、感謝の気持ちを持っている友人や同僚に会えば、それは可能になる。周囲にそうした気持ちがあふれていれば、自分が見失っているものを取り戻せるのだ。

思いやり、誇り、感謝という感情を伝染させることが役に立つのは疑う余地はないが、もちろん、私たちが抱く感情はこれだけではない。私たちは怒りや落胆も移されてしまう。これが、こうした感情について個人レベルではなく、システムという観点から考えなくてはいけない理由だ。つながりのあるシステムのなかでは、伝播力のあるものが（それがよいものであれ悪いものであれ）広まっていく可能性は確実に存在する。ただ、システムが回復力を備えていれば、混乱に対処し、自ら復元できるだろう。感情を使う戦略に関していえば、それを実行する簡単な方法は、システムに存在する多数の「ノード（節）」が（この場合、ノードとは人を指す）、適切な感情を抱けるようにすることだ。これによって、ノードは破壊的な感情の広がりを食い止める役割を果たす。誇りや思いやりの感情に多く触れれば、怒りはそれほど広くまで拡散することはない。病原菌に対する免疫系の反応とまったく同じように、問題のある状態は消えていくだろう。

もちろん、そのためのコツは、集団内のバランスをとることだ。重要なのは転換点である。あまりに多くの感情的な「病原菌」が集団内に一気に感染してしまったら、システムが自ら復元することは不可能かもしれない。このような窮地を避けるには、集団の文化に注意を払うことだ。集団内における規範をきちんと監視し、それを維持する必要がある。協力という点に関しては、イェール大学の心理学者デビッド・ランドが、集団内の誠実さや不誠実さの基準レベルをわずかに変えることで、そこに属する個人の振る舞いの高潔さが根本的に変わる可能性を示している。[107] これは自制心に関する感情にもあてはまる。集団内全員の達成力や忍耐力を強化するには、三つの感情の基準レベルを高く保つ必要がある。それができていれば、たとえ一部の人がときにうまくいかない日を過ごすことがあったとしても、システム全体に流れる感謝、思いやり、誇りの空気が、その穴を十分に埋めてくれるだろう。

こうした状況をつくりだすために、同一型伝染（すなわち、感謝が感謝を生み出す状態）に頼ることはたしかに有用だ。だが、もう一つ方法がある。前に述べた通り、思いやり、誇り、感謝の感情は、社会とのつながりのなかにおいてそれらが果たす基本的な機能によって、広がっていく性質がある。そしてそれゆえ、相互に影響を与えあうことも可能なのだ。たしかに、私は友人のマイナスの感情にそのまま同調してしまうかもしれないが、逆に、友人の私に対する振る舞い方によっては、違う心境になるかもしれない。例えば、前にも見た通り、私が思いやりを抱いているなら、ほかの人を助けてあげやすくなる。そして、このような行為はその人の窮地を救う以上の効果を発揮する。それは相手の「感じ」方も変えるからだ。救った相手は感謝を抱き、そしてその感謝によって、いままでよりも他の誰かを助けるために手を差し伸べる傾向を強める。この新しく湧いてきた感情は、必然的に未来の方向に流れていき、次にとる行動を形づくる。思いやりが感謝を生み、感謝が誰かの助けになる行動を促し、その恩恵を受けた相手に思いやりを抱かせる。結局のところ、これこそがこれらの感情の本来の目的なのである。つまり、人同士の交流をつねに続けさせるべく、こうした感情は進化してきたのだ。そして、こうした感情が私たちのあいだで相互に行き来するとき、全員の自制心、勤勉さ、集中力、忍耐力、そして回復力が向上していく。

この現象については多くの例を挙げることができるが、とくに私がお気に入りなのは、ペンシルベニア大学ウォートン校のアダム・グラントとハーバード大学のフランチェスカ・ジーノの研究によるものだ。二人は、一般に申し出を断られることが多い状況——資金調達における忍耐力について調査をした。二週間にわたって、グラントとジーノは、資金調達の担当者が大学への寄付をお願いするために電話をかける回数を記録した。ただし一週目と二週目のあいだに、半数の担当者のもとを、上司である大学の年次寄付担当部署の部長が訪問する。そこで部長は担当者の仕事に対してねぎらいの言葉をかける。このような感謝の表明が、担当者にどのような影響を与えるのかを知るため、ジーノとグラントは、彼らが上司にどれくらい評価され、感謝されたと感じているかを報告してもらった。

翌週に起こったことは注目に値する。両集団（部長から話を聞いてもらえた調達担当者と、聞いてもらえなかった調達担当者）の平均的な成績は、研究の一週目のあいだは実質的に同じだったが、感謝のメッセージを耳にしていた側は、二週目のあいだに資金調達にかける労力を五〇パーセント増加させたのである。[108] ここで重要なのは、資金調達担当者本人が感謝の念を抱いていたのではなく、ほかの人に評価されたと感じたことで誇りを抱くようになったことだ。つまり、ある人間の感謝がほかの人間の誇りをかきたて、電話で冷たい拒絶に会うことも多いつらい職務において、一層の努力と忍耐ができるようになった、ということだ。

この見解にさらなる裏付けを加えたグラントは、次にイェール大学経営大学院の教授エイミー・レズネスキーと協力し、感謝してもらえるのを期待しただけで、成果を増やせることを示した。具体的には、自分の仕事に誰かが感謝してくれることを予想し、さらにそれによって誇りを抱けるだろうと考えている従業員は、感謝も誇りも期待していない従業員よりもパフォーマンスが高いことを明らかにした。[109] 当然ではあるが、このような高いパフォーマンスは、従業員が期待する感謝と誇りを実現するのに役に立ち、結果としてより一層の努力と上司から感謝を呼ぶことになる。そして、この流れは続いていく。つまり、感情による、共同の、成功への上昇スパイラルだ。

この上昇気流を生み出す最高の方法の一つは、感謝、思いやり、誇りの感情を抱く回数を増やすだけでなく、進んでほかの人にこのような感情を見せることである。たとえ、その相手がこのような感情の直接の対象でなかったとしてもだ。相互伝染――つまり私たちが示した思いやりによって、相手から感謝を引き出すような感情の伝わり方――は、自分の人生においてこの三つの感情を養っておきさえすれば、自然と広まっていく。これらの感情を抱けば抱くほど、私たちはそのように振る舞うようになるからだ。一方で、同一型伝染は、雑音（ノイズ）を減らして信号（シグナル）を強くすることで広められる。例えば、ある人物が自分に直接、感謝の気持ちを表してくれない場合、実際にはその人が感謝していることに気づかないかもしれない。感情の状態を伝えるシグナルは、容易に見過ごされてしまうからだ。だが、彼が感情をオープンにしているなら――つまり、みなの前で感謝を示したり、自分が感じていることを口にするなら、シグナルの力も強くなっていく。感情が見えやすくなれば、気づくのも簡単だ。

集団という枠組みのなかでこの戦略を用いることは、リーダーやマネージャーが、集団のなかで、これらの感情を率直に表現して気持ちを共有する文化を醸成することを目指す、という意味でもある。チームやクラスの一員が、感謝や思いやり、そして真の誇りを表現することが重要だと信じている限り、こうした感情を示すこと禁じる試みは、伝染の障害となる。だが、こうした気持ちの伝染が広がり、社会的な規模になれば、非常に大きいうえにやっかいな性質を持つ問題を解決する糸口になるだろう。次章では、その可能性を探っていこう。

いってみれば、ここまでは顕微鏡を使って自制心と成功を見てきたようなものだ。つまり、感謝、思いやり、誇りという感情がいかにして人間を未来志向に変え、それによって、衝動をコントロールし、目標に向かって粘り強く進んでいけるようにするのかを見てきた。同時に、人生にはつきものの日常的なストレスに直面したときに、こうした感情が心身へのダメージをいかに軽くするかについても見てきた。さらに、これらの感情が広がることで社会のネットワークを強化して、社会を構成する個人をより幸せで強靭にすることも取り上げた。しかし、成功のために感情を利用するメリットはまだある。こうした感情は周囲に広がって規模を拡大するだけでなく、全体としての能力も向上させてくれることである。

ここにおける能力の向上というのは、つまりこうした感情が、社会全体を改善するような決断を形成しうるということである。気候変動、崩壊しつつあるインフラ、医療問題をはじめとするやっかいな問題は、すべて異時点間選択のジレンマである。つまり、こうした問題の解決策には、よりよい未来への道を開くために短期的な犠牲を受け入れることが含まれる。しかし、こうした問題の解決をとりわけ難しくしているのは、私たちがすぐに払わねばならない目の前の犠牲と、個人にとっておそらくごく小さくしか見えない未来の利益を結びつけて考えるのが難しいからだろう。

大勢の心が一人の心よりも悪い結果を生む場合

はたして、公共の利益にはどれくらいの価値があるのだろう？　これは取り扱い注意の問題かもしれない。まっとうな神経の持ち主ならほかの人を苦しめたいとは思わないだろうが、実際に援助を与えるとなると、お金や労力が必要になる。これに加えて、私たちは誰もが「公共」の一員であること——つまり、社会の一市民としてほかの人たちが払った税金、労力、寄付などからある程度利益を得ていることを考えあわせると、方程式は非常に複雑になりうる。公共とは、個人のギブアンドテイクという概念をはるかに大きな規模にしたものだ。しかし、自覚的であるかどうかは別にしても、私たちは毎日、そのなかで一定の役割を果たしている。誰に投票するか、どんな政策を支持するか、あるいはどのように資源を消費するかをはじめとするすべてが、自分だけでなく、他の全員の運命に影響を与えている。

個人の利益と公共の利益に関して、人がどのような交換条件を受け入れるかを決断する方法を研究するため、行動経済学者たちは、この件に関する問題を的確に記録するための実験ゲームを作成した。それは公共財ゲームと呼ばれるもので、その名の通り、そこでは参加者は、お金を「共有基金」に寄付するか、手元に置いておくかという選択肢を与えられる。社会への貢献から個人が受ける利益をシミュレーションするため、共有基金に寄付された金額は一定の数をかけて増額したうえで、その利益は参加者全員に分配される。ただ、ここに二つの仕掛けがある。一つは、共有基金にかけられる数が、必ず参加者の人数よりも少ないことだ。これはすなわち、それぞれの参加者が共有基金から受け取る金額は、お金を手元に残すことを選択した場合の合計金額よりも少ないということである。つまり、全員が全額を寄付したときに、集団にとって最大の利益が生まれるように設定されているが、個人にとって一番利益が挙がるのは、他人の寄付から利益をかすめとるフリーライダーになった場合である、ということだ。もう一つの仕掛けは、決断は通常、秘密裏に行われることだ。自分が共有基金に寄付する決断をしたかどうかは、ほかの誰にも知られることはない。

多くの点で、この状況は日常生活の力学を反映している。人が寄付や自分の立場をはっきりと述べないなら、私たちは、誰がなんの税金を払っているのか、どの政治家や政策に投票したのか、簡単に職が得られそうな状況なのに公的援助に頼っているのか、クリーンエネルギーにより多くのお金を払っているのか、などといったことはわからないのである。税金、多くの社会政策、十分の一税〔キリスト教徒などが宗教団体を支援するために自分の収入の一割を払うこと〕などの背後にある理論は、すべての人が自分の個人資産の一部を（生活状況に応じて）寄付することで、全員の利益を確保することである。だが、ご存知のように、こうした制度は当然ながら、理想に反して公平には働いてくれない。

ゲーム理論の研究家にとって、こうした状況下における最高の戦略ははっきりしている。実際、利益の最大化が目的なら、フリーライダーになるべきだ。何も差し出してはいけない。ただ、公共財ゲームでは通常、それとは異なる展開になる。のっけから、ほとんどの人が共有資金にかなりの金額を寄付するのである。経済学者を悩ませる、一見ひどく不合理に見える行動だ。ただ、これは人間の生来の直感に根ざしている。歴史的にいって、人々が小さな集団に所属し、リソース（農業や牧畜のための土地や、狩りにあてる労力）を共有している場合、フリーライダーになることは高くつく。完全に匿名である場合を除いては、未来につねに影がつきまとうことになる。たしかに、短い期間ならそれで得をするかもしれないが、まったく集団に貢献していないことがほかの人にバレてしまえば、罰を受け、村八分にされ、下手をするとさらに悪い状況に追い込まれる。そのため現代であっても、公共財ゲームの開始時には、ほかの人たちと協調して行動しなければならないと感じるのである。ただ、完全な匿名が決まりとなっているゲームでは、自分勝手に振る舞っても自分の評判に長期的な影響がないことに気づくことになる。そのため、ゲームが進み、全員が公平な分け前を払っているわけではないのかもしれないという感覚が広がると、最終的には正義を旨とする少数の献身的「贈与者」だけになるまで、寄付は減りつづける。このゲームにおけるこうした現象はいわば、拡大版の囚人のジレンマである。つまり、人々の運命はパートナーの行動と直接結びついているわけではなく、むしろより大きな集団の行動に関連している。その結果、責任が分散するとともに、報酬が手に入るかどうかは非常に不透明となる。そしてこれは多くの人にとって、身勝手になりやすい状況だ。[110] 罰せられずにすむフリーライダーがいるのであれば、自分もそのうちの一人になりたくなる。結局、フリーライダーたちはその場の利益を持っていくだけではなく、長い目で見たときに、ほかの人たちが払った犠牲が報われる可能性をも下げているのである。

このような判断と、目の前の欲求を満たす方向に流れがちな人間の傾向が組み合わさると、国の内外の問題への取り組みは非常に困難になってしまう恐れがある。気候変動を例にとってみよう。スタンフォード大学と民間の環境調査グループである「未来資源研究所」の協力を得て実施された、ニューヨーク・タイムズの二〇一五年の調査では、圧倒的多数のアメリカ人（うち半数は、共和党支持者であることが確認された）が、地球温暖化は問題であると考えており、理屈のうえでは、政府のこの問題に対する取り組みを支持していることがわかった。[111] ただそのうちの多くがそうした活動にともなう経済的なコストについても触れておりーー現在の気候変動に対する取り組みのペースの遅さを見てわかる通りーー、そのコストがこの問題に対する人々の熱意を妨げていた。

時が経つにつれて、気候変動に取り組むメリットが当面のコストを上回るのは間違いないが、そのメリットを実感するには数十年間以上の時間がかかる。そしてそれを実感する人と、もっとも大きなコストを払う人はおそらく別人だろう。気候変動対策によって失業する恐れのあるアパラチア地方の炭鉱労働者は、海面上昇が大問題となる低地の沿岸都市に住む人たちほど、この問題に取り組むメリットがあるとは思わないはずだ。このように報酬が広く分散する性質を持つとき、人は普段よりはるかに将来の価値を割り引いてしまう。[112]

インフラについても似たような状況が見られる。端的にいって、アメリカ合衆国は現在、まさに崩壊の渦中にある。二〇〇七年、連邦高速道路局はアメリカの橋の二五パーセント以上に構造上の欠陥があることを明らかにした。二〇〇八年、州政府ダム安全担当者協会は、四〇〇〇以上のダムが安全ではないか、あるいは重大な欠陥があると推定している。実際、二〇一〇年には、アメリカの上水道から道路、学校にいたるインフラの改善に必要な予算が1・8兆ドル以上不足するだろうと推計されている。[113] 論理的にいえば、有権者や政治家がこのような事態を起きることを許すとは思えない。さらに、政府の財源を支出するには説明責任を果たす必要があるので、この問題にただ資金を投入するのが正解だとは必ずしもいえないが、インフラを正常な状態を維持するためにお金が必要なのもまた事実である。ただ、アメリカをはじめ多くの国家において、インフラが崩壊しつつあることを考えると、こうした問題にお金が使われていないことは疑いようがない。もうおわかりかもしれないが、このような予算不足が続く大きな理由は、人間が持つ未来を過小評価する傾向にある。ほとんどの人はよくわかりもしない橋の補修にお金をつぎ込むより、もう一度週末旅行を楽しむことを選ぶだろう。さらに、前に述べたこの現象を生み出す割引は、社会全体で見るとより大きくなる。なぜなら特定の橋が落ちたときその上に自分がいる可能性は、統計的にいって非常に低いからだ。

こうした単純な事実が、個人的な決断のときとまったく同じ形で、不適切な政策決定につながってしまうかもしれない。これについては、コーネル大学の経済学者ロバート・フランクが本質をついた例を示している。[114] 前にアメリカに景気後退が訪れたとき、人々は何を差し置いても貯金を優先した。しかしインフラのメンテナンスの先延ばしは、一見お金の節約につながるように見えるかもしれないが、じつはまったく反対の結果になる可能性があることを、フランクは雄弁に語っている。フランクがニューヨーク・タイムズに寄稿した二〇一〇年のコラムで指摘するように、ネバダ州交通局は州間高速道路八〇号線の一〇マイルの区間を補修するには約六〇〇万ドルの費用がかかると推定した。しかし、二年間、補修作業の開始を遅らせると、道路の劣化が続くことで費用は三〇〇〇万ドルに増えてしまう。これを含む多くの類似プロジェクトにおいて、問題に気づいた時点でより多くのお金を支出すること――つまり、未来に投資すること――が、実際にはお買い得だったはずだ。景気後退期のあいだであれば、失業率が高いうえに設備の生産能力も余っていたのだから、労働コストも物品コストも非常に低い水準に抑えられたというフランクの指摘は正しい。このときほど、建設費が安くすんだ時期はなかっただろう。それなのに、追加の経済刺激策はほとんどなされなかった。国民は未来に不安を抱き、自らもそして、支持する政治家たちも、とりあえず資産を温存することで現在に意識を集中してしまったがために、結果として未来に実現してみなで共有されることになる大きな利益をふいにしたのである。

多くの点で、かかわっている人間の数が増えるほど、正しい行動に導くのは難しくなる。自分の分担金を支払わないなど、ただ乗りの機会が増えれば増えるほど、それ以外の人たちは、自分が将来、得をするとは信じ難くなり、騙されているのではないかと疑うようになる。共同の資金に出資することのメリットは――つまり、私たち全員が正常な状態の道路や橋、信頼できる農業、きれいな空気と水、強力な軍隊から利益を受けることは、統計的にいって強く支持できる。だが、こうしたみなが共有するメリットは、具体性に欠け、日常生活からかけ離れたことのように思えてしまう。歴史的には、生き残るために必要な犠牲や自制、協力は、さまざまな方法で互いに責任を負うことができる比較的小規模のグループのなかで行われてきたが、現代では遠く離れた場所にいる膨大な数の人に頼っているのが普通である。その結果、実際にひどく不安定な状況にでもならない限り、私たちはほかの人の貢献によって受けている恩恵に気づくことはほとんどなくなってしまった。

このような問題を解決するには、かなりの自制心が必要となる。さらに、それに関連した、公的な財源を利己的な目的のために使いすぎてしまうという問題についても同じだ。「コモンズの悲劇」として知られるこの現象は、目の前の利益のために共有の資源を使いすぎてしまうときに起きる。例えば、短期的に個人の利益を追求するために、個々の漁師が魚を捕りすぎれば、みなの食料である魚の全体量が減少し、やがて完全に魚がいなくなる恐れがある。

自分が受けている恩恵を正しく認識するのに、複雑かつ統計的な思考と、利己的な決断によって被害を受ける人たちとのコンタクトが必要となる状況は、実行機能の使用に適していない。自制が必要であり適切でもあるという理由を見つけ、それを認めようと頭を使うことは、こうした状況ではより困難となるからだ。私たちには、もっと根本的かつ直観的なレベルで人々を動かすことのできる方法が必要だ。それは複雑な思考を必要としない方法であり、協力や自制の問題をより小さな規模で解決していた祖先たちが使っていた心の制御法を取り入れ、それをもっと大きな規模でも使えるようにする方法でもある。すなわち、社会的感情だ。

心の習慣

本書で勧めてきた三つの感情には、人が自分の態度や信念を形づくったり、変えたりする方法に影響を及ぼす、二つの共通した特徴がある。一つは、これまで見てきた通り、未来の報酬の価値を割引きしすぎてしまう傾向を抑えることであり、もう一つはほかの人に対する認識を変えて、より協力的で信頼がおける人間であると思えるようにすることだ。総合すれば、とくに感謝、思いやり、誇りのような道徳的な色合いを持つ感情は、全員が長期的に利益を上げられる方向に態度を変えていく性質を持つ。つまりこれらの感情は、私たち全員をより未来志向に変え、ただ乗りされる不安を減らすことで、長期的によりよいことをなすための努力や献身を容易にしてくれるのである。

証拠をいくつか示しておこう。リベラル派と保守派の環境政策に関する意見の重大な分かれ道の一つは、リベラル派が気候変動、リサイクル、種《しゅ》の保存のような問題を道徳的なものと捉えている点だ。リベラル派の人々の心のなかには、このような問題を考えるとき、道徳的感情が湧いているのである。彼らはものを再生利用することを誇りに思い、環境被害に苦しむ種に対して思いやりを抱いている。人間はもともと、自分が道徳的な観点から問題に関わっていると感じるとき、目標を達成するにあたって短期的な犠牲を受け入れやすくなる傾向がある。このこととリベラル派に特有の傾向を考えあわせれば、彼らが環境にやさしい政策を好む理由が十分に理解できるはずだ。彼らが環境への配慮にコストを払う価値があると考える理由の一つは、目先の利益に集中することを、道徳的感情が食い止めているからだろう。

この見解が正しければ、道徳的感情を目覚めさせて、その状態を適切な目的と結びつけることで、環境政策に対する保守派の態度もおそらく変えられるはずである。幸いなことに、スタンフォード大学の社会学者ロブ・ウィラーがトロント大学の心理学者マシュー・ファインバーグと共同で、この可能性だけに絞った調査を実施している。二人は道徳に基づく環境保護のメッセージを作成した。しかし、リベラル派の環境主義者が典型的に使う「害を与えてはならない」という形ではなく、「純潔さ」という道徳的原理に基づいて作成することにしたのだった。純潔さに焦点をあてたのは、数十年にわたる研究から、保守派はリベラル派よりも純潔性を道徳的にはるかに重要であると感じていることがわかっていたからだ。つまりおそらく保守派には、穢《けが》れのない状態にあるものをありがたく思い、価値を感じる傾向があるということだ。[115]この傾向に沿った環境保護のメッセージは、未来の世代が「汚されていない自然の純潔さと価値」を味わえるように「神聖なものへの冒涜《ぼうとく》」から自然環境を守ることを人々に奨励するものだった。

ウィラーとファインバーグは、保守派を自認する人たちに、純潔さを主眼に据えた環境保護のメッセージと、より一般的な「害を与えてはならない」式のメッセージのいずれかを読んでもらった。すると、前者を読んだ人たちの方が、後者を読んだ人たちよりも、環境保護を目的とした法律案に対して、より前向きな態度を示した。[116]実際、純潔さを主眼としたメッセージを読んだ人たちは、そこには気候変動に関する情報は含まれていなかったにもかかわらず、地球温暖化問題について以前よりも確固たる主張を持つようになったと述べた。ここでは、とくに、道徳的感情が未来についての認識や決断に及ぼす伝染性の影響が観察できる。

ここまではいい。道徳的感情が呼び起こされたとき、人は集団の長期的利益につながる決断と行動を重んずると「口にする」のはたしかだろう。しかし、いざというとき、——つまり、実際のコストや不便さを目の当たりにしたとき、言葉と行動は、はたして一致するだろうか？　道徳的感情を利用して社会を変えようとする前に、われわれはこの質問に答える必要がある。そして、実はすでに出ている答えが、非常にポジティブなものであることを、私はうれしく思う。

その例の一つとして電気の使用が挙げられる。多くの首都圏で、電気は老朽化した送電網を使って送信されているが、暑い夏の日は、家や事務所を涼しくするために過剰な負担がかかる場合が多い。二〇一三年だけを見ても、過剰な電力需要が原因の大規模な停電によって、ニューヨーク、ワシントン、フィラデルフィア、ボストンで数十万人の人々に電気が供給されない事態が起きている。また、カナダ、日本、インドでも同じような大規模停電が発生している。だがこのような事態は、実際にはかなりの割合で避けることができるものだ。電力会社は、かなり前から停電を防ぐための技術を備えているからだ。ただ、問題は顧客に——もっと具体的にいえば、顧客の自制心の欠如にある。

夏場に停電が発生する問題の本質は、「公共財ジレンマ」である。これはコモンズの悲劇と同様に、多くの人の役に立つ資源が存在していたとしても、みなが恩恵を受けられるのは誰も資源を浪費しない場合に限る、という状況だ。大勢の人が適量を越えて使えば、資源は枯渇する。ようするにこのケースでいえば、電気回路がショートして故障が発生する。もちろん、この問題を解決する簡単な方法は、みなが協力することである。それぞれが自制心を働かせ、使いたいだけ使うのではなく、消費量を制限する必要がある。この例でいえば、家や事務所がすこし暑くても我慢するということだ。さもなければ、全員がエアコンを全開にして電気が一時的に止まり、誰もがより苦しむというリスクが生じる。

自制心について私たちがすでに知っていることから推測できるかもしれないが、大半の人は送電網にとって最適と思われる温度よりもエアコンの設定温度を低くしてしまう。理由は、他人を犠牲にして自分が得をしたいか、あるいは他人の身勝手な行動を許すようなカモにはなりたくないからである。利用者にさりげなく協力を促すため、電力会社は、停電の危険が高まると警戒信号を受信する小さな無線機を、エアコンの近くに設置する提案を定期的に行っている。信号を受信すると、この装置は自動的にエアコンの設定温度をすこし上げて、送電網の負担を減らす。この装置は短時間で簡単に設置できるが、取り付けに同意した人はごくわずかだった。アメリカのどの地域においても、設置する人が二割を超えることはほとんどなかったのである。

前に示したように、この協力率の低さのもっとも大きな理由は、現代は規模や技術といった観点から見て、人間が進化してきた環境とはまったく異なる状況になっているという点にある。かつては、誰かが自分の取り分以上のものを持っていけば、それは極めて簡単に露見した。もしある人が公共の牧草地で自分の牛に草を食べさせすぎたり、共同の井戸から水を汲みすぎたり、地元の納屋の棟上げを手伝わなかったりしたら、おそらくほかの人間がこの事実に気づいただろう。しかし、人数が数千人規模になり、さらに家のなかに温度調節器を設置するという簡単に秘密にしておけるようなことについてとなると、かつては利己的行動を抑制してくれた通常のメカニズムも、たちまち機能停止状態になるか、無視されてしまった。自分勝手に振る舞っても誰にも気づかれないのであれば、自分の評判が傷つくことをそれほど気にする必要はない。そして、一部の人間が自分の評判を気にしないのであれば、それ以外の人たちも、自制心を働かせて協調的な行動をとり、人から称賛される振る舞いをしようという気持ちはなくなっていくだろう。

　このジレンマには一見、打つ手がないように見える。だが、じつは簡単な対処法がある。技術や人口規模によって身勝手な振る舞いを隠すことができる状態だというなら、それを変えるには、状況を公にすればいいだけの話だ。そのもっとも強力な具体例を、アメリカの大手電力会社ＰＧ＆Ｅの協力のもと、ハーバード大学の経済学者エレツ・ヨエリが主導した工夫に富んだ研究に見ることができる。ＰＧ＆Ｅはもともと、顧客に二五ドルを提供するかわりにエアコンにつなぐ停電防止装置を取り付ける契約を提案していたが、成立件数はごく限られていた。ヨエリの研究チームは、個人的な報酬を与えることで契約を促すより、他人にどう見られているかという顧客の不安を利用した方が、よりよい成果が得られるのではないかと考えた。そこで、顧客に停電防止用機器の設置契約を提案する方法に、ちょっとした変更を加えてみた。これまでと同じく装置を設置するよう手紙で顧客に呼びかけると同時に、近所の人たちにわかるよう公共の場所に掲示された申し込み用紙に署名することで装置の契約を結ぶことにしたのである。こうすることで、近所の全員がこの機器の設置に誰が同意したのかわかるようになる。この装置は冷房の温度を自動的に設定するので、契約した人がこっそりインチキをできないことはほぼ間違いない。さらにいえば、逆に誰が自分勝手に振る舞おうとしているのかも簡単に確認できるようになる。契約した人は自分を誇りに思えるだろうし、契約しなかった人はおそらく近所からの冷たい視線にさらされざるをえないだろう。

　この戦略はすばらしい成果を発揮した。停電予防プログラムへの参加数が三倍以上に増えたのである。[117] さらによいことに、この新しい戦略は電力会社にとって費用対効果が高かった。ヨエリのチームは、PG&Eがこの手段で達成した加入率をもとのやり方で実現するには、契約時に提供する金額を一人あたり一四五ドル上乗せしなくてはならなかっただろうと試算している。すこし考えてみてもらいたい。同じような成果のために必要なのが、かたや一七〇ドルのお金であり、かたや数枚の紙である。どちらを選ぶかは考えるまでもない。誇りは自制のための強力なツールであり、定期的に近隣の人たちと交流する可能性が高い状況でこそ、公共の場に掲示した加入申込書はもっとも顕著な効果をもたらす。さらに、これによって誇りの感情の持つ効果は拡大していき、社会的なフィードバックによって強化される。例えば、誰もが廊下で名前のリストを見ることのできる高層マンションであれば、効果はさらに大きくなる。同じく、この方法が借家人より自宅所有者に対して効果が高いのは、長い目で見たときに、借家人は地域社会にそれほど注意を払わないからだろう。

総合してみると、このような調査結果は、住民たちが地域内の人々に道徳的な感情を奨励して、それが育まれている限り、地域の将来に明るい兆しが見える可能性が高いことを示唆している。そして、これを後押しする方法が二つある。一つは文化的な気風のなかにこうした状態を組み込むことだ——社会が価値を置く規範の中心に据えることで、子供が成長するなかでそれを内面化できるようにする。これによって、例えば思いやりのある人は、当面の犠牲を払ってでも、ほかの人のためになる行動を自然ととる状態になるだろう。

この戦略の成功例を、デンマークに見ることができる。デンマーク人は、共感や思いやりを学ぶことが、数学や文学を学ぶのと同じように、未来の成功と幸福にとって欠かせないことだと信じている。しかもこの考えは確かな研究によって裏付けられている[118]。そのためデンマークでは、共感をテーマにした授業や演習が、学校の正規カリキュラムに組み込まれている。人の立場になって考えたり、協力して働いたり、必要なときには互いに助け合ったりすることを教えることで、生徒たちは思いやりを持って行動しようという意欲や能力を身につけて、大人になっていく。この思いやりの涵養と、デンマークのほかの社会的側面を直接結びつけるような実験はないが、潜在的なつながりは明らかに見てとれる。デンマークはつねに、世界でもっとも幸せな社会ランキングのトップ近くに位置づけられている。さらに重要なのは、将来を見据えた環境政策の提唱という点でも、トップに近い立場を占めていることだろう。例えば、エネルギーの利用を抑える一方で、新しい環境技術の開発を推進する税政策をデンマークの国民は支持してきた。もちろんどちらにおいても、国民は税金という形で負担を要求される。ただ、そのかわり将来により大きな利益を共有できる可能性が与えられる。

社会的感情を社会の長期的成功を促進するのに利用する二つめの方法は、道徳的な感情や関心を呼び起こすような形で政策をつくり、実行していくことである。結局のところ、人がハイブリッドカーに普通より高いお金を払う理由は、それを買える経済的な余裕と、環境に対する責任を果たしていることを示すことによって誇りを抱けるからだ。これによって、差し迫った課題を突きつけてくる社会的問題を、ある程度素直に道徳的な問題として捉えることができる。そして、選択を下す権限を持った人が道徳観を共有する限り（この点はどんなに強調してもし過ぎることはない）、説得力は増していく。ウィラーとファインバーグの研究が示す通り、問題を道徳に関するものと思わせるためには、集団内にある既存の道徳的信条（例えば「純潔さ」といったような）に合わせてメッセージを作成する必要がある。人々が問題の対処に際して、自ら感謝、思いやり、誇りを感じるようになれば、解決するために進んで対価を払うようになる。そして、それを実行する人が増えていけば、匿名のフリーライダーに騙される不安は減っていき、社会における自制心や協力の平均レベルは上昇スパイラルに入るだろう。

ただ、感情に決断を導くだけの影響力があるとはいえ、人は普通、自分たちに影響を及ぼす法律や方針について議論するにあたって、旧来の知識を（それが正確であるかどうかにかかわらず）数多く持ち出してくることを認識しておくのは重要だ。こうした情報は最終的な決断に必ずなんらかの影響を与える。その点を考慮に入れて、私は社会的感情を社会の基礎に織り込むことで生まれうる、もう一つの利益を指摘しておきたい。それは、感情は私たちが、事実から目をそむけることを防いでくれる、ということだ。第2章で取り上げたインチキに関する実験で見た通り、人間の心はときに、事実や解釈を自分の都合のいいように歪めてしまう。つまり、私たちは自分が犯した不正を、実際よりも害のないものであると解釈しがちなのだ。であれば、目の前の欲求を満たすのを邪魔しかねない事実について、やはり同じように解釈したとしても、とくに驚くにはあたるまい。私たちは、自分の目的にかなう場合には、いとも簡単に「フェイクニュース」を信じたくなってしまうものなのである。

このような傾向のもっとも顕著な例の一つを、人間が気候変動に与える影響について、自分たちが認識している（それゆえ、信じられる）事実を、短期的な経済不安が直接、変化させてしまうことを示した研究に見ることができる。ニューヨーク大学で実施された巧妙な設定の実験において、心理学者のエリン・ヘネスとジョン・ジョストならびにその同僚たちは、二〇〇名以上の参加者にポッドキャストとビデオを視聴させ、その評価をさせた。参加者たちが最初に聴いたポッドキャストのテーマは経済だったが、ここでは意図的に、アメリカの現在の金融の見通しに焦点をあてた内容にした。そして、この特別に制作されたポッドキャストには、二つのバージョンがあった。どちらも同じ事実に基づいているが、片方ではアメリカではずっと景気後退が続いていると述べ、もう片方ではアメリカ経済は回復基調にあるとした。このいずれかのバージョンを聴いたあと、参加者全員が、気候変動の原因をつくったのは人間であるという証拠を示したＮＡＳＡ制作の六分間のビデオを視聴する。そして見終わってから数分後、なんの予告もなく、ビデオのなかに含まれていた具体的事実に関する質問をした。

その結果、経済への不安が、このビデオで紹介された事実についての記憶を大きく変えたことがわかった。景気後退をテーマにしたバージョンを聴いて、現在の収入により大きな不安を抱いた人たちは、気候変動の脅威を小さく見積もるような形で事実を誤って記憶していた。一例を挙げると、彼らは、夏期における北極の海氷の減少量について、ビデオで報告されたよりもはるかに小さい数を報告した。これは参加者たちの記憶力が悪いということではない。もしそうであれば、氷の減少量を過小に報告した者と同じくらい、過大に報告する者もいたはずだからだ。つまり、彼らの心は、目先の利益を優先させるため、地球温暖化という長期的な結果を大手を振って無視するために、巧妙かつ意図的に数字をごまかしたのである。これは、現在のアメリカの経済制度が公平であるという考えをもっとも強く支持する人たちのあいだに広がっている思考パターンである。[119]

この研究は、根深いうえに非常にやっかいな問題を際立たせている。「合理的な」心が事実を改ざんしてしまうなら、合理的な分析が自制を促すことはないだろう。結局、未来に深刻な問題が予測されていないのであれば、現在の犠牲を受け入れる理由はなくなる。そしてそれを正当化するために、多少、記憶を消してしまうといったことも含めて、私たちの心が、短期的な快楽や満足を手にする権利を脅かしかねない事実をごまかす動機を抱くのはいま見た通りだ。だが、前に取り上げたように、問題のある状況において感情の反応に集中することは、目の前の欲求に飛びつこうとする衝動の抑制剤になりうる。たとえそうした衝動が、自分たちだけに関する選択についてのものなのか、あるいはそれよりもさらに大きな影響を持つものを対象にするのかにかかわらずだ。

ここにおけるメッセージは明確である。感謝、思いやり、誇りの感情を大切に育て、それらを目標として掲げている社会は、資源を保護し、未来に向けて積み上げることを容易にする。だが、この方向に社会を動かすためにどのような方法がベストなのかは、それほど明確ではない。ウィラーとファインバーグが明らかにしているように、政策を考えるうえでメッセージを道徳的なテーマに絞ることが、これらの感情を活用するための有効な手段となるが、それが成功するかどうかは、それぞれの問題に合わせたアピールをうまく作成できるかにかかっている。ヨエリが使った公共の場での契約のような戦略にも同じことがいえる。より確かな方法は、このような状態を定期的に感じられる機会を増やしていくことだ。そうすれば人の心は、現在の自分の快楽よりも、全体に関連する未来の利益を優先する方向につねに向かうようになるだろう。この点で、デンマークが学校のカリキュラムのなかで社会的感情に焦点をあてているのは賢明だと私は思う。

アメリカでは、学校でも企業の訓練プログラムでも、感情知性を教えることが非常な人気を博している。しかし通常、重要な基礎的要素が無視された形で教えられている場合が多い。指導者やトレーナーは人の感情を察したり、自分の感情を静めたりする方法を教えることにもっぱら的を絞っている。その目的は、戦略的に他人を操作したり人付き合いに利用したりするために、ほかの人が感じていることを予測したり、やんちゃ坊主が（あるいは気難しい大人）が学校や職場で騒ぎを起こさず、集中できるように、感情を調整することだった。しかし感情知性には、まだほとんど語られていない第三の要素がある。それは、目的を達成するための道具として感情を利用する方法だ。ここが、私たちが社会全体として努力を集中しなくてはいけないところなのである。デンマーク人が成功と調和という目的を達成するために、共感と思いやりの重要性を教えているように、アメリカをはじめとするほかの国々でも国民に普段から、感謝や思いやりや真の誇りの感情を養い、呼び起こす方法を教えるべきだ。具体的に使われる戦略は対象の年齢や場所によって変わってくるだろう——若者向けのストーリーテリングやモデルの提示、あるいは本書で言及したような大人のための具体的な方策まで、さまざまだ。

ただ、とにかくここにおける目標は、社会的感情による反応をうまく利用する具体例をなるべく早い段階で提示することだ。それは教育機関だけでなく親にもできることだ。感じるべきことを無理やりに押し付けろといっているわけではない。言葉による指導とモデルの提示の両方を通じて道徳的感情の大切さを教えるだけで、美徳は養えるといいたいのである。私たちの心にはもとからこのような感情のメカニズムの種がまかれている。そして、世話を怠らなければ、この種は花を咲かせる。

さいごに

感情こそ人間の大いなる武器

本書も終わりが近づいてきた。ここまでの説明で未来を志向する能力や目の前の欲求に抵抗する能力が長期的成功に不可欠であることを、くわえて、特定の感情を無視したり抑えたりするのではなく、それをうまく利用することが長期的な目標を実現するうえでよりよい道を開いてくれることをわかっていただけたとしたら幸いである。ただ、それは何も、実行機能とその弟分にあたる認知がつねに問題をはらんでいるということではない。意志の力、論理的思考、計画立案などにも果たすべき役割があるのは間違いない。ただ、その限界を考慮にいれたうえで、その役割の適切な割合を考えなければならない。これまでに見てきたように、そうした仕組みは偏っており、比較的もろく、維持するのが大変であり、ときに有害にもなるからだ。

感謝、思いやり、そして誇りの感情を人生に取り入れる方法を見つけることで、さまざまな面で恩恵を受けられる。ここで重要なのは、成果を高め、孤独と戦い、健康を増進するにあたって社会的感情から恩恵を受けるのは、そうした感情を抱きやすい人やそれを使うための専門知識を持った人だけの特権ではない、と認識することだ。仕事の世界は移り変わりが激しく、人より先んずるために必要な技術も変わっていく。多くの点で、私たちはある種の転換点に差し掛かっているのかもしれない——そこでは、職業の面でかつては非常に役に立った技術や戦略も効率性を失っていく。つねに時代の先を行くため、私たちは社会や感情に基づく能力の性質や重要性を見直す必要があるだろう。個人の目標を達成し、最大限の幸福を実現するためだけでなく、二一世紀のつねに変化する仕事のダイナミズムの中でうまく立ち向っていくためにも。

変わりゆく仕事の世界

新しい技術やソーシャルメディアよって職場環境がますます変化を遂げているなかで、成功に必要なスキルだけでなく、人との付き合い方も急速に変化している。その結果、成功とリーダーシップの基礎となる能力——すなわち、共感、協力、創造力、コミュニケーションに関する技術の重要性が増している。ニューヨーク・タイムズのクレア・ケイン・ミラー記者は、二〇一五年に注目を集めた記事のなかで、二〇〇〇年以降、賃金や仕事のチャンスという面で一貫して伸びを示した職業は、社会的スキルと認知スキルの両方を必要とする仕事だけだったと述べている。[120] それ以外の仕事——技術的な専門知識や繰り返しの作業だけを要求される仕事は、テクノロジーの進歩で自動化が可能になるため、経済的価値が低下しつつある。[121] 機械はどんな人間よりも、より長い時間、速く、正確に、非常に複雑な繰り返しのタスクをこなすことができる。しかし、機械には限界がある。それは共感や道徳心を持たないことだ。機械は、誰かが混乱したり、怒ったりしていてもそれを察することはできず、人との葛藤を経験したり、よい聞き手や友達になる方法やそのタイミングを学ぶこともできない。こうした能力は人間の心の領域に属するものであり、それはこれから数十年にわたって変わることはないだろう。

現在、仕事において人間が優位に立てるのは、同僚やクライアントとの関係を築き、維持する能力である。それには、ほかの人が考えたり感じたりすることを理解するだけでなく、思いやり、感謝、公平さを広げていく力が必要とされる。本書で見てきた通り、ほかの人に共感をすることができて、親しみがあり、自ら信念を持っている同僚、指導者、管理職は、本人だけでなく、チーム全体においても最高の能力を引き出せる。そして、こうした資質を持つメンバーが増えることで、みなのストレスが減り、幸福度は高くなり、結果として収益が増える。メンバー同士が互いに協力し、支えあっているとき、組織自体も創造力や回復力が高まり、前向きになる。感謝、思いやり、誇りの感情が社会のネットワーク全体に相互に響きあう形で浸透していくとき、みなの貢献度も上がっていく。

こうした考えを支える強力な証拠を、二〇〇九年にグーグルが実施した研究に見ることができる。グーグルの人事部にあたるピープル・オペレーション部（ＰＯＤ）は、巨大検索エンジンの焦点を内部に向け、自社の管理職とチームの成績に関する情報を収集、分析した。ＰＯＤは人事考課、受賞歴、意見調査など、社員に関して使われたあらゆる種類の言葉や表現を収集した。そして情報を収集したあと、それらが生産性や業績の尺度とどの程度関連しているかを調べた。当初、グーグルの職員の多くは、チームの成功にとって、技術的な専門知識こそが管理職のもっとも重要な資質であると予測していた。ところが実際は、ＰＯＤプロジェクトチームが重要であると確認した八つの要素のなかで、この要素は最下位だったのである。[122] チームの目標達成ともっとも関連の深い管理職の二つの資質は、一つは「支援と思いやりの態度」――例えば、一対一での面会時間をつくったり、同僚との問題を解決する手助けをすること――、もう一つは「成果主義」であった。一方で、たしかに技術的ノウハウは利益を生み出すが、たとえそれを身につけている優れた管理職であっても、協力や共感などの感情面がともなわない場合、結局は非建設的で生産性の劣る環境をつくりだしていた。そうしたリーダーが率いるチームは仕事面でも心理面でも損害を被っていたのである。このような調査結果を受けて、マイクロソフト社のサティア・ナデラやスラック社のスチュワート・バターフィールド、ザッポス社のトニー・シェイといった多くの有名ＣＥＯたちが、社員を募集したり企業文化を創造する際に、共感や情の厚さといった性質を重視するようになった。

　しかし、仕事の世界に訪れているもう一つの変化は、創造力の重要性が叫ばれる一方で、性急な文化がそれを妨げていることである。政策通の人なら、ＮＩＭＴＯという言葉をご存知かもしれない。政治家のあいだで使われている言葉で、「not in my term of office（私の任期内にはやらない）」という意味だ。つまり、あるアイディアが長い目で見てよいものだったとしても、それが政敵から攻撃の材料に使われてしまうような短期的な犠牲をともなうのであれば、再選を望む政治家はそのアイディアを絶対に採用しない、ということだ。典型的には次のような流れとなる。たしかに道路を修理する必要はあるが、それには歳入を増やさなくてはならない。しかし、より多くの税金を払うよう求めるのは自分のキャリアに傷をつけるので、次の会期までその件は先送りしよう、と。ビジネスでも状況はほとんど同じで、この場合はＮＩＭＦＹ（not in my fiscal year：私の会計年度内にはやらない）と呼ばれている。過去二〇年間、政治家と同様、企業はますます短期的な利益ばかりを追う選択をするようになってきた。次の収支報告でウォール街を失望させるような真似をしたくないがために、良好な年次収益を報告することが優先事項になったとき、長期的なプランや投資は即座に棚上げとなる。ほとんどの人がほとんどの場所で、いま、その場で手に入る利益に目を奪われていて、未来のことなどまったく考えていない。

前にも取り上げた通り、この現在への偏重が生み出す問題は数多い。だが、そこではさらなる問題の存在が明らかになりつつある。それはイノベーションの減少である。何かを変えようとするには創造力が必要となる。ハーバード大学のテレサ・アマビールが示したように、創造力には、探究をする自由と失敗をする自由が必要だ[123]。そして、差し迫った締め切りに間に合わせるためのストレスがある場合、こうした自由は実現しない。ようするに、いまという時間に意識を集中すると、ほぼすべての領域で未来の可能性が制限されてしまうのである。過去一〇年で、どの企業がもっとも革新的成果を生み出したかをすこし振り返ってみれば、この考えの正しさは証明される。グーグル、フェイスブック、アマゾンがその顕著な例だ。このような企業をはじめとしたシリコンバレーの住人たちは、短期的利益には重点を置かないことを明言している。彼らは創業当初、投資家に対して、当面はバラ色の収支報告を期待しないようにと警告していたのである。つまりこうした企業は、創造的であること——真に革新的なものを設計、開発をするためには、長期的な努力が必要であると同時に、気短な投資家にすぐに報酬を与えなくてはいけないという義務から解放されなくてはならないことを理解していたのだ。

現在、このような考えは、もっと従来的な業界の企業にも広がりつつある。二〇一五年、トヨタは「近視眼的態度」と戦うことを目的にした新しい種類の株を発行した。同社初の乗用車の名前にちなんでＡＡ型種類株式と命名されたこの株は、普通株よりも高値で販売されるうえに、少なくとも五年間は売却することができない。しかし、最低でも発行価格で払い戻せる保証がついている。この株式は、トヨタに安定した投資家の基盤を与え、成果が出るまで数年を要する可能性のある革新的な研究開発プロジェクトを追求するのに必要な時間と流動性を確保する。おそらくこうした流れは加速する。そして、社会的感情が促すような、あえて短期的な犠牲を受け入れて努力をすることで、未来のよりすばらしい成果を追求するというやり方を、より報われるものとするだろう。本書で説明したテクニックを使って、同僚や仲間、顧客のあいだにこのような感情を浸透させたり喚起したりすることで、個人や企業において革新を起こすのに必要な空間や支援の邪魔となる、性急に報酬を要求する傾向を変えていけるだろう。

しかし悲しいことに、私たちの教育制度は長期的な思考の仕組みやそのメリットについては教えてくれない。クレア・ケイン・ミラーが、『Why What You Learned in Preschool Is Crucial at Work（幼稚園で学んだことが職場で重要である理由）』という的確なタイトルの記事で指摘している通り、現在では、成功を勝ち取るための重要な技術においては、道徳に重点が置かれている。これはつまり、人と協力したり、公平でいたり、他人の立場で考えたり、我慢したりする方法だ。しかし子供が幼稚園を卒業して、小中学校、高校や大学に進むと、仲間とのやり取りが重要な小さなグループでの活動中心の学習から、ノートをとったり、暗記による試験勉強をしたり、論文を書いたりといった、個人での追求が必要な形の学習に急速に移行していく。近代のオフィスが、このような環境と似ているのであれば、この学習方法は筋が通っているかもしれない。だが問題はもちろん、実際にはそうではないことだ。現在の職場における力学は、幼稚園生活のそれにますます似てきている。より多くのチャンスを提供する仕事や職場では、巧みな社会的、感情的スキルが必要とされる。人々は順応性のある小さなグループのなかで実力を発揮し、協力して問題解決にあたり、互いに信頼しあい、人間関係における優先順位や懸念に気を配ることができなくてはならない。そうした場所で成功するのに必要なのは対人関係のスキルであり、一人で課題を解決したり目標を達成したりすることではないのである。

社会的感情が根付いた職場環境からは信頼や支援の心が生まれてくる。そしてそれが、直接的に創造力を高める。現在の「やり抜く力」のモデル——つまり、実行機能を使っていかなる犠牲を払っても集中力と忍耐力を維持するやり方では、心の柔軟性を失う恐れがある。南カリフォルニア大学のゲイル・ルーカスとその同僚が行った一連の実験では、やり抜く力の強い人間は、タスクを完遂しようとして、誤った戦略に固執する確率が高いことが示された[124]。彼らは、問題を解決したり、試合に勝つために自分が選んだ戦略が、まったくうまくいかないのが明らかになったあとも、それが正しい戦略であることを証明しようとさらに努力を続けた。しかし、共感や信頼を高めることに基づいて忍耐力を高める環境では、これとは正反対のことが起きる。同僚を頼ることができ、誤った選択をしても責められることがないと思えることが、創造力を育てる要諦なのである。

いろいろな意味で、私たちは転換点に近づきつつある。そして、成功への階段を上がろうとすればするほど、より多くの人が孤独や挫折の深淵を覗き込むことになる。未来に目を向けつづけるのに必要なセルフコントロールにあたって、合理性と認知のコツに頼ると、たしかにすぐに成果を得られはするものの、同時に必ずといっていいほどストレスや労力に押しつぶされ、足止めをくらってしまう。そして、生活の感情的な側面や感情を使うスキルを無視して目標に集中しようとすると、自分の能力を制限するだけでなく、数千年にわたって人類が回復力や成功の源としてきた社会の構造をも損ねることになる。仮に社会全体として、成功の高みに達するためにこの道をたどっていこうとすれば、最終的に私たちは失敗へと転がり落ちることになる——これは、すでに多くの企業の指導者が気づきはじめている事実だ。人間の心と体は、禁欲的で社会から孤立するような形では進化してこなかった。私たちは決してコンピュータやロボットほどよい歯車にはなれないし、そうなることを幸せとも思わない。この問題を解決する、つまり、人々が繁栄するのを助けるには、彼らが現在より未来を重んじるように促すだけでなく、それと同時に他人と協力するうえで重要となる性質を育まなければならない。ようするにそれは、人格を磨くということだ。

人格を形成する

本書で示した通り、自制心を磨くための手段は二つある。一つはトップダウン方式で、この方法は誘惑を克服して行動を正すため、つねに認知機能による警戒を必要とする。もう一つはボトムアップ方式で、こちらは具体的な感情を抱きさえすればいい。美徳を構成する基本要素である、思いやり、感謝、誇りを呼び起こせば、それ以外の社会的な美徳とともに自制心もおのずと高まっていく。そして多くの点で、これは心理的に成長する方法に関する重要な洞察を与えてくれる。このような感情を利用すれば、自制心だけでなく、ほかの人を自分の味方にするほかの多くの性質も築いてくれる。

本書全体を通じて、こうした感情の一つを経験することで、心の反応が変わり、ひいては決断や行動が変わっていく様を、何度も見てきた。感謝は、通常それ自体が美徳であると考えられているうえに、自制心を高める効果があり、つねにそれを感じていれば忍耐力も鍛えられるし、正直で信頼に足る振る舞いも促してくれる。さらに、寛大で誠実な人格をつくる効果もある。思いやりも感謝とおおむね同じ効果を持つが、さらに目的意識や自己効力感など、自分は力を発揮できるという信念を与えてくれる。誇りも、意欲や勤勉性を高めることがわかっており、さらに難しい仕事にも熱心に取り組めるようになることで、ほかの人から称賛される可能性も高まる。

つまるところ私がいいたいのは、これらの感情を育くめば、そのほかの美徳を成長させる種をまけるということだ。この三つの感情は人格を形成するためのエンジンである。自制心とそれに関連する特性を強化し、あわせて、人生に立ちはだかるあらゆる障害に対処できる人間を育てるのに貢献する。つまり、こうした感情を使えば、あなたがどのような場所で努力するにしろ（例えば、仕事上のキャリア、クリエイティブな作業の追求、子育てなど）、バランスがとれているうえに回復力も備えた長期的な成功をもたらしてくれるだろう。さらにほかの人たちをひきつける効果もある。ようするに、こうした感情を使うことで、あなたはやり抜く力だけでなく、品格まで身につけられるということだ。それは履歴書の内容をよくしてくれるだけでなく、ニューヨーク・タイムズのコラムニスト、デビッド・ブルックスの言葉を借りれば、あなたの名声をも最大限に高めてくれるだろう。

ほかの人に説いていることを自ら実践することは重要だが、本書への助力に対する感謝という点に関していえば、これは極めて簡単だ。感謝すべきことがたくさんあるので、この場を借りてその意を示そうと思う。何よりもまず、妻のエイミーに心からの感謝を捧げたい。彼女がいなければ、本書が日の目を見ることは絶対になかっただろう。執筆を開始することができたのも妻の励ましがあったからであり、書き終えることができたのも、その賢明な忠告と支援のおかげだ。私が本書に取り組んでいるあいだ、妻はアイディアの発案者、相談役、批評家、編集者と、多くの役割を果たしてくれた。彼女からのインプットがなければ、この本ははるかに貧しい内容になってしまったに違いない。二人の娘にも感謝したい。彼女たちは日々、感謝と思いやりの気持ちを表現する実例を示してくれた。私は言葉では言い表せないくらい、娘たちを誇りに思い、深い感謝の気持ちを抱いている。

私の両親であるヴェラ・デステノとラリー・デステノにも、過去四九年間にわたって与えてくれた励ましや支援に感謝する。残念なことに、本書を執筆しているあいだに、父は亡くなった。しかしその死は私に、仕事の成功ばかりでなく、個人的成功、そして家族の成功を祝福する人生を築くことが、いかに重要なのかを思い出させてくれた。

私は一人っ子として育てられたが、結婚することで、新しい両親、そして義理の兄弟と姉妹にも恵まれた。みな、まるで生まれたときからの付き合いであるかのような人たちだ。ジョーン・ヴィタールとパトリック・ヴィタール夫婦、トーマス・ヴィタール、ドナ・ピラトとそれぞれの家族には、私の仕事を支え、関心を抱いてもらったことに心から感謝する。本書のアイディアは、休日の食卓で交わされた言葉のやり取りによって、いっそう、すばらしい内容となった。

また、私は幸運にも、賢く親切で寛大な人ばかりが揃った研究室で実験を行うことができた。本書で取り上げた研究の多くが、現役か卒業生かを問わず、私の研究室の大学院生たちのアイディアと多大な貢献がなければ実現できなかっただろう。モニカ・バートレット、リア・ディッケンズ、フレッド・ズオン、ダニエル・リム、ピアカルロ・ヴァルデソロ、リサ・ウィリアムズ、ジョリー・ウォームウッド。彼らひとりひとりと、ともに研究できたことは私にとっての誇りであり、教え子としてだけでなく、友人としても付き合えることに永遠に感謝する。

もちろん、優れた科学の多くは大学図書の枠を超えなければ生まれえないというのが事実である。そのため以前から私のエージェントを務めてくれたジム・レヴィーンと、レヴィーン・グリンバーグ・ロスターン・リテラリーエージェンシーの社員のみなさんに心より感謝したい。いつものようにジムは、本書の売り込みや執筆の過程で、どこかまとまりに欠けるアイディアを読者に届く形にまとめ、思考の流れを巧みに導く手伝いをしてくれた。

そして、売り込みと執筆に関しては、ホートン・ミフリン・ハーコート出版の担当編集者であるイーモン・ドーランにも永遠に感謝する。本書の約束を信じてくれたのもイーモンだったが、さらに重要なのは、本書の内容に磨きをかけるのを助けてくれたことである。当面の犠牲を受け入れて長期的利益を獲得することの重要さを私はたびたび語ってきたが、私が書いた複数の草稿にイーモンが記したメモや質問に懸命に答えているときほど、それを実感したことはない。私の主張、論理、語り口に質問を投げかけることで、イーモンは私の考えを独力では不可能なほど、鋭く説得的な形で表現することを助けてくれた。彼のように有能な編集者と仕事をする機会を持てたことを幸せに思う。

本書を貫くアイディアについて議論する機会をいただいた多くのすばらしい方々にも感謝したい。アンドリュー・ゾリー、リサ・フェルドマン・バレット、ロバート・フランク、トーマス・ギロヴィッチ、ピーター・サロベイ、チャディー・メン・タン、アリアナ・ハフィントン、アダム・グラント、ダニエル・ギルバート、ジェームス・ライアソン、アントン・アンドルーズ、ハラルド・ベッカー、アルトゥーロ・ベジャ、チュンダム・ギュルチュル・リンポチェ、ジェニファー・ラーナー、イェ・リー。私が多くのひらめきを手に入れられたのも、彼らの意見や質問、知識の共有のおかげだ。

最後に、科学の研究はお金のかかる事業である。アメリカ国立科学財団、ジョン・テンプルトン財団、マインド・アンド・ライフ研究所が、私と研究所の職員に気前よく資金を提供してくれなければ、本書全体で取り上げた研究の多くは実施できなかっただろう。そして、ほぼ二〇年前に職を得て以来、私の研究計画をつねに支援してくれたノースイースタン大学にはとても感謝している。

人間の心の秘密を解き明かすために、自分のキャリアを捧げる機会を与えられたことを、たぐいまれなる幸運だと思わない日は一日もない。そして、この仕事を通じて人々を勇気づけ、より幸せで健康で実り多い人生を送ることを手伝えたらと願っている。

訳者あとがき

　過去数十年の研究の成果から、成功するための最大の鍵となるのが、自制心であることが証明されてきました。目標がなんであれ、成功できるかどうかは自制心のあるなしにかかっているのです。「意志力の科学」「やり抜く力」など自制心をテーマにした書籍も、数多くベストセラーとなり、日本でも翻訳されるや、多くの読者から称賛の声が上がりました。

　一方、とりわけ自制心という点から、目の敵にされているのが感情です。目先の欲望に負けて、大切な目標を台無しにしてしまう。感情はいわば敗北の元凶と見なされているからです。成功したいなら、「感情」に駆り立てられず、「理性」を働かせよということです。すなわち、感情は悪、理性は善といったい二者択一の観点が自制心のテーマにおいては主流となっているのです。しかしこのような考えははたして健全なものなのでしょうか？　目標を成し遂げるのに、感情にプラスの働きがあるのでは？

『なぜ「やる気」は長続きしないのか』は、まさしく今まで表面に現れてこなかったこの疑問を解き明かし、成功の鍵を握っているのが感謝や思いやりといった社会的感情であることを実証的に突き止めた刺激的な書です。

著者であるデステノ氏は、元来、自制心というテーマでは、怒り、性欲、欲望といった目の前の短期的な目的と関連する感情ばかりに目が向けられていたと指摘します。そのために隠されてしまっていたのが、利己的感情とは対照的な「社会的感情」である感謝、思いやり、誇りなのです。しかし、このような感情がいったいどのように成功と結びつくのでしょう？

たとえば、これら社会的感情の特徴と言って一般に思い浮かべるのは、短期的犠牲を払って人のために奉仕しようとする態度です。そうすることでいざ自分が困難な状況に立たされたときに、かつて奉仕した人物に助けてもらえる確率が高くなります。「社会的感情」とは遠い人類の祖先のころから、いわば社会の潤滑油の役割を果たしてきたのです。これだけでも、このような感情の重要性はいくら強調してもしすぎることはありません。

しかし、さらに、このような感情には、私たち全員が希望や夢を実現するにあたって重要な役割を果たす、ある人物との関係を良好にしてくれる効果がある、とデステノ氏は指摘しています。その人物とは未来の自分にほかなりません。

自制心とは短期的な報酬や富を犠牲にしても、未来にもっと大きな報酬を獲得する方向に向けてくれる力です。ただ、理性や精神力だけに頼っているのでは、自制心はストレスのせいですり減ってしまいます。本書にもあった通り、元旦の誓いのように一週間後にはすべて消えてしまうことにもなりかねません。しかし社会的感情は人々に自制心を無理なく、自然に養うことで、「未来」の自分を輝かせてくれるのです。

本書で解説される三つの感情には、直接的には人間関係の潤滑油という重要な役割があります。

しかし、さらに、最新の研究の成果から、そこには人間に充実感を与え、人生にやる気をみなぎらせてくれるパワーが潜んでいることが解明されています。そしてそのパワーこそが個人と社会のどちらも豊かにしてくれる基礎を育んでいくのです。

本書は豊富な心理実験をいくつも紹介しながら、この事実をたしかな説得力をもって、解き明かしてくれます。おもしろさはもちろん、驚くべき真実も同時に突き止めて興奮したいという読者にきっと満足してもらえる一冊になっています。この三つの感情で、理性や意志の力を頼りにするよりも、自分の願望や目標をより効果的に苦労も少なく追求していけることが理解していただけることでしょう。

最後になりましたが、翻訳に当たっては、白揚社の井上大剛氏、筧貴行氏にたくさんの貴重な指摘をいただきました。心から感謝致します。

住友　進

二〇一九年十二月

さいごに　感情こそ人間の大いなる武器

（120） "Why What You Learned in Preschool Is Crucial at Work," *New York Times,* October 18, 2015, www.nytimes.com/2015/10/18/upshot/how-the-modern-workplace-has-become-more-like-preschool.html (accessed April 17, 2017).

（121） David Deming, "The Growing Importance of Social Skills in the Labor Market," *National Bureau of Economic Research,* NBER Working Paper No. 21473 (2015).

（122） Adam Bryant, "Google's Quest to Build a Better Boss," *New York Times,* March 13, 2011, www.nytimes .com/2011/03/13/business/13hire.html (accessed April 17, 2017).

（123） Teresa Amabile, Constance Hadley, and Steven Kramer, "Creativity Under the Gun," *Harvard Business Review,* August 2002, https://hbr.org/2002/08/creativity-under-the-gun (accessed May 18, 2017).

（124） Gale Lucas et al., "When the Going Gets Tough: Grit Predicts Costly Perseverance," *Journal of Research in Personality* 59 (2015): 15–22, doi:10.1016/j.jrp.2015.08.004.

を見つけ、協力することでそのメリットを享受する。こうした理由から、寛大さが完全に消え去ることはけっしてない。それはむしろ、集団における寄付に対する規範によって潮の満ち引きのように増減する。

(111) "Most Republicans Say They Back Climate Action, Poll Finds," *New York Times,* January 30, 2015, https://www.nytimes.com/2015/01/31/us/politics/most-americans-support-government-action-on-climate-change-poll-finds.html?version=meter+at+0&module=meter-Links&pgtype=article&contentId=&mediaId=&referrer=&priority=true&action=click&contentCollection=meter-linksclick (accessed April 17, 2017).

(112) Geoffrey Heal, "Discounting and Climate Change: An Editorial Comment," *Climatic Change* 37 (1997): 335–43, doi:10.1023/a:1005384629724. https://www.researchgate.net/profile /Geoffrey_Heal2/publication/226289791_Discounting_and_Climate_Change_An_Editorial_Comment/links/02bfe51155c6a82b2e000000 .pdf.

(113) "Building the Bridges to a Sustainable Recovery," *New York Times,* September 11, 2010, http://www.nytimes.com/2010/09/12/business/economy/12view.html?mwrsm=Email&_r=1 (accessed April 17, 2017).

(114) Ibid.

(115) Jesse Graham, Jonathan Haidt, and Brian Nosek, "Liberals and Conservatives Rely on Different Sets of Moral Foundations," *Journal of Personality and Social Psychology* 96 (2009): 1029–46, doi:10.1037/a0015141.

(116) Matthew Feinberg and Robb Willer, "The Moral Roots of Environmental Attitudes," *Psychological Science* 24 (2013): 56–62, doi:10.1177/0956797612449177.

(117) Erez Yoeli et al., "Powering Up with Indirect Reciprocity in a Large-Scale Field Experiment," *Proceedings of the National Academy of Sciences of the United States* 110 (2013): 10424–29, doi:10.1073/pnas.1301210110.

(118) Damon Jones, Mark Greenberg, and Max Crowley, "Early Social-Emotional Functioning and Public Health: The Relationship Between Kindergarten Social Competence and Future Wellness," *American Journal of Public Health* 105 (2015): 2283–90, doi:10.2105/ajph.2015.302630.

(119) Erin Hennes et al., "Motivated Recall in the Service of the Economic System: The Case of Anthropogenic Climate Change," *Journal of Experimental Psychology: General* 145 (2016): 755–71, doi:10.1037/xge0000148.

pnas.1011492107.
(102) Elizabeth Dunn, Lara Aknin, and Michael Norton, "Spending Money on Others Promotes Happiness," *Science* 319 (2008): 1687–88, doi:10.1126/science.1150952.
(103) William Harbaugh, Ulrich Mayr, and Daniel Burghart, "Neural Responses to Taxation and Voluntary Giving Reveal Motives for Charitable Donations," *Science* 316 (2007): 1622– 25, doi:10.1126/science.1140738.
(104) Eva Telzer et al., "Neural Sensitivity to Eudaimonic and Hedonic Rewards Differentially Predict Adolescent Depressive Symptoms Over Time," *Proceedings of the National Academy of Sciences of the United States* 111 (2014): 6600–6605, doi:10.1073/pnas.1323014111.
(105) Elaine Hatfield, John Cacioppo, and Richard Rapson, "Emotional Contagion," *Current Directions in Psychological Science* 2 (1993): 96–99, doi:10.1111/1467-8721.ep10770953.
(106) Adam Kramer, Jamie Guillory, and Jeffrey Hancock, "Experimental Evidence of Massive-Scale Emotional Contagion Through Social Networks," *Proceedings of the National Academy of Sciences of the United States* 111 (2014): 8788–90, doi:10.1073/pnas.1320040111.
(107) Alexander Peysakhovich and David Rand, "Habits of Virtue: Creating Norms of Cooperation and Defection in the Laboratory," *Management Science* 62 (2016): 631–47, doi:10.1287/ mnsc.2015.2168.
(108) Adam Grant and Francesca Gino, "A Little Thanks Goes a Long Way: Explaining Why Gratitude Expressions Motivate Prosocial Behavior," *Journal of Personality and Social Psychology* 98 (2010): 946–55, doi:10.1037/a0017935.
(109) Adam Grant and Amy Wrzesniewski, "I Won't Let You Down . . . or Will I? Core Self-Evaluations, Other-Orientation, Anticipated Guilt and Gratitude, and Job Performance," *Journal of Applied Psychology* 95 (2010): 108–21, doi:10.1037/a0017974.

第8章　個から集団へ——社会的成功を促す

(110) ただ、協力する人が減ったとしても、一部には寛大で寄付を惜しまない人が残ることを忘れてはならない。こうした人はいずれ自分と同じような人

work," *Journal of Personality and Social Psychology* 97 (2009): 977–91, doi:10.1037/a0016076.

(94) Emily Bianchi and Kathleen Vohs, "Social Class and Social Worlds: Income Predicts the Frequency and Nature of Social Contact," *Social Psychological and Personality Science* 7 (2016): 479–86, doi:10.1177/1948550616641472.

(95) John Cacioppo and Louise Hawkley, "Perceived Social Isolation and Cognition," *Trends in Cognitive Science* 13 (2009): 447– 54, doi:10.1016/j.tics.2009.06.005.

(96) Hakan Ozcelik and Sigal Barsade, "Work Loneliness and Employee Performance," *Academy of Management Proceedings,* January 2011 Meeting Abstract Supplement): 1–6, doi:10.5465/ambpp.2011.65869714.

第７章　外へのひろがり――手を高く掲げると、伸びていく

(97) "Well-Rounded Versus Angular: The Application Colleges Want to See," WBUR News. http://legacy.wbur.org/2013/12/26/well-rounded-passion-college-application (accessed May 15, 2017).

(98) そして残念なことに、「追いつく」という選択肢をつねに選べるとは限らない。第３章で見たように、社会的に恵まれないバックグラウンドを持った学生たちが大学での成功を目指すにあたって実行機能に頼った戦略を用いようとすると、そこには対価が生じた。こうした学生たちには人生の早い段階でドアを開ける余裕はなかった。そして彼らが学業での成功のために、意識的に自制心を用いつづけたところ、健康が損なわれたのである。

(99) Sigal Barsade and Olivia O'Neill, "What's Love Got to Do with It? A Longitudinal Study of the Culture of Companionate Love and Employee and Client Outcomes in a Long-Term Care Setting," *Administrative Science Quarterly* 59 (2014): 551– 98, doi:10.1177/0001839214538636.

(100) Christine Yeh et al., "Fostering Social Support, Leadership Competence, Community Engagement, and Resilience Among Samoan American Youth," *Asian American Journal of Psychology* 6 (2015): 145–53, doi:10.1037/a0038545.

(101) Daniel Kahneman and Angus Deaton, "High Income Improves Evaluation of Life but Not Emotional Well-Being," *Proceedings of the National Academy of Sciences of the United States* 107 (2010): 16489–93, doi:10.1073/

になる。
(83) Martin Nowak and Roger Highfield, *Supercooperators* (New York: Free Press, 2011).
(84) Gregory Walton et al., "Mere Belonging: The Power of Social Connections," *Journal of Personality and Social Psychology* 102 (2012): 513–32, doi:10.1037/a0025731.
技術に関する記事を読んだ学生の忍耐力とモチベーションは、まったく何も読まなかった学生と差がなかったことにも注目しておくべきだろう。ようするに、個別の技術を強調することは、モチベーションを通常のレベルから低下させはしなかったが、一方で、社会的な側面を強調することはモチベーションを高めた、ということだ。
(85) Ibid.
(86) Tara Dennehy and Nilanjana Dasgupta, "Female Peer Mentors Early in College Increase Women's Positive Academic Experiences and Retention in Engineering," *Proceedings of the National Academy of Sciences of the United States* 114 (2017): 5964–69, doi:10.1073/pnas.1613117114.
(87) Gregory Walton and Geoffrey Cohen, "A Brief Social-Belonging Intervention Improves Academic and Health Outcomes of Minority Students," *Science* 331 (2011): 1447–51, doi:10.1126/science.1198364.
(88) Robert Putnam, *Bowling Alone: The Collapse and Revival of American Community* (New York: Simon and Schuster, 2000).
(89) "The Lonely States of America," CBS News, http: //www.cbsnews.com/news/the-lonely-states-of-america/ (accessed April 17, 2017).
(90) Naomi Eisenberger, Matthew Lieberman, and Kipling Williams, "Does Rejection Hurt? An fMRI Study of Social Exclusion," *Science* 302 (2003): 290–92, doi:10.1126/science .1089134.
(91) "AAAS 2014: Loneliness Is a Major Health Risk for Older Adults," University of Chicago News, https://news.uchicago.edu/article/2014/02/16/aaas-2014-loneliness-major-healthrisk-older-adults (accessed April 17, 2017).
(92) Lydialyle Gibson, "The Nature of Loneliness," *University of Chicago Magazine,* http://magazine.uchicago.edu/1012 /features/the-nature-of-loneliness.shtml (accessed April 17, 2017).
(93) John Cacioppo, James Fowler, and Nicholas Christakis, "Alone in the Crowd: The Structure and Spread of Loneliness in a Large Social Net-

ありえないほど相関していることを、ソーンダイクは示した。一例を挙げれば、ほとんどの部下が、一様に良いか、悪いかのどちらかと判断されたのである。

(78) David Landy and Harold Sigall, "Beauty Is Talent: Task Evaluation as a Function of the Performer's Physical Attractiveness," *Journal of Personality and Social Psychology* 29 (1974): 299–304, doi:10.1037/h0036018.

(79) Charles Carver, Sungchoon Sinclair, and Sheri Johnson, "Authentic and Hubristic Pride: Differential Relations to Aspects of Goal Regulation, Affect, and Self-Control," *Journal of Research in Personality* 44 (2010): 698–703, doi:10.1016 /j.jrp.2010.09.004.

(80) Tracy, Shariff, and Cheng, "Naturalist's View of Pride." 138 *A full 40 percent:* Vanessa Patrick, HaeEun Helen Chun, and Deborah Macinnis, "Affective Forecasting and Self-Control: Why Anticipating Pride Wins Over Anticipating Shame in a Self-Regulation Context," *Journal of Consumer Psychology* 19 (2009): 537–45, doi:10.1016/j.jcps.2009.05.006.

第６章　社交的であることが成功を呼ぶ

(81) Robert Axelrod, *The Evolution of Cooperation* (New York: Basic Books, 1984).

(82) 「協力」ばかり、あるいは「裏切り」ばかりの社会がなぜ不安定なのかを理解するために、全員が正直かつ協力的で、誰かが不正をする可能性など考えもしないという世界を想像してみてほしい。さて、何が起きるだろうか。みな、相手を反射的に信頼するため、相手の性格を考慮する必要はない状況だ。そしてここに、ある種の突然変異によって生まれた、嘘やごまかしをいとわない男が登場したとする。男は他の全員をカモにして、莫大な資産を築くだろう。さらに、男はその世界で成功したがゆえに、次の世代に多くの子孫を残す――そして、他の人たちが反射的に信頼するのをやめ、相手を欺くメリットを知って自分たちも嘘をつきはじめるまで、このパターンは続く。だがその後、騙すことが支配的な戦略になると、今度は相手との協力を選ぶ一部の人間がより多くの利益を生みはじめ、自制心を美徳とする相手を自然と探すようになる。これによって、全体として協力を選ぶ者が増えていく。つまり結局は、マーティン・ノワクやロバート・フランクらが示したとおり、協力者と裏切り者の均衡はゆらぎ続けること

Personality 84 (2016): 607–22, doi:10.1111/ jopy.121.
(68) Wilhelm Hofmann and Rachel Fisher, “How Guilt and Pride Shape Subsequent Self-Control,” *Social Psychological and Personality Science* 3 (2012): 682–90, doi:10.1177/1948550611435136.
(69) Shi-Yun Ho, Eddie Tong, and Lile Jia, “Authentic and Hubristic Pride: Differential Effects on Delay of Gratification,” *Emotion* 16 (2016): 1147–56, doi:10.1037/emo0000179.
(70) Francesca Righetti and Catrin Finkenauer, “If You Are Able to Control Yourself, I Will Trust You: The Role of Perceived Self-Control in Interpersonal Trust,” *Journal of Personality and Social Psychology* 100 (2011): 874–76, doi:10.1-37/a0021827.
(71) Tracy, Shariff, and Cheng, “Naturalist's View of Pride.” 127 *When we asked our:* Lisa Williams and David DeSteno, “Pride: Adaptive Social Emotion or Seventh Sin?” *Psychological Science* 20 (2009): 284–88, doi:10.1111/j.1467-9280.2009.02292.x.
(72) Mark Lepper, David Greene, and Richard Nisbett, “Undermining Children's Intrinsic Interest with Extrinsic Reward: A Test of the Overjustification Hypothesis,” *Journal of Personality and Social Psychology* 28 (1973): 129–37, doi:10.1037/h0035519.
(73) Edward Deci, Richard Koestner, and Richard Ryan, “A Meta-Analytic Review of Experiments Examining the Effects of Extrinsic Rewards,” *Psychological Bulletin* 125 (1999): 627– 68, doi:10.1037/0033-2909.125.6.627.
(74) Richard Ryan and Edward Deci, “Self-Determination Theory and the Facilitation of Intrinsic Motivation, Social Development, and Well-Being,” *American Psychologist* 55 (2000): 68–78, doi:10.1037/0003-066X.55.1.68.
(75) Christina Frederick and Richard Ryan, “Self-Determination in Sport: A Review Using Cognitive Evaluation Theory,” *International Journal of Sport Psychology* 26 (1995): 5–23.
(76) Gregory Walton and Geoffrey Cohen, “A Brief Social-Belonging Intervention Improves Academic and Health Outcomes of Minority Students,” *Science* 331 (2011): 1447–51, doi:10.1126/science.1198364.
(77) エドワード・ソーンダイクは「ハロー効果」という言葉を生み出し、さらにその効果を示す最初の科学論文を書いた。具体的には、上司が部下の業績考課を行う際に、その特徴に関する評価と能力に関する評価が普通では

Journal of Child and Family Studies 25 (2016): 1098–1109, doi:10.1007/s10826-015-0307-3.

(60) Lim, Condon, and DeSteno, "Mindfulness and Compassion." 109 *Nonetheless, that increased:* Piercarlo Valdesolo and David DeSteno, "Synchrony and the Social Tuning of Compassion," *Emotion* 11 (2011): 262–66, doi:10.1037/a0021302.

第５章　誇りと忍耐

(61) Alicia P. Melis, Brian Hare, and Michael Tomasello, "Engineering Cooperation in Chimpanzees: Tolerance Constraints on Cooperation," *Animal Behavior* 72 (2006): 275–86, and "Chimpanzees Recruit the Best Collaborators," *Science* 311 (March 3, 2006): 1297–1300.

(62) Jessica Tracy, Azim Shariff, and Joey Cheng, "A Naturalist's View of Pride," *Emotion Review* 2 (2010): 163–77, doi:10.1177/1754073909354627.

(63) Albert Bandura, "Self-Efficacy: Toward a Unifying Theory of Behavioral Change," *Psychological Review* 84 (1977): 191–215, doi:10.1037/0033-295X.84.2.191.

(64) Lisa Williams and David DeSteno, "Pride and Perseverance: The Motivational Role of Pride," *Journal of Personality and Social Psychology* 94 (2008): 1007–17, doi:10.1037/0022-3514.94 .6.1007.

(65) 実験の参加者に他の人たちとくらべて自分がどの程度うまくできたと思っているかを尋ねてみたところ、自己効力感を感じているグループと誇りを抱いているグループのどちらとも、よい結果を予想していると回答した。ここで重要なのは両グループとも、自分たちが同じ様にうまくやったと考えていることである。これによって、誇りを抱いたグループの忍耐力の向上が、たんに自己効力感の上昇によるものであるという可能性が排除される。

(66) Williams and DeSteno, "Pride and Perseverance." 124 *For example, feeling pride:* Willem Verbeke, Frank Belschak, and Richard Bagozzi, "The Adaptive Consequences of Pride in Personal Selling," *Journal of the Academy of Marketing Science* 32 (2004): 386– 402, doi:10.1177/0092070304267105.

(67) Aaron Weidman, Jessica Tracy, and Andrew Elliot, "The Benefits of Following Your Pride: Authentic Pride Promotes Achievement," *Journal of*

(48) Eli Finkel et al., "Using I3 Theory to Clarify When Dispositional Aggressiveness Predicts Intimate Partner Violence Perpetration," *Journal of Personality and Social Psychology* 102 (2012): 533–49, doi:10.1037/a0025651.

(49) Francesca Gino, Shahar Ayal, and Dan Ariely, "Contagion and Differentiation in Unethical Behavior: The Effect of One Bad Apple on the Barrel," *Psychological Science* 20 (2009): 393–98, doi:10.1111/j.1467-9280.2009.02306.x.

(50) Condon et al., "Meditation Increases Compassionate Responses."

(51) Ibid.

(52) Dreber et al., "Winners Don't Punish." 103 *The students who were encouraged:* Juliana Breines and Serena Chen, "Self-Compassion Increases Self-Improvement Motivation," *Personality and Social Psychology Bulletin* 38 (2012): 1133–43, doi:10.1177/0146167212445599.B.

(53) Alison Flett, Mohsen Haghbin, and Timothy Pychyl, "Procrastination and Depression from a Cognitive Perspective: An Exploration of the Associations Among Procrastinatory Automatic Thoughts, Rumination, and Mindfulness," *Journal of Rational-Emotive and Cognitive-Behavior Therapy* 34 (2016): 169–86, doi:10.1007/s10942 -016-0235-1.

(54) Leah Ferguson et al., "Exploring Self-Compassion and Eudaimonic Well-Being in Young Women Athletes," *Journal of Sport and Exercise Psychology* 36 (2014): 203–16, doi:10.1123/jsep.2013-0096.

(55) Cathy Magnus, Kent Kowalski, and Tara-Leigh McHugh, "The Role of Self-Compassion in Women's Self-Determined Motives to Exercise and Exercise-Related Outcomes," *Self and Identity* 9 (2010): 363–82, doi:10.1080/15298860903135073.

(56) Allison Kelly et al., "Who Benefits from Training in Self-Compassionate Self-Regulation? A Study of Smoking Reduction," *Journal of Social and Clinical Psychology* 29 (2010): 727–55, doi:10.1521/jscp.2010.29.7.727.

(57) Stephen Porges, "Vagal Tone: A Physiologic Marker of Stress Vulnerability," *Pediatrics* 90 (1992): 498–504.

(58) Jennifer Stellar et al., "Affective and Physiological Responses to the Suffering of Others: Compassion and Vagal Activity," *Journal of Personality and Social Psychology* 108 (2015): 572–85, doi:10.1037/pspi0000010.

(59) Karen Bluth et al., "Does Self-Compassion Protect Adolescents from Stress?"

36, doi:10.1037/ emo0000242.

(38) Yan-Lei Chen et al., "Relation of Tobacco and Alcohol Use to Stressful Life Events and Gratitude in Middle School Students," *Chinese Mental Health Journal* 26 (2012): 796–800.

(39) Paul Mills et al., "The Role of Gratitude in Spiritual Well-Being in Asymptomatic Heart Failure Patients," *Spirituality in Clinical Practice* 2 (2015): 5–17, doi:10.1037/scp0000050.

(40) Robert Emmons and Michael McCullough, "Counting Blessings Versus Burdens: Experimental Studies of Gratitude and Subjective Well-Being in Daily Life," *Journal of Personality and Social Psychology* 84 (2003): 377–89, doi:10.1037 /0022-3514.84.2.377.

(41) Prathik Kini et al., "The Effects of Gratitude Expression on Neural Activity," *NeuroImage* 128 (2015): 1–10, doi:10.1016/j.neuroimage.2015.12.040.

(42) Robert H. Frank, *Success and Luck: Good Fortune and the Myth of Meritocracy* (Princeton, NJ: Princeton University Press, 2016).

第４章　思いやりが内面の力や平和を築く

(43) Hal Hershfield et al., "Increasing Saving Behavior Through Age-Progressed Renderings of the Future Self," *Journal of Marketing Research* 48 (2011): S23–37, doi:10.1509/jmkr .48.SPL.S23.

(44) Paul Condon et al., "Meditation Increases Compassionate Responses to Suffering," *Psychological Science* 24 (2013): 2125–27, doi:10.1177/09567976 13485603.

(45) Daniel Lim, Paul Condon, and David DeSteno, "Mindfulness and Compassion: An Examination of Mechanism and Scalability," *PLoS ONE* 10 (2015), doi:10.1371/journal .pone.0118221, and Helen Weng et al., "Compassion Training Alters Altruism and Neural Responses to Suffering," *Psychological Science* 24 (2013): 1171–80, doi:10.1177/0956797612469537.

(46) Anna Dreber et al., "Winners Don't Punish," *Nature* 452 (2008): 348–51, doi:10.1038/nature06723.

(47) Peter Giancola, "Executive Functioning: A Conceptual Framework for Alcohol-Related Aggression," *Experimental and Clinical Psychopharmacology* 8 (2000): 576–97, doi:10.1037/1064-1297.8.4.576.

(28) Brian Galla and Angela Duckworth, "More Than Resisting Temptation: Beneficial Habits Mediate the Relationship Between Self-Control and Positive Life Outcomes," *Journal of Personality and Social Psychology* 109 (2015): 508–25, doi:10.1037/pspp0000026.

第３章　感謝は過去ではなく、未来のもの

(29) Monica Bartlett and David DeSteno, "Gratitude and Prosocial Behavior: Helping When It Costs You," *Psychological Science* 17 (2006): 319–25, doi:10.1111/j.1467-9280.2006.01705.x.

(30) Adam Grant, *Give and Take: Why Helping Others Drives Our Success* (New York: Viking, 2013).

(31) David DeSteno et al., "Gratitude: A Tool for Reducing Economic Impatience," *Psychological Science* 25 (2014): 1262–67, doi:10.1177/0956797614529979.

(32) Leah Dickens and David DeSteno, "The Grateful Are Patient: Heightened Daily Gratitude Is Associated with Attenuated Temporal Discounting," *Emotion* 16 (2016): 421–25, doi:10.1037/emo0000176.

(33) Blair Saunders, Frank He, and Michael Inzlicht, "No Evidence That Gratitude Enhances Neural Performance Monitoring of Conflict-Driven Control," *PLoS ONE* 10 (2015), article e0143312.

(34) Jeane Twenge and Tim Kasser, "Generational Changes in Materialism and Work Centrality, 1967– 2007: Associations with Temporal Changes in Societal Insecurity and Materialistic Role Modeling," *Personality and Social Psychology Bulletin* 39 (2013): 883–97, doi:10.1177/0146167213485866.

(35) Jeffrey Froh et al., "Gratitude and the Reduced Costs of Materialism in Adolescents," *Journal of Happiness Studies* 12 (2011): 289–302, doi:10.1007/s10902-010-9195-9.

(36) Carlos Estrada, Alice Isen, and Mark Young, "Positive Affect Facilitates Integration of Information and Decreases Anchoring in Reasoning Among Physicians," *Organizational Behavior and Human Decision Processes* 72 (1997): 117–35, doi:10.1006/obhd.1997.2734.

(37) Jesse Walker, Amit Kumar, and Thomas Gilovich, "Cultivating Gratitude and Giving Through Experiential Consumption," *Emotion* 16 (2016): 1126–

sonal Trust," *Journal of Personality and Social Psychology* 100 (2011): 874–76, doi:10.1-37/a0021827.

(18) Joshua Greene and Joseph Paxton, "Patterns of Neural Activity Associated with Honest and Dishonest Moral Decisions," *Proceedings of the National Academy of Sciences of the United States* 106 (2009): 12506–511, doi:De10. 1073/ pnas.0900152106.

(19) Xiao Pan Ding et al., "Theory-of-Mind Training Causes Honest Young Children to Lie," *Psychological Science* 26 (2015): 1812–21, doi:10.1177/ 0956797615604628.

(20) Sonya Sachdeva, Rumen Iliev, and Douglas Medin, "Sinning Saints and Saintly Sinners: The Paradox of Moral Self-Regulation," *Psychological Science* 20 (2009): 523–28, doi:10.1111 /j.1467-9280.2009.02326.x.

(21) Robert Kurzban et al., "An Opportunity Cost Model of Subjective Effort and Task Performance," *Behavioral and Brain Sciences* 36 (2013): 661–79, doi:10.1017/S0140525X12003196.

(22) Gene Brewer et al., "Examining Depletion Theories Under Conditions of Within-Task Transfer," *Journal of Experimental Psychology: General* 146 (2017): 988–1008, doi:10.1037 /xge0000290.

(23) Roy Baumeister et al., "Ego Depletion: Is the Active Self a Limited Resource?" *Journal of Personality and Social Psychology* 74 (1998): 1252–65, doi:10.1037/0022-3514.74.5.1252.

(24) Nicole Mead et al., "Too Tired to Tell the Truth: Self-Control Resource Depletion and Dishonesty," *Journal of Experimental Social Psychology* 45 (2009): 594–97, doi:10.1016 /j.jesp.2009.02.004.

(25) Wilhelm Hofmann et al., "Everyday Temptations: An Experience Sampling Study of Desire, Conflict, and Self-Control," *Journal of Personality and Social Psychology* 102 (2012): 1318–35, doi:10.1037/a0026545.

(26) Jane Richards and James Gross, "Emotion Regulation and Memory: The Cognitive Costs of Keeping One's Cool," *Journal of Personality and Social Psychology* 79 (2000): 410–24, doi:10.1037/0022-3514.79.3.410.

(27) Gregory Miller et al., "Self-Control Forecasts Better Psychosocial Outcomes but Faster Epigenetic Aging in Low-SES Youth," *Proceedings of the National Academy of Sciences of the United States* 112 (2015): 10325–30, doi:10.1073/pnas.1505063112.

or Save? Responses to Resource Scarcity Depend on Childhood Environments," *Psychological Science* 24 (2013): 197–205, doi:10.1177/0956797612451471.
（8） Carol Dweck, *Mindset: The New Psychology of Success* (New York: Ballantine Books, 2007).
（9） David DeSteno and Piercarlo Valdesolo, "The Duality of Virtue: Deconstructing the Moral Hypocrite," *Journal of Experimental Social Psychology* 44 (2008): 1334–38, doi:10.1016/ j.jesp.2008.03.010.
（10） David DeSteno and Piercarlo Valdesolo, "Moral Hypocrisy: Social Groups and the Flexibility of Virtue," *Psychological Science* 18 (2007): 689–90, doi: 10.1111/j.1467-9280.2007.01961.x.

第２章　意志の力が失敗を呼ぶわけ

（11） Walter Mischel, Yuichi Shoda, and Monica Rodriguez, "Delay of Gratification in Children," *Science* 244 (1989): 933–38, doi:10.1126/science.2658056.
（12） Samuel M. McClure et al., "Separate Neural Systems Value Immediate and Delayed Monetary Rewards," *Science* 306 (2004): 503–507, doi:10.1126/science.1100907.
（13） Baruch Spinoza, *Theological-Political Treatise,* eds. S. Shirley and S. Feldman (1670; reprint, Cambridge, MA: Hackett, 2001).
（14） Adam Smith, *The Theory of Moral Sentiments* (1790; reprint, Oxford: Clarendon Press, 1976)、ならびにRobert Frank, *Passions Within Reason* (New York: W. W. Norton, 1988) を参照。
（15） Jennifer Lerner, Ye Li, and Elke Weber, "The Financial Costs of Sadness," *Psychological Science* 24 (2013): 72–79, doi:10.1177/0956797612450302, and David DeSteno et al., "Gratitude: A Tool for Reducing Economic Impatience," *Psychological Science* 25 (2014): 1262–67, doi:10.1177/0956797614529979.
（16） David DeSteno and Piercarlo Valdesolo, "The Duality of Virtue: Deconstructing the Moral Hypocrite," *Journal of Experimental Social Psychology* 44 (2008): 1334–38, doi:10.1016/j.jesp.2008.03.010.
（17） Francesca Righetti and Catrin Finkenauer, "If You Are Able to Control Yourself, I Will Trust You: The Role of Perceived Self-Control in Interper-

注

はじめに　自制心と成功の関係

（1）以下を参照。Paul Roberts, *The Impulse Society* (New York: Bloomsbury, 2014) ならびに "Main Findings: Teens, Technology, and Human Potential in 2020," Pew Research Center, http://www.pewinternet.org/2012/02/29/main-findings-teens-technology-and-human-potential-in-2020/ (accessed April 11, 2017).

（2）Wilhelm Hofmann et al., "Everyday Temptations: An Experience Sampling Study of Desire, Conflict, and Self-Control," *Journal of Personality and Social Psychology* 102 (2012): 1318–35, doi:10.1037/a0026545.

（3）Angela Duckworth et al., "Grit: Perseverance and Passion for Long-Term Goals," *Journal of Personality and Social Psychology* 92 (2007): 1087–1101, doi:10.1037/0022-3514.92.6.1087.

（4）Christopher Boyce, Alex Wood, and Gordon Brown, "The Dark Side of Conscientiousness: Conscientious People Experience Greater Drops in Life Satisfaction Following Unemployment," *Journal of Research in Personality* 44 (2010): 535–39, doi: 10.1016/j.jrp.2010.05.001.

第１章　なぜ人は未来の価値を低く見積もるのか

（5）Walter Mischel, *The Marshmallow Test: Mastering Self-Control* (New York: Little, Brown, 2014).

（6）David DeSteno et al., "Gratitude: A Tool for Reducing Economic Impatience," *Psychological Science* 25 (2014): 1262–67, doi:10.1177/0956797614529979.

（7）Vladas Griskevicius et al., "When the Economy Falters, Do People Spend

デイヴィッド・デステノ（David DeSteno）
米国ノースイースタン大学の心理学者。アメリカ心理学会のジャーナル『Emotion』の元編集長であり、心理学に関する著作を精力的に発表している。著作に『信頼はなぜ裏切られるのか』などがある。

住友　進（すみとも・すすむ）
翻訳家。早稲田大学第一文学部卒業。訳書に、アラン『幸福論　くじけない楽観主義』（日本能率協会マネジメントセンター）、マシュー・ホワイト『殺戮の世界史　人類が犯した100の大罪』（早川書房）、プリア・チャタジー『アメリカ超一流大学完全入試マニュアル』（講談社）ほか多数。

ISBN978-4-8269-0215-1

なぜ「やる気《き》」は長続《ながつづ》きしないのか

二〇二〇年二月二十日　第一版第一刷発行
二〇二一年五月十五日　第一版第三刷発行

著　者　デイヴィッド・デステノ
訳　者　住友《すみとも》　進《すすむ》
発行者　中村幸慈
発行所　株式会社　白揚社　© 2020 in Japan by Hakuyosha
東京都千代田区神田駿河台一―七　郵便番号一〇一―〇〇六二
電話（03）五二八一―九七七二　振替〇〇一三〇―一―二五四〇〇
装　幀　尾崎文彦（株式会社トンプウ）
印刷所　株式会社　工友会印刷所
製本所　牧製本印刷株式会社

ターリ・シャーロット著　上原直子訳

事実はなぜ人の意見を変えられないのか

説得力と影響力の科学

人はいかにして他者に影響を与え、影響を受けるのか？　客観的事実や数字は他人の考えを変えないという認知神経科学の驚くべき研究結果を示し、他人を説得するとき陥りがちな落とし穴を避ける方法を紹介。　四六判　２８８ページ　本体価格２５００円

ダニエル・ネトル著　竹内和世訳

パーソナリティを科学する

特性5因子であなたがわかる

簡単な質問表で特性5因子（外向性、神経質傾向、誠実性、調和性、開放性）を計り、パーソナリティを読み解くビッグファイブ理論。その画期的な新理論を科学的に検証する。パーソナリティ評定尺度表付。　四六判　２８０ページ　本体価格２８００円

ポール・ブルーム著　高橋洋訳

反共感論

社会はいかに判断を誤るか

無条件に肯定されている共感に基づく考え方が、実は公正を欠く政策から人種差別まで、様々な問題を生み出している。心理学・脳科学・哲学の視点からその危険な本性に迫る、全米で物議を醸した衝撃の論考。　四六判　３１８ページ　本体価格２６００円

デイヴィッド・デステノ著　寺町朋子訳

信頼はなぜ裏切られるのか

無意識の科学が明かす事実

〈信頼〉に関する私たちの常識は間違いだらけ。どうすれば裏切られないようになるのか？　信頼できるか否かを予測できるようになるのか？　誰もが頭を悩ますこれらの疑問に、信頼研究の第一人者が答える。　四六判　３０２ページ　本体価格２４００円

ポール・レイバーン著　東竜ノ介訳

父親の科学

見直される男親の子育て

父親は本当に必要なのか？　これまで見過ごされがちだった男親の育児を科学の視点で徹底検証。最新の研究成果が明かす〈意外にすごい〉お父さんの実力。マムズ・チョイス・アワード、全米育児出版賞金賞。　四六判　２８８ページ　本体価格２４００円

経済情勢により、価格に多少の変更があることもありますのでご了承ください。
表示の価格に別途消費税がかかります。